天人国学·心学图

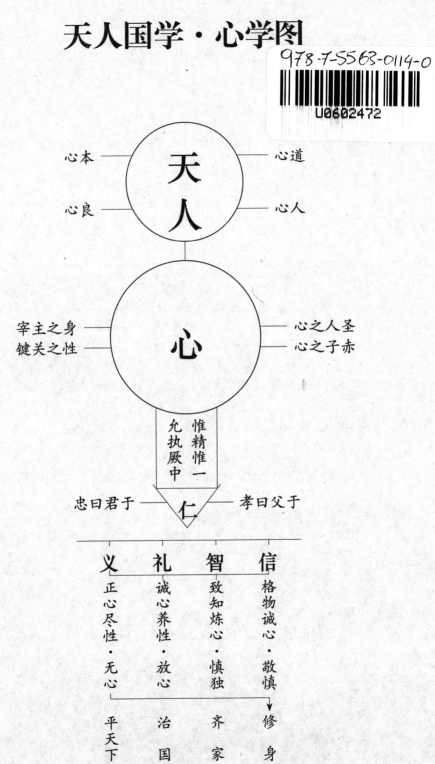

王阳明全集 ［肆］

［明］王守仁 著

徐枫等 点校

天津社会科学院出版社

王陽明先生全集卷之一

同里後學俞　嶙重編

書一　始正德巳巳至庚辰

與辰中諸生巳巳

謫居兩年無可與語者歸途乃得諸友何幸何幸
方以為喜又遽爾別去極快快也絕學之餘求道
者少一齊眾楚最易搖奪自非豪傑鮮有不
變者諸友宜相砥礪夾持務期有成近世士夫亦
有稍知求道者皆因實德未成而先揭標榜以來

古本王陽明先生文录书影

雜著

青江汝成格物卷 癸酉

予於汝成格物致知之說博文約禮之說博學篤行
之說一貫忠恕之說蓋不獨一論再論五六論數十
論不止焉汝成於吾言始而駭以拂既而疑焉又既
而大疑焉又既而稍釋焉而稍喜焉而疑焉最後
與予遊於玉泉蓋論之連日夜而始快然以釋油然
以喜實然以契不知予言之非汝成迺不知汝成之
言非予言也於戲若汝成可謂不苟同於予亦非苟

古本王阳明先生文录书影

目 录

卷三十八　世德纪　附录

卷三十九（上）　补遗

卷三十九（中）　传记增补·祭文增补

卷三十九（下）　序跋增补

6

7

卷三十七　世德纪

传

王性常先生传
张壹民

　　王纲字性常，一字德常。弟秉常、敬常，并以文学知名。性常尤善识鉴，有文武长才。少与永嘉高则诚族人元章相友善，往来山水间，时人莫测也。元末尝奉母避兵五泄山中。有道士夜投宿，性常异其气貌，礼敬之，曰："君必有道者，愿闻姓字。"道士曰："吾终南隐士赵缘督也。"与语达旦，因授以筮法。且为性常筮之曰："公后当有名世者矣。然公不克终牖下。今能从吾出游乎？"性常以母老，有难色。道士笑曰："公俗缘未断，吾固知之。"遂去。诚意伯刘伯温微时常造焉。性常谓之曰："子真王佐才，然貌微不称其心，宜厚施而薄受之。老夫性在丘壑，异时得志，幸勿以世缘见累，则善矣。"后伯温竟荐性常于朝。

　　洪武四年，以文学征至京师。时性常年已七十，而齿发精神如少壮。上问而异之。亲策治道，嘉悦其对，拜兵部郎中。未几，潮民弗靖，遂擢广东参议，往督兵粮。谓所亲曰："吾命尽兹行乎？"致书与家人诀，携其子彦达以行。至则单舸往谕，潮民感悦，咸扣首服罪，威信大张。回至增城，遇海寇曹真窃发，鼓噪突至，截舟罗拜，愿得性常为帅。性常谕以逆顺祸福，不从，则厉声叱骂之。遂共扶舁之而去。贼为坛坐性常，日罗拜请不已。性常亦骂不绝声，遂遇害。时彦达亦随入贼中，从旁哭骂求死。贼欲并杀之。其酋曰："父忠而子孝，杀之不祥。"与之食，不顾。贼悯其诚孝，容令缀羊革裹尸，负之而出，得归葬禾山。

　　洪武二十四年，御史郭纯始备上其事。得立庙死所，录用彦达。彦达痛父以忠死，躬耕养母，麄衣恶食，终身不仕。性常之殁，彦达时年十六云。

遁石先生传

胡俨

翁姓王氏，讳与准，字公度，浙之余姚人，晋右军将军羲之之裔也。父彦达，有隐操。祖广东参议性常，以忠死难。朝廷旌录彦达，而彦达痛父之死，终身不仕。悉取其先世所遗书付翁曰："但毋废先业而已，不以仕进望尔也。"翁闭门力学，尽读所遗书。乡里后进或来从学者，辄辞曰："吾无师承，不足相授。"因去从四明赵先生学《易》。赵先生奇其志节，妻以族妹而劝之仕。翁曰："昨闻先生'遁世无闷'之诲，与准请终身事斯语矣。"赵先生愧谢之。

先世尝得筮书于异人，翁暇试取而究其术，为人筮，无不奇中。远近辐辏，县令亦遣人来邀筮。后益数数，日或二三至。翁厌苦之，取其书对使者焚之曰："王与准不能为术士，终日奔走公门，谈祸福。"令大衔之。翁因逃入四明山石室中，不归者年余。时朝廷督有司访求遗逸甚严。部使者至县，欲起翁。令因言曰："王与准以其先世尝死忠，朝廷待之薄，遂父子誓不出仕，有怨望之心。"使者怒，拘翁三子，使人督押，入山求之。翁闻益深遁，坠崖伤足。求者得之以出。部使见翁创甚，且视其言貌坦直无他。翁亦备言其焚书逃遁之故。使者悟，始释翁。见翁次子世杰之贤，因谓翁曰："足下不仕，终恐及罪，宁能以子代行乎？"不得已，遂补世杰邑庠弟子员。而翁竟以足疾得免。翁谓人曰："吾非恶富贵而乐贫贱；顾吾命甚薄，且先人之志，不忍渝也。"又曰："吾非伤于石，将不能遂栖遁之计，石有德于吾，不敢忘也。"因自号遁石翁云。

翁伟貌修髯，精究《礼》、《易》，著《易微》数千言。尝筮居秘图湖阴，遇《大有》之《震》，谓其子曰："吾先世盛极而衰，今衰极当复矣。然必吾后再世而始兴乎？兴必盛且久。"至是翁没且十年，而世杰以名儒宿学膺贡，来游南雍。大司成陈公一见，待以友礼，使毋就弟子列；命六堂之士咸师资之。俨忝与同舍，受世杰教益为最多，而相知为最深，因得备闻翁之隐德，乃私为志之若此。

昔人有言：公侯子孙必复其始。王氏自汉吉、祥至祥、览，皆以令德孝友垂江左。联绵数百祀，门第之盛，天下莫敢望。中微百余年，天道未为无意也。元末时，其先世尝遇异人，谓其后必有名世者出；而翁亦尝再世而兴之筮。今世杰于翁亦再世矣，充世杰之道，真足以弘济天下，而能澹然爵禄不入其心，古所

2

谓"富贵不能淫，贫贱不能移，威武不能屈"者，吾诚于世杰见之，异时求当天下之大任者，非世杰而谁乎？则异人之言，与翁之筮，于是始可验矣。

槐里先生传
戚 澜

先生姓王，名杰，字世杰，居秘图湖之后。其先世尝植三槐于门，自号槐里子，学者因称曰槐里先生。始祖为晋右将军羲之。曾祖纲性常与其弟秉常、敬常俱以文学显名国初，而性常以广东参议死于苗之难。祖秘湖渔隐彦达，父遁石翁与准，皆以德学为世隐儒。先生自为童子，即有志圣贤之学。年十四，尽通《四书》、《五经》及宋诸大儒之说。时朝廷方督有司求遗逸，部使者闻遁石翁之名，及门迫起之，不可得。见先生，奇焉，谓遁石翁曰："足下不屑就，罪且及身，宁能以子代行乎？"不得已，乃遣先生备邑庠弟子员。时教谕程晶负才倨傲，奴视诸生，见先生，辄敬服，语人曰："此今之黄叔度也。"岁当大比，邑有司首以先生应荐。比入试，众皆散发祖衣，先生叹曰："吾宁曳履衡门矣。"遂归，不复应试。

宣德间，诏中外举异才堪风宪者，破常调任使之。时先生次当贡，邑令黄维雅重先生，为之具行李，戒仆从，强之应诏。先生固以亲老辞。乃让其友汪生叔昂。既而遁石翁殁，又当贡，复以母老辞，让其友李生文昭；而躬耕受徒，以养其母，饔飧不继，休如也。母且殁，谓先生曰："尔贫日益甚，吾死，尔必仕。毋忘吾言！"已终丧，先生乃应贡，入南雍。祭酒陈公敬宗闻先生至，待以友礼，使毋就弟子列。明年，荐先生于朝。未报，而先生殁。

先生仪观玉立，秀目修髯，望之以为神人。无贤愚戚疏，皆知敬而爱之。言行一以古圣贤为法。尝谓其门人曰："学者能见得曾点意思，将洒然无入而不自得，爵禄之无动于中，不足言也。"

先生与先君冷川先生友，先君每称先生所著《易、春秋说》、《周礼考正》，以为近世儒者皆所不及；与人论人物，必以先生为称首。澜时为童子，窃志之。然从先君宦游于外，无因及门也。今兹之归，先生殁已久矣。就其家求所著述，仅存《槐里杂稿》数卷；而所谓《易、春秋说》、《周礼考正》者，则先生之殁于南雍，其二子皆不在侍，为其同舍生所取，已尽亡之矣，呜呼惜哉！先君幼时，尝闻乡父老相传，谓王氏自东晋来盛江左，中微且百数年，元时有隐士善筮者，与其先世游，尝言其后当有大儒名世者出，意其在先生。而先生亦竟不及用，岂尚在其子孙耶？

竹轩先生传
魏　瀚

先生名伦，字天叙，以字行。性爱竹，所居轩外环植之，日啸咏其间。视纷华势利，泊如也。客有造竹所者，辄指告之曰："此吾直谅多闻之友，何可一日相舍耶？"学者因称曰竹轩先生。

早承厥考槐里先生庭训，德业夙成。甫冠，浙东西大家争延聘为子弟师。凡及门经指授者，德业率多可观。槐里先生蚤世，环堵萧然，所遗惟书史数箧。先生每启箧，辄挥涕曰："此吾先世之所殖也。我后人不殖，则将落矣。"乃穷年口诵心惟，于书无所不读，而尤好观《仪礼》、《左氏传》、司马迁《史》。雅善鼓琴，每风月清朗，则焚香操弄数曲。弄罢，复歌以诗词，而使子弟和之。识者谓其胸次洒落，方之陶靖节、林和靖，无不及焉。

居贫，躬授徒以养母。母性素严重，而于外家诸孤弟妹，怜爱甚切至。先生每先意承志，解衣推食，惟恐弗及；而于妻孥之寒馁，弗遑恤焉。弟粲幼孤，为母所钟爱。先生少则教之于家塾，长则挈之游江湖，有无欣戚，罔不与居。逮子华官翰林，请于朝，分禄以为先生养。先生复推其半以赡弟。乡人有萁豆相煎者，闻先生风，多愧悔，更为敦睦之行。

先生容貌瓌伟，细目美髯。与人交际，和乐之气蔼然可掬。而对门人弟子，则矩范严肃，凛乎不可犯。为文章好简古而厌浮靡，赋诗援笔立就，若不介意，而亦未尝逸于法律之外。所著有《竹轩稿》及《江湖杂稿》若干卷，藏于家。

先生与先君菊庄翁订盟吟社，有莫逆好。瀚自致政归，每月旦亦获陪先生杖履游。且辱知于先生仲子龙山学士。学士之子守仁，又与吾儿朝端同举于乡。累世通家，知先生之深者，固莫如瀚，因节其行之大者于此，以备太史氏之采择焉。

墓志铭

海日先生墓志铭
杨一清

正德己卯，宁濠称乱江西，鸠集群盗，发数千艘而东，远近震动。巡抚南赣都御史王守仁伯安传檄邻境，举兵讨贼。时其父南京吏部尚书王公致仕居会稽。有传伯安遇害者，人谓公曰："盍避诸？"公曰："吾儿方举大义，吾避安之。"或曰："伯安既仇贼，贼必阴使人行不利于公，避之是也。"公笑曰："吾儿能弃家讨贼，吾何可先去，以为民望。祖宗功泽在天下，贼行且自毙。吾为国大臣，恨老不能荷戈首敌。即有不幸，犹将与乡里子弟共死此城耳。"因使人趣郡县，宜急调兵粮为备；禁讹言，勿令动摇人心。乡人窃视公宴然如常时，众志亦稍稍定。盖不旬月而伯安之捷报至矣。初，贼濠东下，将趋南都。伯安引兵入南昌，夺其巢。贼闻大恐，急旋舟。伯安帅吉安知府今都宪伍君文定等大战于鄱阳湖。贼兵风靡，遂擒濠，并其党与数千人，献俘于阙。呜呼！自古奸雄构乱，虽有忠臣义士，必假以岁月，乃能削平祸难。伯安奋戈一呼，以身临不测之渊，呼吸之间，地方大定。公闻变从容，群嚣众惑，屹然不为动。伯安得直前徇国，不婴怀回顾以成懋绩。公之雅量，伯安之忠义，求之载籍，可多见哉？

及是武庙南巡，权奸妒功，构飞语陷伯安，迹甚危。众虑祸且及家，公寂若无闻。辛巳，今皇帝入嗣大统，始下诏表扬伯安之功。召还京师，因得便道归省。寻论功封奉天翊运推诚宣力守正文臣，特进光禄大夫柱国新建伯。又以廷推兼南京兵部尚书，参赞机务。锡之诰券，封公勋阶爵邑如子，俾子孙世其爵。适公诞辰，伯安捧觞为寿。公蹙然曰："吾父子乃得复相见耶！贼濠之乱，皆以汝为死矣，而不死。以为事难猝平，而平之。然此仗宗社神灵，朝廷威德，岂汝一书生所能办。比谗构横行，祸机四发，赖武庙英明保全。今国是既定，吾父子之荣极矣。然福者祸之基，能无惧乎！古云：'知足不辱，知止不殆。'吾老矣，得父子相保牖下，孰与犯盈满之戒，覆成功而毁令名者耶？"伯安跪曰："谨受教。"公自是日与姻党置酒宴乐。岁暮，旧疾作。嘉靖壬午春二月十二日，终于正寝。得年七十有七。未属纩时，使者以部咨将新命至，公尚能言，趣诸子曰："不可以吾疾废礼，宜急出迎。"既成礼，偃然而逝。

讣闻，上赐谕祭，命有司治葬事。伯安偕诸弟卜以卒之明年秋八月某日，葬公郡东天柱峰之南之原，具书戒使者诣镇江请予铭公墓。予曩官外制官太常，接公班行不鄙，谓予以知言见待。予迁南京太常，辱赠以文。公校文南畿，道旧故甚洽。正德丁卯，取嫉权奸，归致仕；予亦避谗构，谢病归，杜门不接宾客。公直造内室，慰语久之。伯安又予掌铨时首引置曹属，号知己。公铭当予属。顾以江西之变，关系公父子大节，特先书之。乃按公门人国子司业陆君深所著状，摘而叙之曰：

公姓王氏，讳华，字德辉，号实庵，晚号海日翁。尝读书龙泉山中。学者称为龙山先生。上世自琅琊徙居会稽之山阴，又自山阴徙余姚。四世祖讳性常，有文武才。国初为诚意伯所荐，仕至广东参议。峒苗为乱，死之。高祖讳彦达，号秘湖渔隐。年十六，裹父尸自苗壤归葬。痛父死忠，布蔬终其身，人称孝子。曾祖讳与准，号遁石翁。学精于《易》，尝筮得《震》之《大有》，谓其子曰："吾后再世其兴，兴其久乎？"祖讳世杰，号槐里子，以明经贡为太学生卒。父讳天叙，号竹轩。初以公贵封修撰，后与槐里公俱赠嘉议大夫礼部右侍郎，今以伯安功，俱追封新建伯。祖妣孟氏，封淑人。妣岑氏，累封太淑人，进封太夫人。

公生正统丙寅九月。孟淑人梦其姑抱绯衣玉带一童子授之曰："妇事吾孝，孙妇亦事汝孝。吾与若祖丐于上帝，以此孙畀汝，世世荣华无替。"故公生以今名名，长兄以荣名，符梦也。

公生而警敏，始能言，槐里公口授以诗歌，经耳辄成诵。稍长，读书过目不忘。

六岁，与群儿戏水滨。见一客来濯足，已大醉，去，遗其所提囊。取视之，数十金也。公度其醒必复来，恐人持去，以投水中坐守之。少顷，其人果号而至。公迎谓曰："求尔金邪？"为指其处。其人喜，以一锭为谢，却不受。

年十一，从里师授业，日异而月不同。岁终，里师无所施其教。

年十四，尝与诸子弟读书龙泉山寺。寺故有妖物为祟，辄伤人；寺僧复张皇其事，诸生皆丧气走归。公独留居，妖亦寝灭。僧以为异，假妖势恐，且试之百方，不色动。僧谢曰："君天人也，异时福德何可量！"

弱冠，提学张公时敏试其文，与少傅木斋谢先生相甲乙，并以状元及第奇之，名遂起，故家世族争礼聘为子弟师。浙江方伯祁阳宁君良择师与张公。张公曰："必欲学行兼优，无如王某者。"宁亲造其馆，宾礼之，请为子师，延至祁阳，湖湘之士闻而来从者踵相接。居宁之梅庄别墅。墅中积书数千卷，日夕讽诵其间，学益进。祁俗好妓饮，公峻绝之，三年如一日，祁士有化服者。

归，连举不利。成化庚子，发解浙江第二人。明年辛丑，廷试第一甲第一人，授翰林院修撰。甲辰，充廷试弥封官。丁未，同考会试。弘治改元戊申，与修《宪庙实录》，充经筵官。己酉，满九载，以竹轩公忧去。癸丑，服阕，迁右春坊右谕德。

丙辰，命为日讲官，赐金带四品服。公讲筵音吐明畅，词多切直，每以勤圣学，戒逸豫，亲仁贤，远邪佞为劝。孝庙嘉纳焉。内侍李广方贵幸；尝讲《大学衍义》，至唐李辅国结张后表里用事，众以事颇涉嫌，欲讳之，公朗然诵说，无少避忌，左右皆缩头吐舌。上乐闻之不厌。罢讲，遣中官赐尚食。

皇太子出阁，诏选正人辅导，用端国本。公卿多荐公。自是日侍东宫讲读，眷赐加隆。

戊午，命主顺天乡试。辛酉，再主乡试应天，得士为多。壬戌，迁翰林院学士，食从四品禄，命授庶吉士业，修《大明会典》为纂修官。书成，迁詹事府少詹事，兼学士，掌院事，与编纂《通鉴纂要》。是岁迁礼部右侍郎，仍兼日讲。武庙嗣位，遣祭江淮诸神。乞便道归省。以岑太夫人年高，乞归便养，不允。

明年改元，丙寅，瑾贼窃柄，士夫侧足立，争奔走其门，求免祸。公独不往。瑾衔之。时伯安为兵部主事，疏瑾罪恶。瑾矫诏执之，几毙廷杖，窜南荒以去。瑾复移怒于公。寻知为微时所闻名士，意稍解，冀公一见，且将柄用焉。公竟不往，瑾益怒。丁卯，迁南京吏部尚书，犹以旧故慰言，冀必往谢，公复不行。遂推寻礼部旧事与公本不相涉者，勒令致仕。既归，有以其同年友事诬毁之者。人谓公当速白，不然且及罪。公曰："是焉能浼我？我何忍讦吾友？"后伯安复官京师，闻士夫论及此，将疏辨于朝。公驰书止之曰："汝将重吾过邪？"

公性至孝。初，竹轩公病报至，当道以不受当迁官，宜出受新命，公卧家不出，日忧惧不知所为。逾月，讣始至，恸绝几丧生。襄葬穴湖山，遂庐墓下。墓故虎穴，虎时群至，不为害，久且益驯，人谓孝感。比致仕，岑太夫人年近百岁，公寿逾七十，犹朝夕为童子嬉戏以悦亲；左右扶掖，不忍斯须去侧。太夫人卒，块苦擗踊，过毁致疾。及葬，徒跣数十里，疾益甚，竟以是不起。

处诸昆弟笃友爱，禄食赢余，恒与共之，视其子若己出。气质醇厚，坦坦自信，不立边幅。议论风生，由衷而发，广廷之论，入对妻孥无异语。人有片善，亟称之；有急，恻然赴之。至人有过恶，则尽言规斥，不少回曲，坐是多遭嫉忌。然人谅其无他，则亦无深怨之者。识宏而守固，百务纷沓，应之如流。至临危疑震荡，众披靡惶惑，独卓立毅然不为变若是。盖有人不及知者矣。

公之学一出于正，书非正不读。客有以仙家长生之术来说者，则峻拒之曰："修身以俟命，吾儒家法。长生奚为？"俭素自持，货利得丧，不屑为意。楼居厄于火，赀积一空。亲朋来救焚者，款语如常。为诗文取达意，不以雕刻为工，而自合程度。所著有《龙山稿》、《垣南草堂稿》、《礼经大义》诸书，《杂录》、《进讲余抄》等稿，共四十六卷，藏于家。

初配赠夫人郑氏，渊静孝慈，与公起微寒，同贫苦，躬纺绩以奉舅姑。既贵，恭俭不衰。寿四十一，先公三十六年卒。继室赵氏，封夫人。侧室杨氏。子男四：长即伯安，守仁名，别号阳明子，其学邃于理性，中外士争师之，称阳明先生。次守俭，太学生。次守文，郡庠生。次守章。女一，适南京工部都水郎中同邑徐爱。初，郑夫人祔葬穴湖，已而改殡郡南石泉山。石泉近有水患，乃卜今地葬公云。

惟古贤人君子未遇之时，每以天下国家为己任。出而登仕，其所遭际不同，而其志有遂有不遂，非人之所能为也。公少负奇气，壮强志存用世。顾其职业恒在文字间，而未能达之于政。际遇孝宗，讲筵启沃，圣心简在，柄用有期。不幸龙驭上宾，弗究厥用。晚登八座，旋见沮于权奸，偃塞而归。岂非天哉！然有子如伯安，所建立宏伟卓荦，凡公之所欲为，噤而不得施用者，皆于其子之身而显施大发之，公又亲及见之，较之峻登大受既久且专，而泯然无闻于世者，其高下荣辱宜何如也？王氏之先，有植槐于庭，荫后三公者，遁石翁《大有》之占，其类是乎？铭曰：

孰不有母，孰如公母寿。七十之叟，偲偲拜舞，百岁而终，归得其所。孰不有子，公子天下士。亶其忠勤，以事其事，不有其身，惟徇义义。是子是父，允文允武，勋在册府，帝锡之爵土。其生不负而殁不朽，铭以要诸久。

阳明先生墓志铭
湛若水

甘泉子挈家闭关于西樵烟霞之洞，故友新建伯阳明王先生之子正亿以其岳舅礼部尚书久庵黄公之状及书来请墓铭。曰："公知阳明公者也，非公莫能铭。"甘泉子曰："吾又何辞焉？公知阳明公者也，非公莫能状。公状之，吾铭之。公状其详，吾铭其大。吾又何义之辞焉？"乃发状而谨按之：

读世系状云云，曰：

公出于龙山状元大宗伯公华；大宗伯公出于赠礼部侍郎竹轩公天叙；竹轩公出于太学生赠礼部侍郎槐里公杰；槐里公出于遁石公与准，厥有《礼》、《易》之传；遁石公出于秘湖渔隐公彦达；秘湖出于性常公纲，有文武长才，与括苍刘伯温友善，仕为广东参议，死难也。推其华胄遥遥，远派于晋高士羲之，光禄大夫览焉。曰："公其有所本之矣！"夫水土之积也厚，其生物必蕃，有以也夫。

读诞生状云云，曰：

祖妣岑太淑人，有赤子乘云下界，天乐导之之梦，公乃诞焉。是名曰云，盖征之矣。神僧言之，遂改今名。曰："然则阳明公殆神授欤，其异人矣！"六年乃言，十一年有金山之诗，十七年闻一斋"圣人可学"之语。曰："其有所启之矣！"

读学术状云云，曰：

初溺于任侠之习；再溺于骑射之习；三溺于辞章之习；四溺于神仙之习；五溺于佛氏之习。正德丙寅，始归正于圣贤之学。会甘泉子于京师，语人曰："守仁从宦三十年，未见此人。"甘泉子语人亦曰："若水泛观于四方，未见此人。"遂相与定交讲学，一宗程氏"仁者浑然与天地万物同体"之指。故阳明公初主"格物"之说，后主"良知"之说；甘泉子一主"随处体认天理"之说，然皆圣贤宗旨也。而人或舍其精义，各滞执于彼此言语，盖失之矣！故甘泉子尝为之语曰："良知必用天理，天理莫非良知，以言其交用则同也。"

读仕进状云云，曰：

初举己未礼闱第一，徐穆争之，落第二，然益有声。登进士，试工部，差督造王威宁坟，辞却金币，独受军中佩剑之赠，适符少时梦，盖兆之矣！疏边务朝政之失，有声。授刑部主事，审囚淮甸，有声。告病归养，起补兵部主事，上疏乞宥南京所执谏官戴铣等，毋使远道致死，朝廷有杀谏官之名。刘瑾怒，矫诏廷杖之。不死，谪贵州龙场驿。万里矣，而公不少怵。甘泉子赠之九章，其七章云："皇天常无私，日月常盈亏，圣人常无为，万物常往来。何名为无为？自然无安排，勿忘与勿助，此中有天机。"其九章云："天地我一体，宇宙本同家。与君心已通，别离何怨嗟？浮云去不停，游子路转赊。愿言崇明德，浩浩同无涯。"及居夷，端居默坐，而夷人化恶为善，有声。人或告曰："阳明公至浙，沉于江矣，至福建始起矣。登鼓山之诗曰：'海上曾为沧水使，山中又拜武夷君。'有征矣。"甘泉子闻之笑曰："此佯狂避世也。"故为之作诗，有云："佯狂欲浮海，说梦痴人前。"及后数年，会于滁，乃吐实。彼夸虚执有以为神奇者，乌足以知公者哉！复起尹庐陵，卧治六月而百务具理，有声。取入南京刑部主事，留为吏部验封主事，有声。阳明公谓甘泉子曰："乃今可卜邻矣。"遂就甘泉子长安灰厂右邻居之。时讲于大兴隆寺，而

9

久庵黄公宗贤会焉。三人相欢语，合意。久庵曰："他日天台、雁荡，当为二公作两草亭矣。后合两为一焉，明道一也。"明年，甘泉子使安南。后二年，阳明公迁贰南太仆，聚徒讲学，有声。甘泉子还，期会于滁阳之间。夜论儒、释之道。又明年，甘泉子丁忧，扶母枢南归。阳明公时为南大鸿胪，逆吊子龙江关。寻迁南赣都宪矣。

读平赣之状云云，曰：

夫倡三广夹攻之策，收横水、左溪、桶冈、浰头之功，用兵如神矣！甘泉子曰："虽有大司马王晋溪之知，请授之便宜旗牌以备他用，亦以阳明公素养锐士于营，以待不时之出也；迅雷呼吸之间也，又以身先士卒以作军气也。"

读平江西之状云云，曰：

"甘泉子先是在忧，致书于公，幸因闽行之使以去也。"盖公前有宰相之隙，后有江西未萌之祸，不去必为楚人所钤，两不报。未几，有宁府之变，公几陷于虎口。然而赣兵素振，既足为之牵制，而倡义檄诸府县兴兵，会丰城誓师，分攻七门，七门大开，遂除留守之党，封府库之财，收劫取之印，安协从之民，释被报之囚，表死难之忠。据省城，绝其归路，直趣樵舍，因成擒贼之功。是水也以浅见测渊谋也。然始而翕然称为掀天揭地之功矣，既而大吏妒焉，内幸争功者附焉，辗转殚力竭精矣，仅乃得免，或未尝不思前虑也，所以危而不死者，内臣张永护之也，于大吏门列，不亦愧乎？由是遂流为先与后擒之言，上下腾沸，是不足辩也。

夫阳明逆知宸濠有异志，刘养正来说："必得公乃发。"公应之曰："时非桀、纣，世无汤、武，臣有仗节死义耳。"其犹使冀生元亨往与之语者，实欲诱其善，不动干戈，潜消莫大之祸也。使阳明公而实许养正，则宸濠杀孙都宪、许副使，必待阳明至乃发。阳明未至而发者，知绝意于阳明之与己矣。使阳明实许之，必乘风直抵南昌，必不与丰城，闻顾必告变，即谋南奔以倡大义，夺渔艇，使如渔人然以奔吉安矣。其宸濠兵校追公者，非迎公也，将胁公也。且宸濠之上不能直趋中原以北，中不能攻陷金陵以据者，以阳明为之制其尾，兵威足以累之，使不前也；又取据省城，绝其资重与归路也；功莫大焉。若夫百年之后，忌妒者尽死，天理在人心者复明，则公论定矣。

已而该部果题赐敕锡劳，封新建伯，奉天翊卫推诚宣力守正文臣，特进光禄大夫柱国兼南京兵部尚书，参赞机务，岁支米一千石，于时天其将定矣，而置之南者有人焉以参乎其间矣。公丁父忧，而四方从学者日众。有迎忌者意，致有伪学之劾者，人其胜天乎！或以浮语沮公，六年不召。寻以论荐，命为两广总制军务，平岑猛之乱。或曰："其且进且沮，使公不得入辅乎？"

读思、田之状云云，曰：

公奏行剿之患十，行抚之善十，乃撤防兵，解战甲，谕威信，受来降，杖土目，复岑后，设流守，而思、田平。夫阳明公不革岑猛之后之土官，以夷治夷也。卢苏等杖之百而释之，置流守以制焉，仁义之术也。人知杀伐之为功，而不知神武不杀者，功之上也，仁义两全之道也。

读八寨之状云云，曰：

檄参将会守巡，命指挥马文瑞，永顺宣慰彭明辅，保靖宣慰彭九霄，分兵布哨，擒斩贼酋党与，遂破诸巢，移卫所制诸蛮，贯八寨之中，扼道路之冲，设县治，增城堡，皆保治安民之要。或曰："八峒掩袭村落以为功，无破巢之功也，无功以为有功也，何则？"辩之曰："夫阳明之贪功，当取岑猛、卢苏之大功而不取焉，不宜舍其大者，取其小者，其亦不智不武也。谓阳明公为之乎？夫宣慰诸哨之兵，可袭则袭，出其不意，兵法之奇，不可预授者也。而以病阳明焉，将使为宋襄、陈儒之愚已耶？非驭戎不测之威矣。"

事竣而请归告病危矣，不待报而遽行，且行且候命。其卒于南安途次而不及命下，亦命也。江西辅臣进帖以潛公，上革之恤典，人众之胜天也，亦命也。百年之后，天定将不胜人矣乎？甘泉子始召入礼部，面叩辅臣曰："外人皆云阳明之事乃公为之乎？"辅臣默然，然亦不以作怒加祸，犹为有君子度量焉，可尚也。

公卒之日，两广、江西之民相与吊于途曰："哲人其痿矣！"士夫之知者，相与语于朝曰："忠良其逝矣！"四方同志者且与吊于家曰："斯文其丧矣！"久庵公为之状，六年而后就，慎重也。甘泉子曰："吾志其大义，铭诸墓，将使观厥详于状也。"铭曰：

南镇嶙嶙，在浙之滨；奇气郁积，是生异人。生而气灵，乘云降精；十一金山，诗成鬼惊。志学逾二，广信馆次，娄公一言，圣学可至。长而任侠，未脱旧习，驰马试剑，古文出入。变化屡迁，逃仙逃禅；一变至道，丙寅之年。邂逅语契，相期共诣：天地为体，物莫非己。抗疏廷杖，龙场烟瘴；居夷何陋，诸蛮归向。起尹庐陵，卧治不庭；六月之间，百废具兴。入司验封，众志皆通，孚于同朝，执经相从。转南太仆，鸿胪太畜；遂巡南赣，乃展骥足。浰头、桶冈，三广夹攻，身先士卒，屡收奇功。蓄勇养锐，隐然有待，云胡养正，阴谋来说。诈言尊师，公明灼知；冀子往化，消变无为。闽道丰城，及变未萌；闻变遄返，心事以明。旌旗蔽空，声义下江，尾兵累之，北趋不从。乃

11

擒巨贼，乃亲献馘；争功欲杀，永也护翊。彼同袍者，反戈不怩，隐之于心，以莫不戚。忧居六年，起治思、田，抚而不戮，夷情晏然。武文兼资，仁义并行，神武不杀，是称天兵。凡厥操纵，圣学妙用，一以贯之，同静异动。

行状

海日先生行状
陆　深

　　先生姓王氏，讳华，字德辉，别号实庵，晚复号海日翁。尝读书龙泉山中，学者又称为龙山先生。其先出自晋光禄大夫览之曾孙、右军将军羲之，由琅琊徙居会稽之山阴。后二十三代孙迪功寿又自山阴徙余姚。至先生之四世祖，广东参议性常，又五世矣。参议博学，善识鉴，有文武长才，与永嘉高则诚族人元章相友善，往来山水间，时人莫测也。诚意伯刘伯温微时尝造焉。参议谓曰："子真王佐才，然异时勿累老夫则善矣。"伯温既贵，遂荐以为兵部郎中，擢广东参议。卒死于苗难。高祖讳彦达，号秘湖渔隐。渔隐年十六，自苗中裹父尸归葬，朝夕哭墓下。痛父以忠死，麤衣恶食，终身不仕，乡里以孝称之。曾祖讳与准，号遁石翁。伟貌修髯，精究《礼》、《易》，著《易微》数千言。居秘湖阴，尝筮得《大有》之《震》，谓其子曰："吾先世盛极而衰，今衰极当复矣。然必吾后再世而始兴乎？兴必盛且久。尔虽不及显，身没亦与有焉。"祖讳世杰，号槐里子。以明经贡为太学生。卒赠嘉议大夫，礼部右侍郎。祖妣孟氏，赠淑人。父讳天叙，别号竹轩。封翰林院修撰，赠礼部右侍郎。妣岑氏，封太淑人。

　　正统丙寅九月甲午，先生生。先夕，孟淑人梦其姑赵抱一童子绯衣玉带授之曰："新妇平日事吾孝，今孙妇事汝亦孝。吾与若祖丐于上帝，以此孙畀汝，子孙世世荣华无替。"故先生生而以今名名，先生之长兄半岩先生以荣名，梦故也。先生生而警敏绝人。始能言，槐里先生抱弄之，因口授以古诗歌，经耳辄成诵。稍长使读书，过目不忘。

　　六岁时，与群儿戏水滨。见一客来濯足，已大醉，遗其所提囊而去。取视之，数十金也。先生度其人酒醒必复来，恐人持去，投水中，坐守之。有顷，其人果号泣而至。先生迎谓曰："求尔金邪？"为指其处。其人喜跃，以一金

12

谢。先生笑却之曰："不取尔数十金，乃取尔一金乎？"客且惭且谢，随至先生家，无少长咸遍拜而去。

岑太夫人尝绩窗下，先生从旁坐读书。时邑中迎春，里儿皆竞呼出观，先生独安读书不辍。太夫人谓曰："若亦暂往观乎？"先生曰："大人误矣，观春何若观书？"太夫人喜曰："儿是也，吾言误矣。"

年十一，从里师钱希宠学。初习对句；月余，习诗；又两月余，请习文。数月之后，学中诸生尽出其下。钱公叹异之曰："岁终吾无以教尔矣。"县令呵从到塾，同学皆废业拥观，先生据案朗诵若无睹。钱奇之，戏谓曰："尔独不顾。令即谓尔倨傲，呵责及尔，且奈何？"先生曰："令亦人耳，视之奚为？若诵书不辍，彼亦便奈呵责也？"钱因语竹轩公曰："公子德器如是，断非凡儿。"

十四岁时，尝与亲朋数人读书龙泉山寺。寺旧有妖为祟。数人者皆富家子，素豪侠自负，莫之信；又多侵侮寺僧，僧甚苦之。信宿妖作，数人果有伤者。寺僧因复张皇其事，众皆失气，狼狈走归。先生独留居如常，妖亦遂止。僧咸以为异。每夜分，辄众登屋号笑，或瓦石撼卧榻，或乘风雨雷电之夕，奋击门障。僧从壁隙中窥，先生方正襟危坐，神气自若。辄又私相叹异。然益多方试之，技殚，因从容问曰："向妖为祟，诸人皆被伤，君能独无恐乎？"先生曰："吾何恐？"僧曰："诸人去后，君更有所见乎？"先生曰："吾何见？"僧曰："此妖但触犯之，无得遂已者，君安得独无所见乎？"先生笑曰："吾见数沙弥为祟耳。"诸僧相顾色动，疑先生已觉其事，因佯谓曰："此岂吾寺中亡过诸师兄为祟邪？"先生笑曰："非亡过诸师兄，乃见在诸师弟耳。"僧曰："君岂亲见吾侪为之？但臆说耳。"先生曰："吾虽非亲见，若非尔辈亲为，何以知吾之必有见邪？"寺僧因具言其情，且叹且谢曰："吾侪实欲以此试君耳。君天人也，异时福德何可量？"至今寺僧犹传其事。

天顺壬午，先生年十七，以三礼投试邑中。邑令奇其文，后数日，复特试之。题下，一挥而就。令疑其偶遇宿构，连三命题，其应益捷。因大奇赏，谓曰："吾子异日必大魁天下。"远迩争礼聘为子弟师。提学松江张公时敏考校姚士，以先生与木斋谢公为首，并称之曰："二子皆当状元及第，福德不可量也。"方伯祁阳宁公良择师于张公。张曰："但求举业高等，则如某某者皆可。必欲学行兼优，惟王某耳。"时先生甫逾弱冠，宁亲至馆舍讲宾主礼，请为其子师。延至家，湖湘之士翕然来从者以数十。在祁居梅庄别墅。墅中积书数千卷，先生昼夜讽诵其间，不入城市者三年。永士有陈姓者，闻先生笃学，

13

特至梅庄请益。间取所积书叩之，先生皆默诵如流。陈叹曰："昔闻'《五经》笥'，今乃见之。"祁俗好妓饮，先生峻绝之。比告归，祁士以先生客居三年矣，乃秘两妓于水次，因饯先生于亭上，宿焉。客散，妓从秘中出。先生呼舟不得，撤门为桴而渡。众始叹服其难。

始，先生在梅庄，尝一夕梦迎春，归其家，前后鼓吹幡节，中导白土牛，其后一人舆以从，则方伯杜公谦也。既觉，先生以竹轩公、岑太夫人皆生于辛丑，谓白为凶色，心恶之，遂语诸生欲归。诸生坚留之。宁生曰："以纮占是梦，先生且大魁天下矣。夫牛，丑属也，谓之一元大武；辛，金属，其色白；春者，一岁之首也，世以状元为春元，先生之登，其在辛丑乎？故事送状元归第者，京兆尹也，其时杜公殆为京兆乎？"先生以亲故，遂力辞而归。舟过洞庭，阻风君山祠下，因入祠谒。祝者迎问曰："公岂王状元邪？"先生曰："何从知之？"祝者曰："畴昔之夕，梦山神曰：'后日薄暮有王状元来。'吾以是知之。"先生异其言，与梅庄之梦适相协，因备纪其事。自是先生连举不利，至成化庚子，始以第二人发解。明年辛丑，果状元及第；杜公为京兆，悉如其占云。

是岁授官翰林院修撰。甲辰廷试进士，为弥封官。丁未充会试同考官。弘治改元，与修《宪庙实录》，充经筵官。己酉，秩满九载，当迁。闻竹轩疾，即移病不出。当道使人来趣，亲友亦交劝之且出迁官，若凶闻果至，不出未晚也。先生曰："亲有疾，已不能匍匐归侍汤药，又逐逐奔走为迁官之图，须家信至，幸而无恙，出岂晚乎？"竟不出。

庚戌正月下旬，竹轩之讣始至，号恸屡绝。即日南奔，葬竹轩于穴湖山，遂庐墓下。墓故虎穴，虎时时群至。先生昼夜哭其傍，若无睹者。久之益驯，或傍庐卧，人畜一不犯，人以为异。

癸丑服满。升右春坊右谕德，充经筵讲官。尝进劝学疏，其略谓：

贵缉熙于光明。今每岁经筵不过三四御，而日讲之设，或间旬月而始一二行，则缉熙之功，无亦有间欤？虽圣德天健，自能乾乾不息。而宋儒程颐所谓涵养本原，薰陶德性者，必接贤士大夫之时多，而后可免于一暴十寒之患也。

上然其言，御讲日数。

丙辰三月，特命为日讲官，赐金带四品服。四月，以选正人端国本，公卿会推为东宫辅导。戊午三月，又命兼东宫讲读，眷赐日隆。是岁，奉命主顺天府乡试。辛酉，又奉命主应天乡试。壬戌，升翰林院学士，从四品俸。寻命教庶吉士鲁铎等。继又命与纂修《大明会典》。逾年书成，升詹事府少詹事，兼翰林院学士。五月，复命与编《通鉴纂要》。六月，升礼部右侍郎，仍兼日讲。上以先生讲释明赡，故特久任。是岁冬，命祭江淮诸神，乞便道归省。还朝以岑太夫人年迈屡疏乞休，以便色养。不允。寻升礼部左侍郎。

明年，武宗皇帝改元。贼瑾用事，呼吸成祸福。士大夫奔走其门者如市。先生独不之顾。时先生元子今封新建伯方为兵部主事，上疏论瑾罪恶。瑾大怒，既逐新建，复迁怒于先生。然瑾微时尝从先生乡人方正习书史，备闻先生平日处家孝友忠信之详，心敬慕之，先生盖不知也。瑾后知为先生，怒稍解。尝阴使人语，谓于先生有旧，若一见可立跻相位。先生不可。瑾意渐拂。丁卯，升南京吏部尚书。瑾犹以旧故，使人慰之曰："不久将大召。"冀必往谢。先生又不行。瑾复大怒。然先生乃无可加之罪，遂推寻礼部时旧事与先生无干者，传旨令致仕。先生闻命忻然，束装而归，曰："吾自此可免于祸矣。"

既而有以同年友事诬毁先生于朝者，人咸劝先生一白。先生曰："某吾同年友，若白之，是我讦其友矣。是焉能浼我哉？"竟不辨。后新建复官京师，闻士夫之论，具本奏辨。先生闻之，即驰书止之曰："是以为吾平生之大耻乎？吾本无可耻，今乃无故而攻发其友之阴私，是反为吾求一大耻矣。人谓汝智于吾，吾不信也。"乃不复辨。

历事三朝，惟孝庙最知。末年尤加眷注，屡因进讲，劝上勤圣学，戒逸豫，亲仁贤，远邪佞。上皆虚心嘉纳。故事讲官数人当直者，必先期演习，至上前犹或鳌张失措。先生未尝豫习，及进讲，又甚条畅。一日，上已幸讲筵，直讲者忽风眩仆地。众皆遑遽，共推先生代，先生从容就案，展卷敷析，尤极整暇。众咸服其器度。内侍李广方贵幸，尝于文华殿讲《大学衍义》，至唐李辅国与张后表里用事，诸学士欲讳不敢言，先生特诵说朗然，开讽明切。左右闻者皆缩头吐舌，而上乐闻不厌。明日罢讲，命中官赐食。中官密语先生云："连日先生讲书明白，圣心甚喜，甚加眷念。"先生自庆知遇，益用剀切。上亦精勤弥励。讵意孝庙升遐，先生志未及行，亦偃蹇而归矣。天道如斯，呜呼悲夫！

先生气质醇厚，平生无矫言饰行，仁恕坦直，不立边幅。与人无众寡大小，待之如一。谈笑言议，由衷而发，广庭之论，入对妻孥，曾无两语。人有片善，称之不容口；有急难来控者，恻然若身陷于沟阱，忘己拯救之，虽以此招谤取嫌，亦不恤；然于人有过恶，亦直言规切，不肯少回曲，以是往往反遭嫉忌，然人亦知其实心无他，则亦无有深怨之者。先生才识宏达，无所不可。而操持坚的，屹不可动。百务纷沓，应之沛然，未尝见其有难处之事。至临危

15

疑震荡，众多披靡惶恐，而先生毅然卓立，然未尝以此自表现，故人之知者罕矣。为诗文皆信笔立就，不事雕刻，但取词达而止。所著有《龙山稿》、《垣南草堂稿》、《礼经大义》诸书，《杂录》、《进讲余抄》等稿，共四十六卷。

先生孝友出于天性，禄食盈余，皆与诸昆弟共之，视诸昆弟之子不啻己出。竹轩公及岑太夫人色爱之养，无所不至。太夫人已百岁，先生亦寿逾七十矣，朝夕为童子色嬉戏左右，抚摩扶掖，未尝少离。或时为亲朋山水之邀，乘舟暂出，忽念太夫人，即蹙然反棹。及太夫人之殁，寝苫蔬食，哀毁逾节，因以得疾。逮葬，跣足随号，行数十里，于是疾势愈增。病卧逾年，始渐瘳。然自是气益衰。

先生素闻宁濠之恶，疑其乱，尝私谓所亲曰："异时天下之祸，必自兹人始矣。"令家人卜地于上虞之龙溪，使其族人之居溪傍者买田筑室，潜为栖遁之计。至是正德己卯，宁濠果发兵为变。远近传闻骇愕，且谓新建公亦以遇害，尽室惊惶，请徙龙溪。先生曰："吾往岁为龙溪之卜，以有老母在耳。今老母已入土，使吾儿果不幸遇害，吾何所逃于天地乎？"饬家人勿轻语动。已而新建起兵之檄至，亲朋皆来贺，益劝先生宜速逃龙溪。咸谓新建既与濠为敌，其势必阴使奸人来不利于公。先生笑曰："吾儿能弃家杀贼，吾乃独先去以为民望乎？祖宗德泽在天下，必不使残贼覆乱宗国，行见其败也。吾为国大臣，恨已老，不能荷戈首敌。倘不幸，胜负之算不可期，犹将与乡里子弟共死此城耳。"因使趣郡县宜急调兵粮，且禁讹言，勿令摇动。乡人来窃视先生，方晏然如平居，亦皆稍稍复定。不旬月，新建捷至，果如先生所料。亲朋皆携酒交庆。先生曰："此祖宗深仁厚泽，渐渍人心，纪纲法度，维持周密，朝廷威灵，震慑四海，苍生不当罹此荼毒。故旬月之间，罪人斯得，皆天意也。岂吾一书生所能办此哉？然吾以垂尽之年，幸免委填沟壑；家门无夷戮之惨；乡里子弟又皆得免于征输调发；吾儿幸全首领，父子相见有日；凡此皆足以稍慰目前者也。"诸亲友咸喜极饮，尽欢而罢。

已而武庙南巡，奸党害新建之功，飞语构陷，危疑汹汹，旦夕不可测。群小侦伺，旁午于道。或来先生家，私籍其产宇丁畜，若将抄没之为。姻族皆震撼，莫知所出。先生寂若无闻，日休田野间，惟戒家人谨出入，慎言语而已。辛巳，今上龙飞，始下诏宣白新建之功，召还京师。新建因得便道归省。寻进南京兵部尚书，封新建伯。遣行人赍白金文绮慰劳新建，遂下温旨存问先生于家，兼有羊酒之赐。适先生诞辰，亲朋咸集。新建捧觞为寿。先生蹙然曰："吾父子不相见者几年矣。始汝平寇南赣，日夜劳瘁，吾虽忧汝之疾，然臣职

16

宜尔，不敢为汝忧也。宁濠之变，皆以为汝死矣，而不死；皆以事为难平矣，而卒平。吾虽幸汝之成，然此实天意，非人力可及，吾不敢为汝幸也。谗构朋兴，祸机四发，前后二年，岌乎知不免矣。人皆为汝危，吾能无危乎？然于此时惟有致命遂志，动心忍性，不为无益，虽为汝危，又复为汝喜也。天开日月，显忠遂良，穹官高爵，滥冒封赏。父子复相见于一堂，人皆以为荣，吾谓非荣乎？然盛者衰之始，福者祸之基，虽以为荣，复以为惧也。夫知足不辱，知止不殆，吾老矣，得父子相保于牖下，孰与犯盈满之戒，覆成功而毁令名者邪？"新建洗而跽曰："大人之教，儿所日夜切心者也。"闻者皆叹息感动。于是会其乡党亲友，置酒燕乐者月余。岁且暮，疾复作。新建率其诸弟日夜侍汤药。壬午正月，势转剧。二月十二日已丑，终于正寝。享年七十有七。临绝，神识精明，略无昏愦。时朝廷推论新建之功，进封先生及竹轩、槐里，皆为新建伯。是日部咨适至，属疾且革。先生闻使者已在门，促新建及诸弟曰："虽仓遽，乌可以废礼？尔辈必皆出迎。"闻已成礼，然后偃然瞑目而逝。

先生始致政归，客有以神仙之术来说者。先生谢之曰："人所以乐生于天地之间，以内有父母、昆弟、妻子、宗族之亲，外有君臣、朋友、姻戚之懿，从游聚乐，无相离也。今皆去此，而槁然独往于深山绝谷，此与死者何异？夫清心寡欲，以怡神定志，此圣贤之学所自有。吾但安乐委顺，听尽于天而已，奚以长生为乎？"客谢曰："神仙之学，正谓世人悦生恶死，故其所欲而渐次导之。今公已无恶死悦生之心，固以默契神仙之妙，吾术无所用矣。"先生于异道外术一切奇诡之说，廓然皆无所入。惟岑太夫人稍崇佛教，则又时时曲意顺从之，亦复不以为累也。

先生既归，即息意丘园，或时与田夫野老同游共谈笑，萧然形迹之外。人有劝之，宜且闭门养威重者。先生笑曰："汝岂欲我更求作好官邪？"性喜节俭，然于货利得丧，曾不以介意。尝构楼居十数楹，甫成而火，赀积为之一荡。亲友来救焚者，先生皆一一从容款接，谈笑衍衍如平时，略不见有仓遽之色。人以是咸叹服其德量云。

先生元配赠夫人郑氏，渊靖孝慈，与先生共甘贫苦。起微寒，躬操井臼，勤纺绩以奉舅姑。既贵而恭俭益至。寿四十九，先先生三十六年卒。继室赵氏，封夫人。侧室杨氏。子四人：长守仁，郑出，南京兵部尚书，封新建伯。次守俭，杨出，太学生。次守文，赵出，郡庠生。次守章，杨出。一女，赵出，适南京工部都水郎中同邑徐爱。始郑夫人殡郡南之石泉山，已而有水患，乃卜地于天柱峰之阳而葬先生焉。

17

深，先生南畿所录士也。暨于登朝，获从班行之末，受教最深；又辱与新建公游处，出入门墙最久。每当侍侧讲道之际，观法者多矣。正德壬申秋，以使事之余，迂道拜先生于龙山里第。扁舟载酒，相与游南镇诸山，乃休于阳明洞天之下。执手命之曰："此吾儿之志也。大业日远，子必勉之。"临望而别。呜呼！深鄙陋无状，不足以窥见高深，然不敢谓之不知先生也。谨按王君璡所录行实，泣而叙之，将以上于史官，告于当世之司文柄者，伏惟采择焉。

阳明先生行状
黄绾

阳明先生王公讳守仁，字伯安，其先琅琊人，晋光禄大夫览之后。

览曾孙羲之少随父旷渡江家建康，不乐，徙会稽。其后复徙剡之华塘，自华塘徙石堰，又徙达溪。有曰寿者，仕至迪功郎，乃徙居余姚。

六世祖讳纲，字性常，博学善识鉴，有文武长才，与永嘉高则诚宗人高元章、括苍刘伯温友善。仕国朝，为广东参议，死苗难。五世祖讳彦达，号秘湖渔隐，有孝行。高祖讳与准，号遁石翁，精究《礼》、《易》，著《易微》数千言。曾祖讳杰，号槐里子，以明经贡为太学生，赠礼部右侍郎。曾祖姒孟氏，赠淑人。祖讳天叙，号竹轩，封翰林院编修，赠礼部右侍郎。祖姒岑氏，封太淑人。父讳华，成化辛丑状元及第，仕至南京吏部尚书，封新建伯。姒郑氏，封孺人，赠夫人。继母赵氏，封夫人。郑氏孕十四月而生公。

诞夕，岑太淑人梦天神抱一赤子乘云而来，道以鼓乐，与岑。岑寤而公生，名曰云。六岁不言。一日，有僧过之，摩其顶曰："有此宁馨儿，却叫坏了。"龙山公悟，改今名，遂言，颖异顿发。

年十一，竹轩翁携之上京，过金山，作诗曰："金山一点大如拳，打破维扬水底天。醉倚妙高台上月，玉箫吹彻洞龙眠。"有相者谓塾师曰："此子他日官至极品，当立异等功名。"

年十三，侍龙山公为考官，入场评卷，高下皆当。性豪迈不羁，喜任侠。畿内石英、王勇，湖广石和尚之乱，为书将献于朝，请往征之。龙山公力止之。

年十七，至江西，成婚于外舅养和诸公官舍。

明年，还广信，谒一斋娄先生。异其质，语以所当学，而又期以圣人，为可学而至，遂深契之。

领弘治壬子年乡荐。己未登进士，观政工部。与太原乔宇，广信汪俊，河南李梦阳、何景明，姑苏顾璘、徐祯卿，山东边贡诸公以才名争驰骋，学古诗文。钦差督造威宁伯王公坟于河间，驭役夫以十五之法，暇即演八阵图，识者已知其有远志。少日尝梦威宁伯授以宝剑，既竣事，威宁家以金币为谢，辞不受，乃出威宁军中佩剑赠之，适符其梦，受焉。时有彗星及鞑虏猖獗，上疏论边务，因言朝政之失，辞极剀切。

明年，授刑部主事，差往淮甸审囚，多所平反，复命。日事案牍，夜归必燃镫读《五经》及先秦、两汉书，为文字益工。龙山公恐过劳成疾，禁家人不许置镫书室。俟龙山公寝，复燃，必至夜分，因得呕血疾。

养病归越，辟阳明书院，究极仙经秘旨，静坐，为长生久视之道，久能预知。其友王思裕等四人欲访公，方出五云门，即命仆要于路，历语其故。四人惊以为神。

甲子，聘为山东乡试考官，至今海内所称重者，皆所取士也。改兵部武库司主事。明年，白沙陈先生高第甘泉湛公若水，一会而定交，共明圣学。

明年丙寅，正德改元，宦官刘瑾窃国柄，作威福，差官校至南京，拿给事中戴铣等下狱。公上疏乞宥之。瑾怒，矫诏廷杖五十，毙而复苏，谪贵州龙场驿丞。瑾怒未释。公行至钱塘，度或不免，乃托为投江，潜入武夷山中，决意远遁。夜至一山庵投宿，不纳。行半里许，见一古庙，遂据香案卧。黎明，道士特往视之，方熟睡。乃推醒曰："此虎狼穴也，何得无恙？"因诘公出处，公乃吐实。道士曰："如公所志，将来必有赤族之祸。"公问："何以至此？"道士曰："公既有名朝野，若果由此匿迹，将来之徒假名以鼓舞人心，朝廷寻究汝家，岂不致赤族之祸？"公然其言。尝有诗云："海上曾为沧水使，山中又拜武夷君。"遂由武夷至广信，溯彭蠡，历沅、湘，至龙场。

始至，无屋可居。芟于丛棘间，迁于东峰，就石穴而居。夷俗于中土人至，必蛊杀之。及卜公于蛊神，不协，于是日来亲附。以所居阴湿，乃相与伐木为何陋轩、君子亭、宾阳堂、玩易窝以居之。三仆历险冒瘴，皆病，公日夕躬为汤糜调护之。

瑾欲害公之意未已。公于一切得失荣辱皆能超脱，惟生死一念，尚不能遣于心，乃为石廓，自誓曰："吾今惟俟死而已，他复何计？"日夜端居默坐，澄心精虑，以求诸静一之中。一夕，忽大悟，踊跃若狂者。以所记忆《五经》之言证之，一一相契，独与晦庵注疏若相牴牾，恒往来于心，因著《五经臆说》。时元山席公官贵阳，闻其言论，谓为圣学复睹。公因取《朱子大全》阅之，见其晚年论议，自知其所学之非，至有诳己诳人之说，曰："晦翁亦已自悔矣。"日与学者讲究体察，愈益精明，而从游者众。

时思州守遣人至龙场，稍侮慢公，诸役夫咸愤惋，辄相与殴辱之。守大怒，曰宪副毛公科，令公请谢，且喻以祸福。公致书于守，遂释然，愈敬重公。安宣慰闻公名，使人馈米肉，给使令，辞不受。既又重以金帛鞍马，复固辞不受。及议减驿事，则力折之，且申说朝廷威信令甲，其议遂寝。已而僮酋有阿贾、阿札者，摽掠为地方患，公复以书诋讽之。安悚然，操切所部，民赖以宁。

庚午，升庐陵知县。比至，稽国初旧制，慎选里正三老，委以词讼，公坐视其成，囹圄清虚。是岁冬，以朝觐入京，调南京刑部主事，馆于大兴隆寺。予时为后军都事，少尝有志圣学，求之紫阳、濂、洛、象山之书，日事静坐；虽与公有通家之旧，实未尝深知其学。执友柴墟储公巏与予书曰："近日士夫如王君伯安，趋向正，造诣深，不专文字之学，足下肯出与之游，丽泽之益，未必不多。"予因而慕公，即夕趋见。适湛公共坐室中，公出与语，喜曰："此学久绝，子何所闻而遽至此也？"予曰："虽粗有志，实未用功。"公曰："人惟患无志，不患无功。"即问："曾识湛原明否？来日请会，以订我三人终身共学之盟。"明日，公令人邀予至公馆中，会湛公，共拜而盟。又数日，湛公与予语，欲谋白岩乔公转告冢宰邃庵杨公，留公北曹。杨公乃擢公为吏部验封主事。予三人者自职事之外，稍暇，必会讲；饮食起居，日必共之，各相砥励。

未几，升文选员外郎，升考功郎中，而学益不懈。士大夫之有志者，皆相率从游。如此二年，而湛公使安南，予与公又居一年。壬申冬，予以疾告归，公为文及诗送予，且托予结庐天台、雁荡之间而共老焉。湛公又欲买地萧山、湘湖之间，结庐，与予三人共之。明年癸酉，升南京太仆寺少卿，从游者日益众。甲戌，升南京鸿胪寺卿，始专以良知之旨训学者。乙亥，朝廷举考察之典，为疏自劾，力乞休致，以践前言。不允。八月，又上疏力以疾甚，乞养病。又不允。

明年，丙子十月，升都察院左佥都御史，抚镇南、赣、汀、漳等处。先是南、赣抚镇，屡用非人，山谷凶民初为攘窃，渐至劫掠州县，肆无忌惮，远近视效。凡在虔、楚、闽、广接壤山谷，无非贼巢。小大有司束手无策，皆谓终不可除。兵部尚书王公琼独知公，特荐而用之。又恳疏以辞，亦不允，督旨益严。公遂受命。

既至南、赣，先严战御之法。时龙南贼二千余突至信丰，又纠合广东龙川、浰头诸贼酋分队以进，势甚猖獗。公于未战之先，令兵备官调兵断贼归路，又委官统领，前后夹击。又曰："此贼既离巢穴，利在速战。"又令乘险设伏，厚集以待，及各乡村往来路径，多张疑兵，使进无所获，退无所据，不过旬日，可以坐擒。一违节制，以军法从事。先时，在官吏书门皁及在门军民阴阳占卜，皆与贼通，日在官府左右诇觇，不惟言出于口，贼必先知，凡意向颜色之间，贼亦知之。公知其然，在此则示以彼，在彼则示以此。每令阴阳择日，日者占卜，或已吉而不用，或欲用而中止；每励兵蓐食，令俟期而发，兵竟不出。贼各依险自固，四路设伏，公潜令三省兵备官各率兵从径道与贼交锋，前后大战数合，擒斩首俘获无算。余党奔聚象湖山拒守。谕令佯言犒军退师，俟秋再举，密探虚实，乘贼懈弛，以护送广东布政使邵蕡为名，选精兵一千五百当先，重兵四千二百继后，夜半，自率数十骑至，密招前军来，令分三路，各衔枚直趋象湖山，捣其巢穴。我兵夺据隘口，贼犹不知。贼虽失险，其间骁悍犹能凌绝谷超距如飞，复据上层峻险，四面飞打滚木垒石，以死拒敌。我兵奋勇鏖战，自辰至午，三省所发奇兵复从间道鼓噪突登，始惊溃大败。我兵乘胜追杀，擒斩俘获无算，坠崖堑而死者不可胜计。余党复入流恩、山冈等巢，与诸贼合势。明日复战，贼又不利，遁入广东界上。黄蜡、樟溪、大山贼酋詹师富等恃居可塘洞山寨，聚粮守险，势甚强固。公命分兵五路攻击，与贼连战。令知府钟湘破长富村等巢三十余处，擒斩俘获益多。其胁从余党悉愿携家以听抚安。公委官招抚，复业者四千余人。又令佥事顾应祥等委官统领军兵，会同福建克期进剿，扬言班师，出其不意，从牛皮、石岭脚等处分为三哨，鼓噪并进。贼瞻顾不暇，望风瓦解。攻破古村、柘林、白土村、赤石岩等巢，直捣箭灌。及攻破水竹、大重坑、苦宅溪、清泉溪、曰罗、南山等巢，直捣洋竹洞、三角湖等处。前后大战十余，俘获四千人有奇，牛马货物无算。

尝上疏申明赏罚，以励人心，因请敕便宜行事，及请令旗、令牌，不报。及是大庾、南康、上犹三县畬贼虏掠居民，广东浰头等处强池大鬓等三千余徒突围南康县，杀损官兵，与湖广桂阳、广东乐昌等巢相联，盘据流劫三省。时兵备等官请调三省狼达等兵，与官兵夹剿。又上疏论狼兵所过，不减于盗，转输之苦，重困于民。仍请便宜行事，期于成功，不限以时，则兵众既练，号令既明，人知激劝，事无掣肘，可以伸缩自由，相机而动，日剪月削，可使渐尽。复请添设清平县治，通盐法，以足兵食。会湖广巡抚都御史秦公金奏请夹剿疏下，复上疏议处兵粮事宜。六月，召知府季斅，县丞舒富等密授方略，领兵分剿，生擒贼酋陈曰能等，捣其巢，俘获贼党无算。又上疏论三省交剿方略。先是屡请敕便宜行事，众皆笑公为迂，惟尚书王公慨然曰："朝廷此等权柄，不与此等人用，又与谁用？我必与之。"故因公疏覆议，奉旨改公提督南、赣、汀、漳等处军务，赐敕书及前所请旗牌，便宜行事。廷议以公前攻破长富村、象湖山、可塘洞诸处，擒斩首从贼级数多，降敕奖励，升俸一级，赏银二十两，纻丝二表里。

时汀、漳左溪贼酋蓝天凤与赣、南上新、稳下等峒贼酋雷鸣聪、高文辉等相结，盘据千里，荼毒三省。公与诸从事议曰："诸巢为患虽同，事势各异。以湖广言之，则桶冈诸巢为贼之咽喉，而横水、左溪诸巢为之腹心。以江西言之，则横水、左溪诸巢为贼之腹心，而桶冈诸巢为之羽翼。今不先去横水、左溪腹心之患，而欲与湖广夹攻桶冈，进兵两寇之间，腹背受敌，势必不利。今我出其不意；进兵速击，可以得志。已破横水、左溪，移兵而临桶冈，势如破竹矣。"议既决，命指挥郏文帅兵千余，自大庾县义安入；知府唐淳帅兵千余，自大庾县聂都入；知府季敩帅兵千余，自大庾县稳下入；县丞舒富帅兵千余，自上犹县金坑入；亲帅兵千余，自南康进屯至坪，期直捣横水，与诸军会；命副使杨璋，参议黄宏，监督各营官兵往来给饷，以促其后。是月初七日，各哨齐发。初十日，进兵至坪。会间谍诇知，各险隘皆设滚木垒石。公度此时贼已据险，势未可近，乃自率兵乘夜遂进。未至贼巢三十里止舍，使人伐木立栅，开堑设堠，示以久屯之形。复遣官分帅乡兵及樵竖善登山者四百人，各与一旗，赍锐炮钩镰，使由间道攀崖壁而上，分列远近极高山顶以觇贼，张立旗帜，热茅为数千灶，度我兵至险，则举炮燃火相应。十二日黎明，公进兵至十八面隘。贼方据险迎敌，骤闻远近山顶炮声如雷，烟焰四起，我兵复呼哨分逼，铳箭齐放，贼皆惊溃失措，以为官兵尽破其巢，遂弃险退走。公预遣千户陈伟、高睿分帅壮士数十缘崖上，夺贼险，尽发其滚木垒石。我兵乘胜骤进，指挥谢录、马廷瑞兵由间道先入，悉焚贼巢。贼退无所据，乃大败奔溃。横水既破，遂乘胜进攻左溪，擒斩首级无算，俘获男妇牛马什物不可胜算。会雾雨连日，公令休兵犒劳。

是月二十七日，官兵乘胜进攻桶冈。公复议：桶冈天险，四山壁立万仞，中盘百余里，连峰参天，深林绝谷，不睹日月。因询访乡导，贼所由入惟锁匙龙、葫萝洞、茶坑、十八磊、新地五处，皆假栈梯壑，夤悬绝壁而上；惟上章一路稍平，然深入湖广，迂回取道，半月始至。令移屯近地，休兵养锐，振扬威声，使人谕以祸福，彼必惧而请服。其或不从，乘其犹豫，袭而击之，乃可以逞。纵所获桶冈贼钟景缒入贼营，期以翼日早，使人于锁匙龙受降。贼方

22

恐，集众会议。又遣县丞舒富帅数百人屯锁匙龙，促使出降。遣知府邢珣入茶坑，伍文定入西山界，唐淳入十八磊，知县张戬入葫萝洞，皆于是月晦日乘夜各至分地。遇大雨，不得进。明早，冒雨疾登。贼酋蓝天凤方就锁匙龙聚议，闻各兵已入险，皆惊愕散乱。犹驱其男妇千余人据内隘绝险，隔水为阵以拒。我兵渡水前击，复分部左右夹攻，贼不能支，且战且却。及午，雨霁，各兵鼓奋而前，贼乃败走。桶冈诸巢悉平。

亲行相视形势，据险之隘，议以其地请建县治，控制三省诸瑶，断其往来之路。又进兵攻稳下、朱坑等巢，悉平。又以湖、广二省之兵方合，虽近境之贼悉以扫荡，而四远奔突之虞难保必无，乃留兵二千余，分屯茶寮诸隘，余兵令回近县休息，候二省夹攻尽绝，然后班师。驱卒不过万余，用费不满三万，两月之间，俘斩六千有奇，破巢八十有四，渠魁授首，噍类无遗。又疏请三县适中之处立崇义县，移置小溪驿于大庾县城内，使督兵防遏。

浰头贼酋池大鬓等闻横水诸巢皆破，始惧加兵，乃遣其弟池仲安等率老弱二百余徒赴军门投降，随众立效，意在缓兵，因窥虚实，乘间内应。公逆知其谋，乃阳许之。及进攻桶冈，使领其众截路于上新地以远其归途。十一月，池大鬓等闻复破桶冈，益惧，为战守备。公使人赐各酋长牛酒，以察其变。贼度不可隐，诈称龙川新民卢珂等将掩袭之，是密为之防，非虞官兵也。亦阳信其言，因复阳怒卢珂等擅兵仇杀，移檄龙川，使廉其实；且趣伐木开道，将回兵浰头，取道往征之。贼闻之，且喜且惧。卢珂、郑志高、陈英者，皆龙川旧招新民，有众三千余，为池大鬓所胁，而三人者独深忌之，乃来告变。云池大鬓僭号设官，及以伪授卢珂等金龙霸王官爵印信来首。公先已谍知其事，乃复阳怒，不信，遂械系卢珂，而使人密谕其意。珂遂遣人归集其众，待时而发。又使人往谕池大鬓，且密购其所亲信头目二十人，阴说之同部下百八十人使自来投诉。还赣，乃张乐大享将士，下令城中散兵，使各归农，示不复用。贼众皆喜，遂弛其备。池大鬓等乃谓其众曰："若要伸，先用屈。赣州伎俩，亦须亲往勘破。"率其麾下四十人自诣赣。公使人探知池大鬓已就道，密遣人先行属县，勒兵分哨，候报而发。又使人督集卢珂等兵，俱至，令所属官寮以次设羊酒，日犒池大鬓等，以缓其归。会正旦之明日，复设犒于庭，先伏甲士，引池大鬓入，并其党悉擒之。出卢珂等所告状，讯鞫皆伏，置于狱斩之。夜使人趋发属县兵，期以初七日入巢。诸哨兵皆从各径道以入；自率帐下官兵，从龙南县令水直揭下浰大巢，与各哨兵会于三浰。先是贼徒得池大鬓报，谓赣州兵已罢归，皆已弛备，散处各巢。至是骤闻官兵四路并进，皆惊惧，分投出御；

23

悉其精锐千余据险设伏，并势迎敌于龙子岭。我兵聚为三冲，犄角而前，大战良久，贼败。复奋击数十合，遂克上、中、下三浰。各哨官兵遥闻三浰大巢已破，皆奋勇齐进，各贼溃败。

遂进攻九连山。于是选精锐七百余人，皆衣所得贼衣，佯若奔溃者，乘暮直冲贼所，据崖下洞道而过。贼以为各巢败散之党，皆从崖下招呼。我兵亦佯应之。贼疑，不敢击。已度险，遂断其后路。次日，贼始知为我兵，并势冲敌。我兵已据险，从上下击，贼不能支。公度其必溃，预令各哨官兵四路设伏以待。贼果潜遁，邀击而悉俘之，前后擒斩首级无算，俘获男妇牛马器仗什物不可胜计。余党张仲全等二百余人，及远近村寨，一时为贼所驱，从恶未久者，势穷计迫，聚于九连谷口呼号痛哭，诚心投降。遣邢珣验实，量加责治，籍其名数，悉安插于白沙。相视险易，经理立县设隘可以久安长治之策，留兵防守而归。赣人皆戴香遮道而迎，为立生祠，又家肖其像，而岁时祭祷。

上疏乞休致，不允。又以龙川诸处系山林险阻之所，盗贼屯聚之乡，当四县交界之隙，乃三省闰余之地，政教不及，人迹罕到。其间接连闽、广，反覆贼巢，动以百数。据而守之，真足控诸贼之往来，杜奸宄之潜匿。遂疏请于和平地方建设和平县治，以扼其要害。又以大贼酋龚福全、高仲仁、李斌、吴玑等邀路劫杀军民，攻掠郡县，命三省将官剿平。上三省夹剿捷音疏。朝廷论功行赏，升右副都御史，荫子一人锦衣卫，世袭百户，写敕奖励。恳疏辞免，乞原职致仕。温旨慰留。因奏平定广东韶州府乐昌县等贼捷音，查例加升子本卫，世袭副千户。

在赣虽军旅扰扰，四方从游日众，而讲学不废。褒崇象山陆子之后以扶正学。赣人初与贼通，俗多鄙野。为立保甲十家牌法，于是作业出入皆有纪。又行乡约，教劝礼让。又亲书教诫四章，使之家喻户晓。而赣俗丕变，赣人多为良善，而问学君子亦多矣。

十四年正月，再疏乞放归田里。当路忌公，欲从其请。王公琼逆知宸濠必将为变，一日，召其属主事应典曰："我置王某于江西，与之便宜行事者，不但为溪洞诸贼而已，或有他变，若无便宜行事敕书旗牌，将何施用？"时福建有军人进贵等之变，王公曰："此小事，不足烦王某。但假此以牵便宜敕书在彼手中，以待他变。尔可为我做一题稿来看。"稿成，具题。降敕与公曰："福州三卫军人进贵等协众谋反，特命尔暂去彼处地方会同查议处置，参奏定夺。"

时濠阴谋不轨，亦已有年。一日，命安福举人刘养正往说公云："宁王尊师重道，有汤、武之资。欲从公讲明正学。"公笑曰："殿下能舍去王爵否？"既而令门人冀元亨先往，与濠讲学，以探其诚否。元亨与语矛盾；濠怒，遣还，密使人杀于途，不果。公以六月初九日自赣往福建勘事。十五日至丰城县界，典史鄞人报濠反状。继而知县顾佖具言之。公度单旅仓猝，兵力未集，难即勤王，亟欲溯流趋吉安。南风方盛，舟人闻宸濠发千余人来劫公，畏不敢发，乃以逆流无风为辞。公密祷于舟中，誓死报国。无何，北风大作。舟人犹不肯行；拔剑馘其耳，遂发舟。薄暮，度势不可前，潜觅渔舟，以微服行；留麾下一人服已冠服在舟中。濠兵果犯舟，而公不在。欲杀其代者，一人曰："何益？"遂舍之。故追不及。是夜至临江。知府戴德孺喜甚，留公入城调度。曰："临江居大江之滨，与省城相近，且当道路之冲，莫若吉安为宜。"又以三策筹之曰："濠若出上策，直趋京师，出其不意，则宗社危矣。若出中策，则趋南都，大江南北亦被其害。若出下策，但据江西省城，则勤王之事尚易为也。"

行至中途，恐其速出，乃为间谍，假奉朝廷密旨先知宁府将反，行令两广、湖襄都御史杨旦、秦金及两京兵部各命将出师，暗伏要害地方，以俟宁府兵至袭杀。复取优人数辈，各与数百金以全其家，令至伏兵处所飞报窃发日期，将公文各缝置夹衣絮中。将发间，又捕捉伪太师李士实家属至舟尾，令其觇知。公即佯怒，牵之上岸处斩，已而故纵之，令其奔报。宸濠逻获优人，果于夹衣絮中搜得公文，遂疑不发。

十八日至吉安。知府伍文定甚喜，军民皆遮道呼号。公入城抚慰，两上疏告变，请命将征讨，以解东南倒悬。奏至，王公琼扬言于朝曰："王某在南赣，必能擒之。不久当有捷报至。但朝廷不命将出师，则无以壮其军威。"

时濠畜养死士二万，招诱四方盗贼渠魁亦万数，举事之日，复驱其护卫党与并胁从之人又六七万，虐焰张炽。公以百数从卒，退保吉安，遥为牵制之图。远近军民劫于濠积威，道路以目，莫敢出声。公率知府伍文定、戴德孺、邢珣、徐琏等调集军民兵快；召募四方报效义勇，会计应解留钱粮，支给粮赏，造作军器战船，奏留公差回任御史谢源、伍希儒分职任事，约会乡官致仕右副都御史王懋忠，养病编修邹守益，郎中曾直，评事罗侨，丁忧御史张鳌山，赴部调用金事刘蓝，依亲进士郭持平，致仕副使刘逊，参政黄绣，闲住知府刘昭等，相与激劝忠义，晓谕祸福。调度已定，移檄远近，宣布朝廷仁德，暴濠罪恶。濠始觉为公所欺，亟欲引兵而出。公谓：急冲其锋，攻其有备，皆非计之得也；始示以自守不出之形，必俟其出，然后尾而图之。先复省城以捣其巢穴，彼闻必回兵来援。我则出兵邀而击之。此全胜之策也。濠果使人探公未出，先发兵出次南康、九江，自居省城以御公。

七月初二日，濠又使人探公兵果不出，乃留兵万余，属其腹心宗室及仪宾内官并伪部都督都指挥等官使守省城，自引兵向安庆。公知其出，遂急促各府兵，期以本月十五日会于临江樟树镇；身督伍文定等兵径下。于是知府戴德孺引兵自临江来，知府徐琏引兵自袁州来，知府邢珣引兵自赣州来，通判胡尧元、童琦引兵自瑞州来，通判谈储，推官王暐、徐文英，新淦知县李美，太和知县李楫，宁都知县王天与，万安知县王冕，亦各以兵来赴。十八日遂至丰城，分布哨道。使伍文定攻广润门，邢珣攻顺化门，徐琏攻惠民门，戴德孺攻永和门，胡尧元、童琦攻章江门，李美攻德胜门，都指挥余恩攻进贤门。谈储、王暐、李楫、王天与、王冕等各以其兵乘七门之衅，从旁夹击，以佐其势。又探得濠伏兵千余于新旧坟厂，以备省城之援。乃遣奉新知县刘守绪，典史徐诚，领兵四百，从间道夜袭破之，以摇城中。

十九日，登市汊誓师，且申布朝廷之威，再暴濠恶。约诸将一鼓而附城，再鼓而登城，三鼓不克诛其伍，四鼓不克斩其将。誓已，莫不切齿痛心，踊跃激奋。薄暮徐发。

二十日黎明，各至信地。城中为备甚严，滚木、灰瓶、火炮、石弩、机毒之械，无不毕具。及我兵已破新旧坟厂，败溃之卒皆奔告城中。城中闻我师四面骤集，莫不震骇。我师呼噪并进，梯缒而登。城中倒戈而奔，遂破。擒其居守宜春王栱橣及伪太监万锐等千余人。宫眷纵火自焚，延烧居民房屋。公令各官分道救火，抚定居民，释其胁从，封其府库。搜出原收大小衙门印信九十六颗。其胁从布政使胡廉、参政刘斐、参议许效廉、副使唐锦、金事赖凤、都指挥王玘，皆自上江西捷音疏，仍分兵四路追躧。

是时濠攻安庆未下，亲自督兵运土填堑，期在必克。及闻我兵至丰城，大恐，即欲回舟。李士实阻劝，以为必须径往南京，既登大宝，则江西自服。濠不应。次日，遂解安庆之围，移兵泊阮子江，会议归援。

先是兵至丰城，众议安庆被围，宜引兵直趋安庆。公以九江、南康皆以为贼所据，而南昌城中数万之众，精悍亦且万余，食货充积。我兵若抵安庆，贼必回军死斗。安庆之兵仅仅自守，必不能援我于湖中。南昌之兵绝我粮道，而九江、南康之贼合势挠躧，而四方之援又不可望，事难图矣。今我师骤集，先声所加，城中必已震慑，因而并力急攻，其势必下。已破南昌，贼先破胆夺气，失其本根，势必归救。则安庆之围可解，濠亦可以坐擒。果如公料。及议

26

所以御之之策，众谓宜敛兵入城，坚壁自守，以待四方援兵。公独谓宜先出锐卒，乘其惰归，要迎掩击，一挫其锋，众将不战自溃，所谓"先人有夺人之气，攻瑕则坚者瑕"矣。是日抚州知府陈槐引兵亦至。公遣伍文定、邢珣、徐琏、戴德孺共领精兵五百分道并进，击其不意。濠亦先使精悍千余人从间道欲出公不意攻收省城，偶遇于某处，遂交战。我兵失利。报至。公怒甚，欲以军法斩取伍文定、邢珣、戴德孺、徐琏等首。乃自帅兵亲战。或以敌锋方交，若即斩其首，兵无统领而乱，俟各奋励以图后效。明日各帅兵奋死以战，大败之。又遣余恩以兵四百往来湖上，诱致贼兵。陈槐、胡尧元、童琦、谈储、王暐、徐文英、李美、李楫、王冕、王轼、刘守绪、刘源清等各领百余，四面张疑设伏，候伍文定等兵交，然后四起合击。

分布既定，大赈城中军民。虑宗室郡王将军或为内应生变，亲慰谕之，以安其心。出给告示，凡胁从皆不问，虽尝受贼官爵，能逃归者皆免死，能斩贼徒归降者皆给赏。使内外居民及乡导人等四路传布，以解散其党。

二十三日，濠先锋已至樵舍，风帆蔽江，前后数十里。公乃分督各兵乘夜趋进：使伍文定以正兵当其前，余恩继其后，邢珣引兵绕出贼背，徐琏、戴德孺张两翼以分其势。

二十四日早，贼兵鼓噪乘风而前，逼黄家渡，其气骄甚。伍文定、余恩之兵佯北以致之。贼争进趋利，前后不相及。邢珣之兵从后横击，直贯其中，贼败走。伍文定、余恩督兵乘之。徐琏、戴德孺合势夹攻，呼噪并起。贼不知所为，遂大溃，奔走十余里。擒斩二千余级，落水死者以万数。贼势大沮，引兵退保八字脑，众稍遁散。濠震惧，身自激励将士，赏其当先者以千金，被伤者银百两。尽发九江、南康守城之兵以益师。是日，建昌知府曾玙引兵至。公以九江不破则湖兵终不敢越九江以援我；南康不复则我兵亦不能逾南康以蹑贼。及遣知府陈槐领兵四百，合饶州知府林城之兵乘间以攻九江；知府曾玙领兵四百，合广信知府周朝佐之兵乘间以取南康。

二十五日，贼复并力盛气挑战。时风势不便，我兵少却，死者数十人。公急令人斩取先却者。知府伍文定等立于铳炮之间，火燎其须，不敢退，奋督各兵，殊死并进。炮及宁王舟。宁王退走，遂大败。擒斩二千余级，溺水死者不计其数。贼复退兵保樵舍，连舟为方阵，尽出其金银以赏士。公乃夜督伍文定等为火攻之具。邢珣击其左，徐琏、戴德孺出其右，余恩等各官兵分兵四伏，期火发而合。

二十六日，宁王方朝群臣，拘集所执三司各官，责其间以不致死力，坐观成败者，将引出斩之。争论未决，而我兵已奋击四面而集，火及宁王副舟，众遂奔散。宁王与妃嫔泣别，妃嫔宫人皆赴水死。我兵遂执宁王，并其世子、郡王、将军、仪宾及伪太师、国师李士实、刘养正、元帅、参赞、尚书、都督、指挥、千百户等官数百余人，被执胁从官太监王宏，御史王金，主事金山，按察使杨璋，佥事王畴、潘鹏，参政程果，布政使梁辰，都指挥郏文、马骥、白昂等，擒斩贼党三千余级，落水死者约三万余。弃其衣甲器仗财物，与浮尸积聚，横亘若洲。余贼数百艘，四散逃溃。公复遣官分路追剿，毋令逸入他境为患。二十七日，及之于樵舍，大破之；于吴城又破之，擒斩复千余级，落水死者殆尽。濠既擒，众执见公，呼曰：“王先生，我欲尽削护卫所有，请降为庶民，可乎？”对曰：“有国法在。”遂令送至囚所。

公既擒濠，欲令人献俘，虑有余党沿途窃发，欲亲解赴阙，因在吉安上疏乞命将出师。朝廷差安边伯许泰为总督军务，充总兵官，平虏伯江彬为提督等官，左都督刘翚为总兵官，太监张忠为提督军务，张永为提督，赞画机密军务，并体勘濠反逆事情，及查理库藏宫眷等事，太监魏彬为提督等官，兵部侍郎王宪为督理粮饷，往江西征讨。至中途，闻捷报，计欲夺功，乃密请上亲征。上遂自称为总督军务威武大将军总兵官后军都督府太师镇国公，往江西亲征。廷臣力谏不听，有被杖而死者。

江彬、许泰、刘翚、张忠、张永、魏彬等先领兵由大江至，入居城中，人马填溢衢巷，至不可行。乃倡言诬公始同濠谋反，因见天兵摔临征讨，始擒濠以脱罪，欲并擒公为己功。公于官军慰劳有加，病者为之医药，死者为之棺敛，间自行抚，众心皆悦。初见彬辈，皆设席于傍，令公坐。公乃佯为不知，遂坐上席；转傍席于下，以坐彬辈。彬辈衔之，出语诮公。公以常行交际事体谕之，左右皆为公解，遂无言。公非争一坐也，恐一受节制，则事机皆将听彼而不可为矣。

又欲置濠湖中，待驾至列阵擒之，然后奏凯论功。公竟发南昌，数遣人追至广信，不听。戴星趋玉山，度草萍，上疏力止。以为：

濠睥睨神器，阴谋久蓄，招纳叛亡，探挈毂之动静，日无停迹。广置奸细，臣下之奏白，百不一通。发谋之始，逆料大驾必将亲征，先于沿途伏有奸党，为博浪、荆轲之谋。今逆不旋踵，遂已成擒，法宜解赴阙下，式昭天讨。欲付部下各官押解，恐旧所潜布乘隙窃发，或致意外之虞，臣死有余憾。况平贼献俘，固国家常典，亦臣子职分。臣谨于九月十一日亲自量带官军，将濠并宫眷逆贼情重人犯督解赴阙。

28

行至广信，闻报，疏上不听。既抵杭，谓张永曰："西民久遭濠毒，经大乱，继旱灾，困苦既极，必逃聚山谷为乱。奸党群应，土崩之势成矣。然后兴兵平之，不已难乎？"永深然之，徐曰："吾此出为君侧群小，欲调护而默辅之，非掩功也。但将顺天意，犹可挽回。万一苟逆之，徒激群小之怒，何救于大事？"公始深信，以濠付之。复上捷音，以为宸濠不轨之谋已逾一纪，今旬月之间遂克坚城，俘擒元恶，是皆钦差总督威德指示方略所致。以此归功总督军门，以止上江西之行。称病净慈寺。

张永在上前备言公尽心为国之忠之功，及彬等欲加害之意。既而彬等果诬公无君欲叛，上不信。又言此既不信，试召之，必不来，则可知其无君矣。上乃召公。公即奔南京龙江关，将进见。忠等皆失意，又从中阻之，使不见。公乃以纶巾野服入九华山。永闻知，又力言于上曰："王守仁实忠臣，今闻众欲争功，欲并弃其官，入山修道。"由是上益信公之忠。

公复还江西视事。西人皆家肖公像，岁时报祀，犹夫赣焉。

十五年闰八月，四乞省葬，节奉旨："王守仁奉命巡视福建，行至丰城，一闻宸濠反叛，忠愤激烈，即便倡率所在官司，起集义兵，合谋剿杀，气节可嘉。已有旨著督兵讨贼，兼巡抚江西地方。所奏省亲事情，待贼平之日来说。"故复领巡抚事。江西兵残之余，宗室人民凋敝之甚，官府衙门居民房屋烧毁殆尽。公为之赈恤，绥劳抚定，奏免租税。又将城中没官房屋，及濠违制宫室，与革毁一应衙门，皆修改为公廨。濠占夺民间田地山塘房屋，遵奉诏书给还原主管业。其余照依时估变卖价银入官，先尽拨补南、新二县兑军淮安京库折银粮米，及王府禄米；余羡收贮布政司，用备缓急。

是年三月，上晏驾。今上皇帝登极。特降玺书曰："尔昔能剿平乱贼，安靖地方。朝廷新政之初，特兹召用。敕至，尔可驰驿来京，毋或稽迟。"于二十日，公驰驿起程。为辅臣所忌，潜讽科道建言，以为朝廷新政，武宗国丧，资费浩繁，不宜行晏赏之事。行至中途而返。道经钱塘，上疏恳乞便道归省。制曰：可。

升南京兵部尚书，参赞机务。又具疏辞免，慰旨益勤。本年十二月内，该部题为捷音事，议封公伯爵，给与诰券，子孙世世承袭，赐敕遣官奖劳慰谕，锡以银币，犒以羊酒。乃封公新建伯，奉天翊卫推诚宣力守正文臣，特进光禄大夫柱国，兼南京兵部尚书，参赞机务，岁支禄米一千石，三代并妻一体追封。累疏辞免，欲朝廷普恩赏于报效诸臣。又极言举人冀元亨因说宸濠，反为奸党构陷狱中，以忠受祸，为贼报仇，抱冤赍恨，愿尽削己官，移报元亨，以赎此痛。先是元亨在狱，又为移咨六部申理其冤。及元亨死，又为移文湖广两司，优恤其家属。

元年，丁父海日翁忧，四方来游其门益众。科道官迎当路意，以伪学举劾。服阕，辅臣忌公才高望重，六载不召。御史石金等交章论荐。礼部尚书席公书为疏特荐公及石淙杨公曰："生在臣前见一人，曰杨一清；生在臣后见一人，曰王守仁。"皆不报。

丁亥，田州土知府岑猛之乱，提督都御史姚镆不克成功。张公孚敬拉桂公萼同荐，桂公不得已，勉从荐公。得俞旨，兵部奉钦依，差官持檄，授公总制军务，督同都御史姚镆勘处彼中事情。上疏辞免，举尚书胡世宁、李承勋自代，不允。上与杨公一清曰："若姚镆不去，王守仁决不肯来。"遂令镆致仕。又降旨督趋赴任。旨云："卿识敏才高，忠诚体国。今两广多事，方藉卿威望，抚定地方，用舒朕南顾之怀。姚镆已致仕了，卿宜星夜前去，节制诸司，调度军马，抚剿贼寇，安戢兵民，勿再迟疑推诿，以负朕望。还差官铺马裹赍文前去敦取赴任行事，该部知道。"

予时为光禄寺少卿，具疏论江西军功，及荐公才德，堪任辅弼。上喜，亲书御札，并疏付内阁议。杨公一清忌公入阁，与之同列，乃与张公孚敬具揭帖对曰："王守仁才固可用，但好服古衣冠，喜谈新学，人颇以此异之。不宜入阁，但可用为兵部尚书。"桂公知，遂大怒詈予，潜进揭帖毁公，上意遂止。公遂扶病莅任，沿途涉历访诸士夫，询诸行旅，皆云岑猛父子固有可诛之罪；然所以为乱者，皆当事诸人不能推诚抚安以致之。上疏谢恩，极言致乱之由，平复之策。

十二月，杨公一清与桂公萼谋，恐事完回京，复命见上，予与张公又荐之，上必留用。又题命公兼理巡抚。奉圣旨："王守仁暂令兼理巡抚两广等处地方，写敕与他。"咨到，又力疏辞免，举致仕都御史伍文定、刑部左侍郎梁才自代，不允。建议大约以为进兵行剿之患十，罢兵行抚之善十，与夫二幸四毁之弊。时布政使林富，纪功御史石金，皆以为然。

至南宁府，乃下令尽撤调集防守之兵，数日之内，解散而归者，数万有余。湖兵数千，道阻且远，不易即归，仍使分留南宁、宾州，解甲休养，待间而发。

初，思、田二府目民卢苏、王受等闻公来，知无必杀之心，皆有投生之念，日夜悬望，惟恐公至之不速。既至，又见防守之兵尽撤，投生之念益坚，乃遣其头目黄富等十余人先赴军门诉苦。公谕以朝廷威信，及开示更生之路。

明日，苏、受等皆囚首自缚，各与其头目数百人投见，号哀控诉。公复谕以朝廷恩德，下苏、受于军门，各杖一百。众皆合辞扣首，为之请命。乃解其缚曰："今日宥尔一死者，是朝廷好生之仁；杖尔一百者，乃吾等人臣执法之义。"于是众皆扣首悦服。公随至其营，抚定余众，莫不感泣，欢呼感恩。誓以死报，杀贼立功，以赎前罪。公复谕以朝廷惟愿生全尔等，今尔方来投生，岂忍又驱之兵刃之下。尔等逃窜日久，家业破荡，且宜速归，完尔室家，及时耕种，修复生理。至于各处盗贼，军门自有区处，不须尔等剿除。待尔等家事稍定，徐当调发。于是又皆感泣欢呼。遂委布政林富，总兵官张祐，分投安插，督令各归复业。

既而上疏，处置平复地方以图久安，宜仍立土官以顺其情，分土目以散其党，设流官以制其势。犹以为土夷之心未必尽得，而穷山僻壤或有隐情，则又备历田州、思恩村落而经理其城堡。因以所以处之之道询诸其长目。率皆以为善。又询诸父老子弟，又皆以为善。然后信其可以久行，而反覆其辞，更互其说。请田州仍立岑氏后为土官知州以顺土夷之情；特设流官知府以制土官之势；分设土官巡检以散各夷之党。又以田州既设流官，宜更其府名为田宁，盖取"田石倾，田州兵；田石平，田州宁"之谣。至于思恩，则岑濬之后已绝，不必复有土官之设矣。

又按视断藤峡诸处瑶贼，上连八寨，下通仙台、花相诸峒，连络数十余巢，盘亘三百余里，彼此犄角，结聚凭险，流劫郡县，檄参将张经会同守巡各官集议。于是命浔州卫指挥马文瑞，永顺统兵宣慰彭明辅男彭宗舜，保靖统兵宣慰彭九霄，辰州等卫指挥彭飞等，分兵布哨。以永顺土兵进剿牛肠等贼巢，保靖土兵进剿六寺等贼巢。先是贼酋诇知公住札南宁，寂无征剿消息，又不见调兵集粮，遂皆怠弛，不以为意。至是突遇官兵，四面攻围，仓惶失错。擒斩贼酋及党与颇多。余贼退败，复据仙女大山。我兵追围，拔大缘崖，仰攻，复大破之。乘胜攻破油榨、石壁、大陂等巢。余贼奔至断藤峡、横石江边，我兵追急，争渡溺死者无算，斩获首从，俘获男妇牛畜器械等项不可胜计。

还兵浔州府住札，复进剿仙台诸贼巢。诸军吏各率永顺、保靖壮兵争先陷阵。贼又大败，奔入永安边界立山将险结寨。乃摘调指挥王良辅并目兵彭恺等分路并进，四面仰攻。贼败散。命林富、张祐分投密调各目兵卢苏、王受等分道进剿，前后生擒斩获并俘获男妇头畜器械殆尽。

以八寨之地据其要害，欲移设卫所，控制诸蛮。复于三里设县，迭相引带。亲临视思恩府基，景定卫县规则。盖南舟卫僻在广西极边之地，非中土之

31

人所可居者，于是移筑于周安堡。当八寨之中，以阻扼其道路之冲，则柳庆诸贼不必征剿，皆将效顺服化。思恩旧在寨城山内，尚历高山数十余里，令移于荒田地方，四野宽衍之处，开图立里，用汉法以治武缘之众，夷夏交和，公私两便。移凤化县治于虞乡，为立廨宇，属之思恩。于宣化、思龙地方添设流官县治，是皆保治安民之要。增筑守镇城堡于五屯，以壮威设险。仍选取协守诸兵及附近土寨目兵，智略忠勇官一员，重任而专责之，使之训练抚摩，令参将兵备等官时至其地经理而振作之，则贼势自摧。将思、田分设九土巡检司，各立土目众所信服者管之，节疏奏请定夺。奉旨："王守仁受命提督军务，莅任未久，乃能开诚宣恩，处置得宜，致令叛夷畏服，率众归降，罢兵息民，奇功可加。写敕差行人赍去奖励，还赏银五十两，纻丝四表里，布政司买办羊酒送用。"九月八日，行人冯恩赍至广城。是时公已卧病月余，扶病疏谢。

而病势日笃，犹力惫视事。年十五岁时，梦中尝得句云："卷甲归来马伏波，早年兵法鬓毛皤"，莫知其谓。至是舟至乌蛮滩，舟人指曰："此伏波庙前滩也。"公呀然登拜，如梦中所见，因诵梦中诗，叹人生行止之不偶云。

十月初十日，复上疏乞骸骨，就医养病。因荐林富自代。又一月，乃班师。至大庾岭，谓布政使王公大用曰："尔知孔明之所以付托姜维乎？"大用遂领兵拥护，为敦匠事。廿九日至南康县，将属纩，家童问何所嘱。公曰："他无所念，平生学问方才见得数分，未能与吾党共成之，为可恨耳！"遂逝。舁至南安府公馆而敛。柩经南、赣，虽深山穷谷，男女老弱皆缟素，匍匐哀迎，若丧考妣。凡所过江西地方，行道之人无不流涕者。

讣至，桂公萼欲因公乞养病疏参驳害公，令该司匿不举，乃参其擅离职役，及处置广西思、田、八寨恩威倒置，又诋其擒濠军功冒滥，乞命多官会议。先此张公孚敬见公所处岑猛诸子及卢苏、王受得宜，征剿八寨有方，奏至甚喜，极口称叹，谓予知人之明。又述在南京时与言惓惓欲公之意，曰："我今日方知王公之不可及！"即荐于朝，取来作辅，共成天下之治。桂公、杨公闻之皆不乐，及嗾锦衣卫都指挥聂能迁诬奏公用金银百万，托余送与张公，故荐公于两广。余疏辨其诬。奉旨："黄绾学行才识，众所共知，王守仁功高望隆，舆论推重。聂能迁这厮捏词妄奏，伤害正类，都察院便照前旨严加审问。务要追究与他代做奏词并帮助奸恶人犯来说。黄绾安心供职，不必引嫌辞避。"下能迁于狱，杖之死。时予为詹事，桂公、杨公计欲害公，恐予在朝，适南礼侍缺，即推予补之。明年春，上将出郊，桂公密具揭帖奏云云。上遂允命多官会议，削公世袭公爵，并朝廷常行恤典赠谥，至今人以为恨。

公生而天资绝伦，读书过目成诵。少喜任侠，长好词章、仙、释，既而以斯道为己任，以圣人为必可学而至。实心改过，以去己之疵；奋不顾身，以当天下之难。上欲以其学辅吾君，下以其学淑吾民，惓惓欲人同归于善，欲以仁覆天下苍生。人有宿怨深雠，皆置不较。虽处富贵，常有烟霞物表之思。视弃千金，犹如土芥，藜羹珍鼎，锦衣缊袍，大厦穷庐，视之如一。真所谓天生豪杰，挺然特立于世，求之近古，诚所未有者也。

配诸氏，参议养和公讳某女，不育。抚养族子曰正宪。诸氏卒，继张氏，举一子正亿。适予女仅二周而公卒，遂鞠于余。以恩荫授国子生。孙男曰承勋、承学□□□，孙女五。

所著有《阳明集》、《居夷集》、《抚夷节略》、《五经臆说》、《大学古本旁注》及门人所记《传习录》，所纂《则言》，诵而习者可知其造诣矣。

濠之变盖非一日，其蒸淫奸暴，腥秽彰闻，贼杀善类，剥害细民，招亡纳叛，诱致剧贼，召募四方骁勇，力能拔树排关者，万有余徒。又使其党王春等分赍金银数百万，造奇巧器玩，贿结内外大小臣僚。至有奏保其仁孝者，有复其护卫者，有备其官僚者，有为潜布腹心于各镇及畿内各要地，复阴置奸徒于沧州、淮扬、山东、河南之间。起事之日，号称一十八万，从之东下者实八九万。非公忠义智勇，誓不与贼俱生，奚旬月之间，遂得克复坚城，俘擒元恶，以成宗社无疆之休哉？不特此也，南、赣等处贼巢蟠居三省，积数十年，如池大鬓之俦，皆勇力机智绝人者，非先计除之，则宸濠一呼，风从乌合，其为天下祸当何如也？且八寨为害积几百年，思、田扰攘亦既数年，一旦除而安之，文武并用，处置经画，皆久远之图。惜当路忌之既深，而南北臣又皆承望风旨，反肆弹劾。虽平日雅好公者，方公成功时，亦心害其能，考察之岁，承辅臣意。有功如邢珣、徐琏、陈槐、谢源等皆黜之。则国典之所以议功议能者安在哉！

予以女许公之子，盖悯其孤而抚之。汪公铉因予诤张公大同之征，当别其善恶，不当玉石俱焚，张公怒，汪迎其意，劾予回护属官邹守益，难居大臣，调予边方参政。赖圣明复职。汪又为疏论公伪学，及指予皆为党邪不忠。予又为疏明诤大同之心，又明公学术之忠国，及予所以悯子许婚携抚，皆非得已。疏上，亦赖圣明拔之陷阱，因察公与守益之无辜。於乎！公既困屈，没齿尚尤不免，则公与予生平所期何如，而皆仅止此者，岂非天与命也，悲夫！

子正宪、正亿将以是年仲冬十一日奉公枢葬于洪溪之高村，为次其世行功爵，及所以致谤者，乞铭于宗工。幸怜而属笔焉，以备他日太史氏之择。谨状。

祭文

亲友祭文 九篇

石潭汪俊 礼部尚书

惟公豪杰之才，经纶之业，习坎心亨，穷标峻揭。勋名既懋，德誉亦隆，阳明之称，走卒儿童。维吾兄弟，投分最早，坐或达旦，何幽不讨。忽谪万里，执手赠言，誓将结茅，待子云烟。公兹东来，曰："予无乐，乐见故人，来践旧约。"旗旄央央，流水泶泶，公私皇皇，或卧或起。乃重订约，"其待予归；归将从容，山遨水嬉"。公既奏凯，吾治吾馆。忽闻讣音，乃以丧返。呜呼！公有大劳，国史辉煌；公有心学，传者四方。公何以没，吾何以伤？交情未竟，公进此觞。呜呼哀哉！

北原熊浹 吏部尚书南昌人

於乎！公有安危，朝廷重轻；公有进退，世道升降；公有存亡，圣学晦明。公之生也，士如寐觉，民如醉醒；吏振循良之化，将知仁义之兵；寇贼奸宄，逆节不敢以复萌。譬如祥麟威凤，一见于海岳，群鸟百兽，率快睹以飞鸣。公之死也，士迷向往，民坏长城；吏肆贪残之虐，将无纪律之冯；不逞余孽，四方啸聚而横行。譬如山崩梁折，物害民殃，徒奔走而无宁。在昔江藩不轨，荷义举兵，谈笑而清。今几何年，元恶大憝，已湮没而无形。旷恩厚德，尚尔如生。方公之归也，幸其鳣堂载启，木铎扬声，斯文未丧，庶几有兴。其再出也，意其入秉钧衡，辅成圣德，岂期仗钺，不得一日立乎朝廷！翛然长逝，岂厌世浊之不可撄；抑天不愁遗，俾我民之失典刑。虽然，可尽者公五十七年之身，其不可尽者，与天地相为终始之令名。豫章为公过化之地，浹等遥瞻灵梼匍匐往迎。岂无昭假，以慰微诚。此又不得以天下哀而夺吾党私公之情。呜呼哀哉！

诚斋汪鋐 兵部尚书

惟公擅华国之文，奋匡君之节，怀希圣之心，彰伐叛之烈。一代之英，万夫之杰，追韩、范以驱驰，兼朱、程而教设。夫何梁木忽倾，台星俄折？章水咽而不流，楚云愁而四结。岂物理之乘除有数，抑造化之无常者不可以臆决。鋐叨继公后，亦惟遵公之辙。辱公深知，大惧累公之哲。不敢以公所不屑者而自屑也。旅梼摇摇，泻椒浆以荐洁。陈词未竟，自贻无穷之咽。

胡东皋　四川廉使

呜呼哀哉！公其可死乎！母太夫人，孰为之养？茕茕遗孤，孰为之抚而成之乎？其大者，圣明尧、舜，方倚公为皋、夔；四方未甚迪乱，正倚公神武之功以镇之，而公其忍死乎？又其大者，圣学不明，几千百年于兹，赖公良知之学以昭揭之；虽有妙契独得，亦天之有意于斯世斯人，故属公以先知先觉之责，公之门人满天下，固不无如颜、如闵、如参、如赐者出于其间，足以继往开来，永公之传于不朽，然公不及亲见其道之大明大行于天下，公其忍死矣乎？呜呼哀哉！虽然，功在社稷，道在人心，文章在遗书，母老子幼而有二仲之贤为可恃。且死王事，公复何憾，予又安得戚戚于生死之间乎？独相去万里，不得执手永诀，亲视含襚，为可恨耳。兹以兵事就道，临风一奠，以寄吾哀；而万一之私，曷其有涯也邪！

徐玺

呜呼！先生有汲长孺之直而辞不至于戆；有张晋公之忠而谋不至于疏；有朱晦庵、陆象山之读书穷理颖悟直截，而存心致知不至于偏废。方其夷江左之大难也，浩然归志，自谓得所欲矣。及闻百粤之乱也，应召而起，履险若夷，功以时建，大彰德威。中道而殒，舆梼以归。呜呼！先生而止于斯耶！吾子曰爱，受教门下，先生爱重匪特亲故；先十年而卒，先生哭之恸。孰谓吾今之哭先生，犹先生之哭吾子也！呜呼痛哉！寿夭天也，生顺死安，吾岂为先生憾。然朝廷失重臣，斯文失宗主，幼子失所怙，呜呼痛哉！敬陈薄奠，聊寄痛哀。魂兮耿耿，鉴兹永怀。

储良材　巡按御史

呜呼！先生勋业文章，声光荣遇，夫人能知之，亦能道之，夫复何言！客岁云暮，枢临南浦，良材等载奠载奔，小大莫处。想其道玉山，历草萍，东望会稽，先生故里也。摇摇旅魂，庶其宁止。呜呼！异土之殒，数也；首丘之敦，仁也。数以任其适然；仁以归于至当。君子也，尚何言哉！

储良材　巡按御史

呜呼！濂、洛云逝，斯道攸印。公启绝学，允协于中。钥蔽发蒙，我知孔良。允文允武，绥我四方。四方既同，公归江东。童冠二三，春风融融。岑寇匪茹，跳梁三纪。维公来止，载櫜弓矢。南夷底绩，公既弥留。人百其哀，况我同侪。小人靡悱，君子曷宗？羞我黄流，为天下恸。呜呼哀哉！

王尧封　右副都御史

呜呼！先生以纯粹之资，刚毅之气，通达之才，雄浑之文，心得之学，今焉已哉！方其抗逆竖也，而奸党息；歼叛宗也，而天下安；化瑶、僮也，而边夷格。帝念厥勋，爵位载锡，声光洋洋，簪缨奕奕，今焉已哉！方今圣明在上，励精唐、虞之治，天奚夺之速，而顾不慭遗，以共弼厥成耶？呜呼！天宅茫茫，至难谌也。寒螀唧唧于月砌，鸾凤沦没于岑丘，蕙兰靡靡于蔓草，蒉菔蕃盛于道周，慨物运之不齐，于天道乎奚尤？於乎先生，其已焉哉！尧封等竟陈词兮酌醴，灵仿佛兮淹留。

王暐

呜呼！先生排奸触忌，忠则烈矣；蒙难考贞，节则甘矣；战乱靖戎，功则懋矣；修辞立教，文则崇矣；执谦下士，德则允矣；明诚合一，道则章矣。忠足以名世，而孤忠谀簸弄之党；节足以名世，而夺循资固宠之习；功足以名世，而基社稷无疆之休；文足以名世，而洗杜撰凿空之陋；德足以名世，而动凌高厉空之志；道足以名世，而破支离偏曲之学。然则先生之生也，虽谓其随之以存。先生之死也，孰谓其随之以灭？如有作者，其不可及已夫，呜呼先生！

有司祭文　三篇

吉安府知府张汉等

於乎先生！弘毅刚大，履险涉崎，忠孝文武，为学者师。任崇正黜邪之责而功同孟氏，合知行动静之一而道传子思。问罪兴师，堂堂豫章之阵；而怀来安辑，正正百粤之旗。方南仲奏春风之凯，而武侯星殒；乃龙蛇遘康成之梦，而学者兴悲。《六经》之迷途谁指？明堂之梁栋谁支？谁作万里之长城？谁窥一贯之藩篱？岂非天夺朝廷之杨绾与吾党之濂溪！汉等晚生末学，敬仰光休。

矧庐陵望邑，为先生过化旧邦，而流风余韵，为先生之山斗门墙。溯姚江而源流滚滚，瞻五岭而云树苍苍。讣闻螺浦，悲伤旁皇。徒使吾党德铟道范之望，付之于无何有之乡！有奠椒浆，有泪淋浪，临风载拜，先生其来尝。

南昌府儒学教授廖廷臣等

惟公以心会道，倡学东南；以义兴师，讨平逆藩。天子曰都，爰锡公爵。四方景之，泰山乔岳。公方东归，江汉龙飞。冀公凭翼，道与时熙。固天下之延颈，实我公之优为。讵意百粤群丑，弄兵潢池。金曰"平之，匪公弗宜"。拜命南征，蛮方丕叙。经略弥年，委身劳瘁。连章乞归，公疾乃革。天不慭遗，斯文之厄。呜呼！公之功业，似若未竟；公之道德，曷系存亡。盖功虽以存而建，道不以死而弗彰。公无憾矣。

玉山知县吕应阳

呜呼哀哉！铜柱标伏波之勋，岘碑堕羊公之泪。呜呼哀哉！明堂遗栋石之思，稽山还英灵之气。呜呼哀哉！边陲罢锁钥之防，章缝夺蓍龟之恃。歼我哲人，岂其躬瘁。应阳等窃尝淑公绪论，恨未登其庭也。来吏兹土，闻诸异时，逆藩拂经，丕曰是膺，伊豪杰之奋义，实夫子之先声。不然，虽竭西江之水，未足以洗数年之兵。是则公之泽在天下，而西人再造于公，世世德也。灵輀何来，载疑载惊！今也号咷，昔也欢迎。我奠我奔，愿百其身。公乘白云，厥鉴孔神，而阳耿耿于平日者，犹未能尽鸣也。

门人祭文 十五篇

顾应祥　应良

呜呼夫子！天其悯俗学之卑陋，而生此真儒耶？何栽培之独厚也？其眷圣上之中兴，而生此贤佐邪？又何遽夺而使之不寿也？呜呼夫子！今不可作矣！斯道斯民，真不幸矣，夫复何言！夫复何言！尤所私痛者，妙道精义不可复闻，霁月光风不可复见矣。将使末学怅怅，可受而不可传邪？呜呼哀哉！敬陈远奠，封寄潺湲。盛德大业，言莫能名；至痛深悲，辞莫能宣。

黄宗明

自道术为天下裂，而人不知其有己，忘内逐外，夸多斗靡，搜罗训诂，立世赤帜。孔、孟既远，濂、洛亦逝；岂无豪杰，如草庐氏，觉彼暮年，精力随弊；金溪之学，为世大忌。惟我夫子，丰神凛异，少也雄杰，出入亦几。鬼神通思，精识径诣，泛扫支离，收功一致。哀我人斯，开关启闭，良知之说，直截简易，无俟推求，无不该具。顺我良知，行冈或悖。逆瑾扇惑，言官尽系，公触危机，从容就理。谪官蛮貊，艰难冈踬。汀、赣贼起，公握兵符，狪狡既殄，老稚歌呼。藩王称乱，海内忧虞。夫子倡义，一鼓献俘。岑氏构祸，东南驿骚，五六年间，财耗兵逃。公抚循之，鞭笞其豪。事适机宜，畏威怀德，出其死力，裹粮灭贼。八寨奇功，神武难名。十年命将，手提重兵。人曰劳止，驰驱靡宁；先生再至，寂无军声。讲学其间，朝夕靡停；运筹决策，贼以计平。出入两广，瘴疠伤生，积成疾疢，中道殒倾。於乎痛哉！夫子之教，如揭日月，人方瞻仰，斯文遽绝。夫子之忠，功在社稷，身死未几，谗谤交集。世路险巇，人言易讹，命也如何，忧患实多。某自服膺，十有余年，奔走畏途，旧学就捐，孤负教育，谁执其愆。今兹矢心，昕日勉旃，启夕踉奠，号呼旻天。明发赴官，敢附告焉，呜呼哀哉！

魏良器

　　呜呼，先生遽止于斯邪！振千年之绝学，发吾人之良知，靡用志以安排，曷思索而议拟，自知柔而知刚，自知显而知微。挽人心于根本，洗末学之支离。真韩子所谓功不在禹下，障百川而东之。使天假先生以年，大明此道，斯世殆将皥皥而熙熙。於乎！曾谓先生而遽止于斯邪！壬癸甲乙之岁，坐春风于会稽，先生携某于阳明之麓，放舟于若耶之溪，徘徊晨夕，以砭其愚而指其迷。已而已而，今不可得而复矣！呜呼！天果有意于斯道耶？何啬我先生之期颐？天果无意于斯道耶？则二三子在焉，苟不忘先生之教，其传犹或可期。洋洋如在之灵，尚其阴骘而默相之。於乎！章江之水，其流汤汤，既羞我殽，爰荐我觞，睹灵輀之既驾，怆予衷之皇皇。

应典

　　维公学承千圣之传，道阐诸儒之秘。立言垂训，体本良知，功归格致。修齐治平，一言以蔽。将刊末学之支离，司二教之同异，总摄万殊，归之一致。进以觉夫当时，退以淑诸来裔。彼忠谏之动朝廷，勋业之铭鼎彝，文章之被金石，世之君子或以为难，在公则为余事耳。方奉命以南征，为朝野之毗倚。胡天命之不延，乃一朝而云瘁！典等受教有年，卒业无恃，伥候江干，泪无从止。呜呼！公虽已矣，神其在天，文未坠地，庶几有传。握椒兰以荐心，指江流而誓焉。惟逊志以无负，庶歆格乎斯筵。

栾惠等

呜呼！乾坤孕秀，哲人降生。睿智间出，忠孝天成。多材多艺，天纵其能。精一之学，尧、舜是承。良知垂教，如梦得醒。四方风动，豪杰奋兴。云集鱼贯，日萃讲庭。岂其徒学，为国柱石。忠鲠立朝，不避权逆。窜逐夷方，优游自适。世态浮华，无能损益。玉蕴山辉，珠沉光溢。宸濠倡乱，人心虩虩，祸自萧墙，谁敢为敌？惟师威武，一鼓褫魄。功业既著，谗口交棘。师乃休休，退而自食，荣辱毁誉，弗留于臆。惟道不明，心焉则戚；与二三子，讲学是力。风月为朋，山水成癖，点瑟回琴，歌咏其侧。天王圣明，旅常纪绩。西丑陆梁，日费千仓，凯功未奏，主忧宁忘。奉诏徂征，应时翱翔。既负重委，文德丕扬。先声按抚，弓矢斯张。丑类来归，缉缉洋洋。曰"今已后，弗复敢攘"。师乃谕曰："兵加不轨，不杀投降。尔归王化，我岂尔戕。归完尔室，干乃农桑。"亦有八寨，盗贼丛积。一罹其毒，朝不保夕。开国以来，屡征弗获。选将用兵，曾何休息？贻祸非小，实伤国脉。窥望窃发，其机已迫。师轸民忧，不计失得，询谋佥同，便宜行策，神机应变，旬日剿贼。巢穴既空，疮痍荡涤，招抚流移，复其田宅。长虑永图，扶病区画，相彼夷方，随俗因革：爰立土官，分地授职，犬牙相制，世守疆域；保甲既严，部伍既饬，统于流官，庶无间隙。爰修文教，俾肄儒籍，变化夷族，实为美则。似兹哲人，邦其有光，苍生父母，后学梯航，宜应福祉，享寿无疆。胡天不悯，俾没瘴乡！王事忠矣，遗孤谁将！斯道之责，孰能担当？呜呼已矣！朝野悲伤。知夫子者，和气春阳；昧夫子者，如刺如铓。呜呼！道大难容，古今之常，爰有公论，孰为泯藏？惠等闻讣惊悼，涕泣沾裳，匪天丧师，二三子殃。百拜荐奠，聊泄悲肠。灵其不昧，庶几鉴尝。

王良知

呜呼已矣！自夫子没而乾坤无粹气矣，山岳无英灵矣，国家无柱石矣，弟子无依归矣，呜呼已矣！讵谓广南之役遂为永诀矣乎！夫子以道殉身，以身殉国，超然于寿夭之间，则亦何憾？而二三子之悲伤，则固无以自赎于今日也，呜呼哀哉！薄奠一觞，摛词伸忱。神其不昧，庶几来歆。

薛侃翁万达

呜呼！世有一长一善，皆足以自章明。而吾夫子学继往圣，功在生民，顾不能安于有位，以大其与人为善之心，岂非浅近易知而精微难悟，劣己者容而胜己者难为让耶？且自精一之传岐而为二，学者沦无滞有，见小遗大，茫无所入。吾夫子发明良知之说，真切简易，广大悉备。漫汗者疑其约，而不知随遇功成，无施不可，非枯寂也。拘曲者疑其泛，而不知方员无滞，动出规矩，非率略也。袭古者疑其背经，考之孔、孟，质诸周、程，盖无一字一意之弗合。尚同者疑其立异，然即乎人情，通乎物理，未尝有一事一言之或迂。是大有功于世教圣门之宗旨也。盖其求之也备尝艰难，故其得之也，资之深若渊泉之莫测，应之妙若鬼神之不可知，教之有序，若时雨之施，弗先弗后，而言易入，若春风煦物，一沾一长。其平居收敛，若山林之叟，了无闻识，其发大论，临大难，断大事，则沛然若河海之倾，确然若蓍龟之信而莫知其以也。世之议夫子者，非晏婴之知，则彭更之疑；非互乡之惑，则子路之不悦；非沮溺荷蒉之讥，则武叔、淳于髡之诋；用是纷纭，非夫子之不幸，世之不幸也。侃也不肖，久立门墙而无闻。顷年以来，知切淬励。夫子逝矣，慨依归之无从，虑身世之弗立，郁郁如痴，奄奄在告，盖一年于兹矣。方将矢证同志，期奉遗训，尚赖在天之灵昭鉴启牖，使斯道大明于天下，传之来世，以永茇于无穷。是固夫子未尽之志也。灵輀将驾，薄奠一觞，衷怀耿耿，天高地长，於乎哀哉！

应大桂

呜呼！人知有先生之道，而或未尽得先生之教；人阴荷先生之功，而或未尽白先生之忠。己卯之变，吾不知其何如也，而谤固以随；交广之难，吾不知其何如也，而死竟以俱。呜呼！外吾教者斯优，晦吾忠者斯妒，岂瘴疠之足尤，实气运之不扶。虎豹委于空山，豺狼号于当路，风雨嗟其何及，家园惨而谁顾！吾念先生之悟道也，以良知为扃钥；其收功也，以格致为实际。体常秘于玄默，用实綮于经济。桂等犹及见先生之面，复密迩先生之明，虽未稔于耳提口授之下，或少得于神交契悟之余。方有待于卒业，而先生竟以若斯。痛先觉之早逝，怅末学其何依？幸门墙之无恙，或斯文之在兹。

刘魁

呜呼！夫子已矣，后学失所宗矣，生民失所望矣，吾道一脉之传，将复付之谁矣？虽然，人心有觉，德音未亡；俨门墙之在望，顾堂室之非遥；去意见之私而必于向往，扫安排之障而果于先登，是在二三子，后死者不得辞其责矣。归葬有日，筑室无期，临风遣使，有泪涟洏，嗟何及矣！矢志靡他，庶其慰矣。

万潮

呜呼！古所谓豪杰之才，圣贤之学，社稷之臣，非先生其人耶？曩哭先生之柩于钱塘之浒，今拜先生之墓于兰亭之阳，吾道终天之恸，其何能已耶！潮早岁受知，不徒文字，循循善诱，孔、孟我师；剖障决藩，直指本体，良知是致，一以贯之。谨服膺以周旋，若饮渴而食饥。悟大道之易简，信精一而无私。顾虽有觉而即在，实惟念兹而在兹。夙夜战兢，深惧无以奉扬先生之教，惟先生在天之灵，阴启予而终成兮！

张津等

惟我夫子，德本诚明，才兼文武。以践履为实而厌俗学之支离，以广大为心而陋专门之训诂。功夫启易简之规，指授辟良知之户。惟所立之甚高，故随在而有补。以之讲道则化洽时雨之施，以之立朝则仪渐鸿羽之楚，以之承诏奏则右尹祈招之诗，以献君谟则宣公独对之语。至于名振华夷，勋迈今古：季札观鲁，方陈南籥之仪；山甫徂齐，复正东方之虏。元恶之首既歼，丑类之俦咸抚，此则勇夫悍士犹以为难，而夫子独谈笑于指顾。夫何中山之功甫就，俄盈谤箧之书；武侯之恨有余，辄动英雄之抚。一老不遗，万民何憷？天轴西驰，江声东吐；草正芳兮鹢鸣，日未斜兮鹏舞；叫台城兮云悲，抚钟阜兮烟锁。吁嗟夫子兮固无所憾，而辱倚门墙者不能不为终身之苦！学未传心，言徒在耳，忍观绝笔之铭，式奠临棺之祖。怅吾道之已穷，盖不知涕洒长空之雨。呜呼哀哉！

王时柯等

呜呼！天惟纯佑，材生文武，学本诚明，道宗邹鲁，羽翼程朱，颉颃申甫。早掇巍科，筮仕天部。始谪龙场，直言忤主。九死不回，孤忠自许。继迁庐陵，人思召父。再擢鸿胪，荐登枢府。专阃分符，衣绣持斧，机密虑周，战胜攻取，芟夷洞寇，四民安堵。蠢兹逆藩，束身就虏。勤在王家，爵封南浦。瑶、僮相攻，赖公柔抚。茕独无告，赖公哺乳。民昔干戈，今豆且俎。民昔呻吟，今歌且舞。式遏寇攘，孰敢予侮？忧无西顾，殿有南土。丽日祥云，和风甘雨，山斗仰瞻，凤凰快睹，厥德斯懋，厥施斯普，人怀至今，公竟作古。意公神灵，翱翔天宇；在帝左右，为帝夹辅；降为河岳，庙食簋簠。柯等亲炙至教，恩沾肺腑。忆昔请益，期以振旅。云胡背弃，使我心苦。敬奠一觞，痛深谈虎。

邹守益

圣学绵绵，嘻其微矣。贸然末俗，纷交驰矣。矧兹寡陋，莫知所之矣。谓考究遗经，可自得矣；旁搜远勘，亦孔之疲矣；将摹仿而效，千古可期矣。外貌或似，精神非矣。不遇□□，孰醒我迷矣。良知匪外铄，自秉彝矣。戒慎恐惧，通昼夜而知矣。酬酢万化，□我规规矣。声应气求，四方其随矣。譬彼昏瞳，庆□□矣。霜雾忽乘之，众安归矣。将民之无禄，罹此蔷矣。百世之恸，岂独予私矣。

叶溥

呜呼先生！乾坤间气。呜呼先生！夷夏重名。谓孔、孟学必可成也，谓周、召功必可立也，故以心觉天下，不罔以生也，以身翰天下，力尽而毙也。竟虚天子之注，日深吾党之思。将造物者忌功抑忌德也，何遽止此而不究所志也？呜呼先生！繄谁无福？

阳克慎

呜呼！天胡夺我先生之速耶？有濂溪之学而能自强，有武侯之忠而能自将，有子仪之功而能自忘，有良平之智而能自藏，真所谓文武兼资，乾坤间气，领袖后学，柱石明堂者也。天胡夺之速耶？抚灵輀兮涕泗淋浪，泰山颓兮莫知向往。絮酒为仪兮荐此衷肠，神尚不昧兮来格洋洋。

师服问
钱德洪

夫子既没于南安，宽、畿奔丧广信，拟所服于竹峰邵子。邵子曰："昔者孔子没，子贡若丧父而无服制也。"宽、畿曰："然。然则今日若有间也。夫子没于道路，执丧者弗从。宽也父母在，麻衣布经弗敢有加焉；畿请服斩以从，至越则释，麻衣布经，终葬则释；宽居越则经，归姚则否，何如？"邵子曰："亦宜。"于是畿也服斩以行。

讣告

讣告同门

钱德洪

去年季冬十九日，宽、畿西渡钱塘，将北趋殿封。二十二日，有人自广来，传夫子以病告，将还庾岭。闻之且喜且疑，即日舟迎至兰溪。传言夫子已逝，相顾骇怖，不知所出。且相慰曰："天为吾道，必无此事。"兼程夜抵龙游驿，吏曰："信矣，于十一月二十九日午时终于江西之南安。"闻之昏殒愦绝，不知所答。及旦，反风，且雨，舟弗能前，望南而哭。天乎！何至此极邪！吾生如偃草棘薪，何益于世，胡不使我百身以赎，而顾萎吾夫子邪！日夜痛哭，病不能兴。除夕至常山，又相与自解曰："命也已矣，天实为之，奈之何哉！"

斯道晦冥几千百年，而昭明灵觉之体终古不磨，至吾夫子始尽发其秘。同志相承日孚以博，乃有今日，亦云兆矣。天子圣明，注眷日殷，在朝诸老又更相引汲，使其得遂同心，则其未尽之志当更展矣。今若此，天意若将何哉！或者三代以降气数薄蚀，天道之秘既以其人而发泄之，又旋而扑灭之乎？溯观孔、孟，已莫不然。夫孔、孟之不得身行其学者，上无君也。今有君矣，而夫子又若此，果何谓邪？

前年秋，夫子将有广行，宽、畿各以所见未一，惧远离之无正也，因夜侍天泉桥而请质焉。夫子两是之，且进之以相益之义。冬初，追送于严滩请益，夫子又为究极之说。由是退与四方同志更相切磨，一年之别，颇得所省，冀是见复得遂请益也，何遽有是邪！呜呼！别次严滩，逾年而闻讣复于是焉，云何一日判手，遂为终身永诀已乎！

夫子勤劳王家，殉身以道，古固有勤事而野死者，则亦何憾，特吾二三子不能以为生耳。向使吾人懵然无闻，如梦如醉以生于世，则亦已矣；闻道及此而遽使我止此焉，吾何以生为哉？人生不闻道，犹不生也；闻道而未见其止，犹不闻也。夫子教我发我，引我翼我，循循拳拳而不倦者几十年，而吾所闻止此，是夫子之没，亦吾没也，吾何以生为哉？呜呼！命也已矣，天实为之，奈之何哉！

所幸四方同志信道日众，夫子遗书之存，《五经》有删正，《四书》有傍注，传习有录，文有文录，诗有诗录，政事有政事录，亦足恃矣。是夫子虽没，其心在宇宙，其言在遗书，百世以俟圣人，断断乎知其不可易也。明发逾玉山，水陆兼程，以寻吾夫子游魂，收其遗书。归襄大事于稽山之麓，与其弟侄子姓及我书院同志筑室于场，相勉不懈，以冀成吾夫子之志。尚望我四方同志爱念根本之地，勿为遐遗，乃大慰也。

昔者孔子之道不能身见于行，没乃光于万世者，亦以其门人子弟相守不变耳。三年之外，门人治任将归，人揖子贡，相向失声，是非儿女之情也。三年之聚，亦以精其学也。子贡反，筑室独居三年，则益粹于进矣。凡我同志，远者、仕者，虽不必居三年，其亦肯间相一聚，以庶几相期于成乎？

逾月之外，丧事少舒，将遣人遍采夫子遗言及朋友私录以续成书，凡我同志，幸于夫子片纸只语备录以示。嗣是而后，每三年则复遣人，一以裒吾夫子之教言，不至漫逸，一以验朋友之进足，为吾不肖者私淑也。

荒悖恍惚，不知所云。水陆茫茫，预以陈告，惟吾同志，怜念怜念！

哀感

遇丧于贵溪书哀感
钱德洪

嘉靖戊子八月，夫子既定思、田、宾、浔之乱，疾作。二十六日，旋师广州。十一月己亥，疾亟，乃疏请骸骨。二十一日逾大庾岭，方伯王君大用密遣人备棺后载。二十九日疾将革，问侍者曰："至南康几何？"对曰："距三邮。"曰："恐不及矣。"侍者曰："王方伯以寿木随，弗敢告。"夫子时尚衣冠倚童子危坐，乃张目曰："渠能是念邪！"须臾气息，次南安之青田，实十一月二十九日丁卯午时也。是日，赣州兵备张君思聪，太守王君世芳，节推陆君府奔自赣；节推周君积奔自南安，皆弗及诀，哭之恸。明日，张敦匠事，饰附设披积；请沐浴于南野驿，亲进含玉；陆同殓襚。又明日，南赣巡抚汪公铉来莅丧纪，士民拥途哀号，汪为之挥涕慰劳。十二月二十日，丧至南昌，有司分道而迎，巡按御史储君良材，提学副使赵君渊哭，士民皆哭，声载于道。乃挽丧留于南浦，请改岁而行，以尽士民之哀。赵日至三踊哭。有问之，曰："吾岂为乃公哭邪？"己丑改岁六日，将发舟，北风厉甚。储焚香虔祝于枢曰："公弗行，岂为士民留邪？公党有子嗣、门人，亦望公久矣。"即时反风，不四日，直抵信州。

呜呼！夫子没而诸大夫之周旋者至矣。是固夫子盛德所感，亦诸大夫好德之诚也。二三子弗身承其劳，闻其事能弗以为思乎？详述之，用以告吾同门者。

书稽山感别卷
钱德洪

人有异常之恩于我者，君子感乎？异常之恩，不可恩也；不可恩，不可感也。是故稽颡再拜，颂言烦悉，报之微也；适馆受飧，左右以赆，惠之微也。其遭也无自，其合也不媒，其聚弗亲，其离弗违，无致而至，莫知其以，此恩之至也，感之极也。今夫龙兴而云从，云非恩乎龙而从也，嘘吸为变，莫之致也。计功量者；孰为恩，孰为感，悉悉而数之，则薄矣。吾于赣城杨君竹溪之于夫子何以异？吾固不能忘情于恩感，固亦无以为恩感也。

昔者夫子奉命南征，以不杀之仁，绥思、田之顽民。维时荷戈持戟之士，其孙谋吴略，勇力拔众者，为不少矣。及成功之日，乃皆一时归散，环视诸庭，依依不忍去。若左广之武和斋，吉水之龙北山，赣之刘易斋及君者，乃皆退然若弗胜衣之士，是四君者岂有意而相遭邪？必其所存有以近吾夫子不杀之仁，故不谋而自合。至夫子待命北巡，忽为南安之变也，君皇皇然亲含襚，扶舆樛，行则与蒸徒共揾，止则与二三同门麻衣布绖并就哭位。是固何自而然哉？夫仁，人心也，通幽明，忘物我，不以生而亲，不以死而忘，无致而致，虽四君亦莫之知也。四君且莫之知，吾又得而恩感乎哉？故我欲稽颡再拜，颂言烦悉，以报其情，而其情终不可报；吾欲适馆受飧，左右以赆，以惠其去，而其去终不可惠。故相率归于无言。噫！无言之感，洞彻千古，吾亦无如之何也已。虽然，君去而能益笃吾夫子不杀之仁，则吾之无言者尚有无穷之言也。因其去，吾复能已于言乎？是为书。

书

谢江广诸当道书
钱德洪

冬暮，宽、畿渡钱塘，将趋北上。适广中有人至，报父师阳明先生以病告，沿途待命，将逾庾岭矣。即具舟南迎，至兰溪，忽闻南安之变。慌怖三问三疑，奔至龙游，传果实矣。死乎！何至此极邪！吾师以王事驰驱，尽心宣力，今果勤事而野死矣乎？在吾师以身许国，死复何憾，独不肖二三子哀恨之私，有不能一日解诸怀耳。夫子讲学四十余年，从之游者遍海内，没乃无一人亲含襚，殓手足，以供二三子之职，哀悯何甚！

宽、畿北面有年矣，教我抚我，诱我翼我，实有罔极之恩，而今若此，无涯之戚，谁则任之！兼程至贵溪，始得凭哭其棺。间乃询之厮吏，始知临终之地，长途空寂，前后弗及。幸我大人先生有预事之谋，载棺相随，使永诀之晨得以时殓襚。是虽子嗣门人亲临其事，当无逾此，诚死生而肉骨者也，恩孰大焉！夫吾师有罔极之恩，而没则贻我以无涯之戚，今赖大人得少慰焉，是大人之恩于二三子，实有无涯之感矣。夫野死而无悔者，夫子之忠也；无归而殡者，大人之仁也。斯二者固皆天下之公义，而区区之恩感不与焉。特吾二三子儿女之情，至此皆不能已于无言耳。剖心刻骨，有言莫尽。《诗》云："中心藏之，何日忘之。"荒悖布情不悉，惟怜而终教之。

再谢汪诚斋书
钱德洪

父师之丧颇德庇，于二月四日奠于堂矣。感公之私，与日俱积。乃弟乃子颇能承袭遗规，弗至逾礼。四方同门亦日来奔，颇具执事。是皆先生倡厚德于前，故子弟门人知激劝于后，不敢以薄自处，重获罪于大君子之门也。所谕父师军中羡余银两，责其官赍送嗣子，是执事哀死之情，推及遗孤，此恩此德，非特其子弟知感，在门人小子，佩刻亦殊深矣。但父师嗣子方及四龄，未有知识；亲弟守俭、守文、守章，继子正宪欲代之言，顾其中有愿言而不敢尽者。

生辈恃在旧爱，敢代为之言，惟执事其终听焉。

父师两广事宜，间尝询之幕士矣，颇有能悉其概者。谓奏凯之日，礼有太平筵宴及庆贺赆送之仪，水夫门子供具中有情不得却与例不必却者，收贮赏功所，谓之羡余，以作公赏之费。成功之后，将归，乃总其赏功正数，所给公帑不过一万余两，皆发梧州矣。正数之外，有此羡余，仍命并发梧州。从者又以沿途待命，恐迟留日久，尚有不时之需，姑携附以行，俟随地遣发。不意未至南安，罹此凶变！病革之晨，亲命仆隶检遗书，治行箧，命赏功官劳其勤劳而归羡余于公。此实父师之治命也。当事者既匿其情不以告夫先生，而先生又切哀死之情，笃遗孤之爱，案官吏之请，从合得之议，谓大臣驱驰王事，身殒边陲，痛有余哀，礼当厚报。况物出羡余，受之不为伤义，故直以事断而不疑其为私。其恩可谓厚矣。特弟子登受之余，尚不免于惶惑。盖以父师既有成命，前日之归是，则今日之受非矣。苟不度义而私受之，恐拂死者之情，终无以白于地下也。且子弟之事亲，平时一言，罔敢逾越，况军旅之事，易箦之言，顾忍违忘而私受乎？夫可以与者大人之赐，可以无取者父师之心，取之惟恐违死者之命而重生者之罪，则又其子弟衷由之情，用是不避呵叱，谨勒手状，代为先生布。并原银五百三十二两，托参随州判龙光原义男添贵送复台下，伏望验发公帑，使存殁之心可以质诸天地鬼神。是则先生无穷之赐，幽明共戴之恩也。不胜冒犯殒悼之至！

再谢储谷泉书
钱德洪

宽、畿不率，弗祐于天，遽夺吾师之速；黄发乳口，失所保哺，皇皇然无所归。时闻凶讣，又恨未及相随以趋曳杖之歌；天丧斯文，后死者终弗与闻矣乎！既而奔丧贵溪，凭哭之余，水浆不入于口，奄奄气息，若无复可生于人世矣。间乃询其后事，乃知诸君子殚心瘁力，送死无憾，而先生左右维持之力居多。愚以为相知之情至此，亦云足矣。及凡所经历，舟未入境，而执事之戒命已先哭奠虔虑，虽有司好德之同，而激劝之机不无所自，哀感何言。仆且私告曰：公虑吾主君家事也云云；曰：公虑吾主君勋业未著云云。已而朋友又私相语曰：公恸吾夫子者，悼其教未明于天下也云云。生辈矍然而起曰："有是哉！何公信爱之至有如此也。"

噫！天下之爱吾夫子者有矣，叹之而已矣；信我夫子者有矣，感之而已矣；孰有如吾执事精神心思，周旋曲折，实以见之行事者乎！必其平日相孚默

47

契，有甚不得已者藏于其中，是未可声音笑貌为也。吾侪小人自失所恃，遽恐吾道终底于阨塞。不知天下大君子有如先生者出于其间，斯道虽重，主盟得人，吾何以惧乎哉？孟子曰："然而无有乎尔，则亦无有乎尔。"今兹有乎尔矣！今兹有乎尔矣！于是自衢以下，顺流而归，慷慨激亢，无复为儿女之情。是先生不言之教，起我跛躄于颠跻之中，吾当何以为报哉！

二月四日，已妥灵于堂。乃弟乃子，颇知自植，四方同门，又日来至，丧事聊此议处，不复敢远婴先生之怀矣。萧尚贤事略具汪公别纸，并奉请教。小厮辈以小嫌构辞，致烦案牍。在先生宽仁之下，当必有处。然是人亦无足过责者，夫子用之，所谓略其全体之陋，以用其一肢之能，故其报死之情亦如是而已矣。今欲望之大过，是又若以其一肢之得，而复责其全体之失也，难矣。恃在推爱，妄敢喋喋，荒悖不恭，万罪万罪！

丧纪
程　辉

我师绪山先生编次《阳明夫子家乘》成，辉受而读之，作而叹曰："嗟呼！天道报施善人，抑何其不可测邪！方夫子之生也，苦心妙悟，以续如线之道脉矣，乃伪学之谤不能弭；倡义兴师，以歼谋畔之独夫矣，乃君侧之恶不能去；开诚布心，不烦一旅，以格数百年负固之党矣，乃当轴之忌不能回，使其身一日立乎朝廷之上。何其与世之落落也？及其没也，哭者尽哀，祭者尽诚，至今有吊其墓，谒其祠，拜其家庙，为之太息流涕而不置者，又何其得众之鼎鼎也？窃惑焉。"先生进而教之曰："是不可以观天人负胜之机矣乎？夫子之所不能者，时之艰也，人之胜也；其所能者，德之孚也，天之定也。而又何惑哉？吾方裒祭文之不能尽录者属子以终事焉。盖文固有略者矣；将人之祭于地与就其家而祭焉者，皆其实德所感，而人情之所不能已者，顾可略而不书乎？子其揭日月为序，凡显而公卿，微而庶人，有举必书，庶乎定者可考而见，且使我后之人知夫子有不待生而存，不随死而灭者，良在此而不在彼也。"辉避席曰："敬闻命矣。"作《丧纪》。

夫子以戊子仲冬之丁卯卒于南安府青龙铺，舆止南野驿。越四日，为季冬庚午，门人广东布政王大用，推官周积，举人刘邦采，实敦后事。副使张思聪率属吏知府王世芳，同知何瑶，大庾知县叶章，府学训道杨登玉、王圭、陈守道，庠生张绫、李节、王辂、王辅等哭奠，乃殓。殓已，署上犹县事经历许同朝，崇义知县祝澍，南康教谕管辅，训道刘森，庠生刘爵等，千户刘环、俞春、周祥，门人知府王銮、阳克慎，乡约王秉言，各就位哭奠。

壬申，榇抵赣州府水西驿。提督都御史汪铉，同知何瑶，推官陆府，检校唐本，乡宦宋元，指挥钱堂，知事郭钺，千百户何涌江、马昂、吴伦、谭景受、卜福、严述、王宁、王宪、潘钰、余洪、毕祥、杨守、武昌，千户所指挥陈伟，门人郎中刘寅，都指挥同知余恩，庠生易绍宣、李乔崇、李挺、李宪、何进隆、何进德、曾廷珂、曾廷琏、黄谱、黎教、王槐密、王振朝、刘凤月、刘天锡、刘瞬、彭遇贵、谢天表、谢天眷、桂士元、桂薰、袁泰、张镗、汪梅、周兰、宋金、雷锐、雷兑、应辰、钟振、俞鹗、汤伟、杜相、黄鳌各就位哭奠。张思聪、周积又各特举焉。

丁丑，榇抵吉安府螺川驿。佥事陈璧，知府张汉，同知张烈，通判蒋英、林春泽，建官周在，庐陵知县常序，署泰和县事知事汪仲，县丞刘纶，主簿庄伯瑶，典史李江，教谕林文焯，训导金玥、张旦，吉水县丞杨伯谦，主簿辛仲实，万安主簿杨廷兰，信丰指挥同知林节，乡宦尚书罗钦顺，副使罗钦德，副都御史罗钦忠，门人御史王时柯，庠生萧宠、萧荣、王舜鹏、袁登应、罗绸、谢廷昭、周文甫、王惠迪、刘德、蓝瑜、龙潢、龙渐、幕吏龙光，各就位哭奠。

戊子，榇抵临江府蒲滩驿。同知宇宾，通判林元，推官俞振强，靖江知县陈府，新淦县丞唐和，主簿王纶，教谕向钦，训导从介，各就位哭奠。

辛卯，榇抵南昌府南浦驿。建安府镇国将军宸洪，太监黎鉴，御史储良材，参政叶溥、李绯，参议钟云瑞，副使赵渊，佥事陈璧、王暐、吴瀚、陈端甫，都指挥佥事刘玺、王宁、崔昂，府学教授廖廷臣，训导范昌期、张琚、谭倬、廖金，新建县学教谕刘环，训导梁子钟、何乐，南昌县学训导邢宽，庠生崔嵩、陶潮、刘伯盛、舒泰、武进、邹輓，乡宦副都御史熊浃，布政胡训，副使刘伯秀，知府张元春，御史涂相，郎中张钦，主事张鳌，进士熊汲，检校张默，通判万奎、闵鲁，知县余琪、聂仪、杨璋、甘柏、胡大化，举人丁夔，门人裘衍、张良才、张召、魏良器、魏价、万世芳、邹宾、齐昇、周麟、黄钟、钟文奎、艾铎，安仁县桂宸、桂宫、桂容、桂轼、孙錕、孙钧，吉安府曾伟器，报效生员陈文荣，承差刘昂，乡民萧华、李延祥、程玉石、陈本道、高显彰、刘珏、杨文、严洪、徐杞、杜秉文、王钦，各就位哭奠。叶溥、赵渊、王暐、张元春、齐昇又各特举焉。

岁己丑正月庚子，榇发南昌府。自储大夫以下，凡百有位，越百姓里居，市儿巷妇，哭而送者载道。风迅不可帆，又不可缆而前也，储大夫抚之曰：

49

"先生岂有怀邪？越中子弟门人泣而迎者，延首跂足而俟至者，盖有日矣。"须臾反风，若或使之，遂行。丙午，余干县主簿陈璔，教谕林秀，训导赵珊、傅诒，万年县主簿龙光、相安，仁和县主簿邹辅，训导周铎、黄选，庠生桂舆，蒲田县廖大璧，贵溪知县方克，主簿钱珊，典史冯璁，教谕谢炯，庠生邱民节、宋廷豸、叶可久、叶可大、许文明，铅山主簿戚铠，乡宦大学士费宏，尚书汪俊，各就位哭奠。先是绪山、龙溪二先生将赴廷对，闻先生将还，逆之严滩。忽得讣音，相向恸哭。疑于服制，作《师服问》，厥既成服，兼程趋广信，讣告同门。会先生嗣子正宪至自越，至是同遇先生之樟于贵溪，哭之几绝；书《遇丧哀感》以寄怀云。

癸丑，樟抵广信府葛阳驿。知府赵烨，同知卢元恺，通判曾大有、龙纲，举人刘伟，玉山知县吕应阳，教谕霍重，庠生郑世迁、李材、程松、叶廷秀、徐森，常山县丞殷学夔，各就位哭奠。储良材又檄吕应阳而特举焉。夫子弟守俭、守文，门人栾惠、黄洪、李洪、范引年、柴凤会樟于玉山。

辛酉，樟抵衢州府上杭驿。同知杨文奎，通判简阅，推官李翔，西安知县林钟，门人栾惠、黄珣、何伦、王修、林文琼、徐霈、蒋兰，金华府通判高凤，兰溪县主簿高禹，教谕朱骥，训道胡弈、□辉，门人应典，严州府推官程淳，桐庐县主簿屠继祖，各就位哭奠。

丁卯，樟抵杭州府浙江驿。布政潘旦、刘节，参政胡缵宗、叶宽，参议万廷彩、庞浩，按察使叶溥，副使傅钥、万潮、党以平、何鳌、汪金，佥事孙元、巴思明、梁世骠、江良材、林茂竹，都指挥使刘宗伟，都指挥佥事李节、刘翱、孙仁、王佐，杭州府推官刘望之，府学教授陶贺，仁和县主簿曹官，富阳县主簿李珍，教谕黄宁，训导程大有、王裕，莆人知县黄铭介，子黄中，百户施经，各就位哭奠。

庚午，樟抵越城，奠于明堂。御史陈世辅、王化，分守庞浩，绍兴知府洪珠，同知孔庭训，通判陆远、洪哲，推官喻希礼，府学训导舒哲、陈箓、林文斌、曾昇，会稽知县王文儒，教谕张概，训导詹诏，山阴知县杨仁中，教谕林斌，训导王昇，广西布政李寅，参政沈良佐，参议汪必东，按察使钱宏，副使李中、翁素、张鋋、伍箕，佥事张邦信、王世爵，都指挥佥事高松，金华府同知刘业，友人侍郎湛若水，副都御史刘节，门人侍郎黄绾，给事中毛宪，员外郎王臣，主事石简、陆澄，按察使顾应祥，副使郭持平、萧璆、应良，知州王直、刘魁，训导周桐、周衢，教授周冲、陈烟、陈焯、陈炼、李敬、应佐，监丞周仲、周浩、周旬，辨印生钱君泽，私淑门人知县戚贤，武林驿丞何图，

50

赣州卫指挥同知刘锴，指挥佥事杨基，广州府右卫指挥佥事武銮，南昌卫指挥佥事赵昇，广州府前卫舍人孙绍英，各就位哭奠。洪珠、栾惠又各特举焉。刘锴、杨基、武栾、龙光咸以营护至越时将告归。绪山先生书《稽山感别卷》赠之，因寓书江、广诸当道，盖德其虔于襄大事也。

仲冬癸卯，奉夫子榇窆于越城南三十里之高村，会葬者数千人。副都御史王尧封，御史端廷赦、陈世辅、梁尚德、万潮、黄卿、万廷彩、庞浩、傅钥、党以平、汪金、区越、梁世骠、江良材、林茂竹、王臣、刘宗仁、李节、刘翱、孙仁、洪珠、孔庭训、洪晢，杭州知府娄世德，同知杨文昇，通判周忠、刘坎濬，推官刘望之，运同钱澜，副使李信，判官林同、方禾，钱塘知县王桥，会稽知县王文儒，山阴县丞应佐，余姚主簿彭英，典史刘文聪，教谕徐锐，训导谢贤、陈元，广东御史何豳，布政邵锐，姻人大学士谢迁，尚书韩邦问，编修周文烛，御史毛凤，都御史胡东皋，参政汪惇，副使吴便、司马公轻，佥事汪克章、沈钦、司马相、韩明，知府陆宁、金椿，运同徐冕，知县宋溥、金谥、陶天祐、刘瀚、田惟立、徐玺、徐俊民、吴昊、叶信、汪俱毅、周大经、周文燡、胡瀛、陈廷华，知县王轼，乡生钱继先、王廷辅、王文轩、夏文琳、何炫、徐应、周大贲、高隆，友生尚书伍文定，侍郎杨大章、陈筐、严毅、杨霓、杨誉，知府吴叙，廉使韩廉、邵黄、徐彬、邹鹄，员外郎张璿、施信、史伯敏、王代、于震、朱梁，晚生佥事汪应轸，知府朱衮、李节，郎中胡廷禄、陈良谟，主事叶良佩、田汝成、王度、王渐逵、王一和、王之训、王文钠、王文辂、王文辕、良直、费思义，门人大学士方献夫，侍郎黄绾，编修欧阳德，给事中魏良弼、李逢，行人薛侃、应大桂，郎中邹守益，员外郎蓝渠，主事潘颖、黄宗明、翁万达、石简、胡经，参政万潮，副使萧鸣凤，参议王洙，博士马明衡，监丞赵显荣，助教王崐、薛侨，知县薛宗铠、周桐、孙瑛、刘本、刘樽、诸训、诸阳、诸守忠，举人诸大纲、杨汝荣、金佩、金克厚，佥事韩柱，主事顾敦复、胡冲、徐沂、徐楷、徐潞、叶锴、徐霈、张津、钱翀、钱翱、钱祚诏、凌世华、朱簏、龚溥、龚渐，员外郎龚芝、杜应豸，县丞朱绂、周应损、秦辊、章乾、杨柱，从弟王守第，各就位哭奠。

呜呼！《丧纪》作则有孚惠我德者，固美而必章，而有孚惠我心者，亦盛而必传。读是编者，毋但曰雷阳寇公之竹而已也。

51

卷三十八　世德纪　附录

疏　记

辨忠谗以定国是疏

陆　澄　刑部主事时上

臣切见巡按江西监察御史程启充，户科给事中毛玉，各论劾丁忧新建伯王守仁，似若心迹未明，功罪未当者。此论一倡，一二嫉贤妒功之徒固有和者；而在朝在市，冤愤不平。臣系守仁门生，知之最详，冤愤特甚，敢昧死一言。

谨按守仁学本诚明，才兼文武，抗言时事，致忤逆瑾，杖之几死。谪居龙场，居夷处困，动心忍性，独悟道真。荷先帝收用，屡迁至于巡抚。其在南、赣，四征而福建、湖广、广东、江西数十年之巨寇为之荡平。因奉敕勘事福建，道由江西至于丰城。适遇贼变，拜天转风，舟返吉安，倡义督兵，不旬月而贼灭。人但见其处变之从容，而不知其忠诚之激切；人但见其成功之迅速，而不知其谋略之渊微；人但见其遭非常之构陷，而祸莫能中，而不知其守身无毫发之可疵。当时张锐、钱宁辈以不遂卖国之计而恨之，张忠、江彬辈以不遂冒功之私而恨之，宸濠、刘吉辈以不遂篡逆之谋而恨之，凡可以杀其身而赤其族者，诛求搜剔，何所不至。使守仁而初有交好之情，中有犹豫之意，后有贪冒之为，诸人其肯隐忍而不发乎？迨皇上龙飞，而褒慰殊恩，形于诏旨。天下方快朝廷之清明，不意功罪既白，赏罚既定，乃复有此怪僻颠倒之论，欲以暧昧不明之事，而掩其显著不世之功，天理人心安在哉！

论者之意，大略有六：一谓宸濠私书，有"王守仁亦好"一语；二谓守仁曾遣冀元亨往见宸濠；三谓守仁亦因贺宸濠生辰而来；四谓守仁起兵，由于致仕都御史王懋中、知府伍文定攀激；五谓守仁破城之时，纵兵焚掠，而杀人太多；六谓宸濠本无能为，一知县之力可擒，守仁之功不足多，而其捷本所陈，妆点过实。然究其本心，不过忌其功名而已。

宸濠私书"王守仁亦好"之说，乃启充得于湖口知县章玄梅者。切惟刑部节奉钦依："原搜簿籍，既未送官封记收掌，又事发日久，别生事端，委的真伪难辨，无凭查究，着原搜获之人尽行烧毁。钦此。"今玄梅之书从何而来？使有之，何足凭据？且出于宸濠之口，尤其不足取信者。夫豪杰用意，类非寻常可测。守仁虽有防宸濠而图之意，使几事不密，则亦不过如孙燧、许逵之一死以报国而已，其何以成功以贻皇上今日之安哉？设使守仁略有交通宸濠之迹，而卒以灭之，其心事亦可以自白；况可以不足凭信之迹，遂疑其心而舍其讨贼之大功哉？

其遣冀元亨往见者，是守仁知宸濠素蓄逆谋，而元亨素怀忠孝，欲使启其良心，而因以探其密计尔。元亨一见，不合而归。使言合志投，当留信宿，何反逆之日，反在千里之外乎？今元亨之冤魂既伸，而守仁之心事不白，天理人心何在乎？

毛玉疑守仁因贺宸濠生辰，而偶尔遇变。殊不知守仁奉敕将往福建，而瑞金、会昌等县瘴气生发，不敢经行，故道出丰城。且宸濠生日在十三，而守仁十五方抵丰城，若贺生辰，何独后期而至乎？

其谓守仁由王懋中等攀激起兵，尤为乖谬。守仁近丰城五里而闻变，即刻伪写两广都御史杨旦大兵将临火牌，于知县顾佖接见之时，令人诈为驿夫入递，守仁佯喜，以为大兵既至，贼必易图，当令顾佖传牌入城，以疑宸濠。又令顾佖守城，许与拨兵助守。时有报称宸濠遣贼六百追虏王都者，守仁回船而南风大逆，乃恸哭告天而顷刻反风。守仁又恐贼兵追至，急乘渔舟脱身。此时王懋中安在？次日奔至蛇河，遇临江知府戴德孺，即议起兵。因不足恃，又奔入新淦城，欲与知县李美集兵。度不可居，复奔至吉安。见仓库充实，遂乃驻扎，传檄各处，起调军民。一面榜募忠义之士，方令伍文定以书请各乡官王懋中等盟誓勤王。而懋中又迟疑二日，乃始同盟。夫各府及万之兵，若非提督军门以便宜起调，其肯听致仕乡官而集乎？今乃颠倒其说，至谓守仁掩懋中之功，天理人心安在乎！

至于破城之时，焚者，宫中自焚，故内室毁而外宇存，官兵但救而无焚也。掠者，伍文定之兵乘胜夺贼衣资，众兵不然也。杀人者，知县刘守绪所领奉新之兵，以守仁号令"闭门者生，迎敌者死"，故杀迎敌者百余人。及守仁至，斩官兵杀掠者四十六人，遂无犯者矣。且省城之人，各受宸濠银二两，米一石，与之拒守，是贼也，杀之何罪？又宫为贼巢，财皆贼赃，焚之掠之，亦何罪哉？今舍其大功，而摘其小过，几何而不为逆贼报仇乎？

且宸濠势焰薰天，触者万死，人皆望风奔靡而已。及守仁调兵四集，捣其巢穴，散其党与，数败之余，羽翼俱尽，妻妾赴水，乃穷寇尔。夫然后知县王冕得以近之。今乃以为一知县可擒，甚无据也。果若所言，则孙燧、许逵何为被杀？而三司众官何为被缚耶？杨锐、张文锦何为守之一月不敢出战，必待省城破而贼自解围耶？伍文定何以一败而被杀者八百人，其余诸将，又何以战之三日而后擒灭耶？

至若捷本所陈，若作伪牌以疑贼心，行反间以解贼党之类，所不载者尤多，而谓以无为有可乎？

夫宸濠积谋有年，一旦大发，震撼两京，而守仁以一书生，谈笑平之于数日之内，功亦奇矣！使不即灭，而贻先帝亲征之劳，臣不知卖国之徒计安出也？使不即灭，先帝崩，臣又不知圣驾之来，能高枕无忧否也？今建不世之功，而遭不明之谤，天理人心安在哉！臣知守仁之心，决非荣辱死生所能动者。但恐公论不昭，而忠臣义士解体尔；此万世忠义之冤，而国是之大不定者，宜乎天变之叠见也。

臣与守仁分系师生，义均生死。前之所辨，天下公言。伏愿圣明详察，乞降纶音，慰安守仁。仍然戒饬言官，勿为异论。庶几国是以定，而亦消天变之一端也。臣干冒天威，不胜战栗待罪之至。

明军功以励忠勤疏
门人黄绾 光禄寺少卿时作

臣闻赏罚者，人主御天下之操柄也。得其操柄，死命可致，天下可运之掌；不得其操柄，百事具废，欲治得乎？故明主慎之，至亲不可移，至雠不可夺，有功必赏，有罪必诛；然必称天以命之，示非私也，臣下视之，不饰虚誉，不结援党，不思贿托，惟勉忠勤，死不敢易，欲不治得乎？今或不然，凡饰誉、援党、贿托，讥谗不及，必获显擢，无不如意。凡尽忠勤职，即讥谗蝟集，黜辱随至，无不失意。以此操柄失御，人皆以奸结巧避为贤，孰肯身仕国家事哉？臣不能枚举，姑以先朝末年陛下初政一事论之。

如宸濠构逆，虐焰吞天，藩郡震动，宗亲慑忧。陛下尝身见之矣，腹心应援布满中外，鼎卿近幸，贿赂交驰，卖国奸臣，待时发动。两京乏备，四路无人，方镇远近，莫之如何，握兵观望，滔滔皆是。

惟镇守南、赣都御史王守仁领敕福建勘事，道经南昌，中途闻变，指心吁天，誓不与贼俱生。赤身孤走，设奇运谋，乃遣优人赍谍，假与天兵约征，方镇会战，俾其邀获，以示有备。牵疑贼谋，以俟四路设备。中执叛臣家属，缪托腹心，又示无为，以安其心。然后激众以义，纠集乌合。待兵成虑审，发书骂贼，使觉悔。既出摄兵收复南昌，按甲待之。贼至安庆，攻城方锐，警闻使还，算其归途，水陆邀击，大溃贼众，遂擒宸濠于樵舍。兵法有先胜而后求战者，非此谓也？

成功之后，江右疮痍未复，武宗皇帝南巡，奸权攘功，嫉谮百端，危疑莫测。守仁恭勤曲致，方靖地方，仅获身免。守仁为忠，可谓艰贞竭尽者矣。使时无守仁倡义统众，谋获机宜，战取有方，安庆卒破，金陵不保，长驱北上，应援蜂起，腹心阴助，京师存亡未可知也。虽毕竟天命有在，终必歼夷，旷日持久，士夫戮辱，苍生荼毒，可胜言也？

守仁南、赣镇守地方之责初无所与。今受责地方者遇事不敢担当，不过告变待命而已。守仁家于浙之山阴，浙乃江右通衢，兵力素弱，长驱或下，父兄宗族有噍类乎？此时守仁夫岂不思，但忘私奉公，以为社稷不幸或败，夷灭何悔。守仁之志，可谓精贯白日者矣。幸而成功，宇内太平，所谓徙薪曲突，人不为功，亦不致思其忠。

又守仁于武宗初年，刘瑾为奸，人莫敢言，守仁斥之触恨，选杖毒决，碎尻折髀，死而复苏。流窜瘴裔，久方赦还，始获录用。乃者南、赣乏镇，溪谷凶民聚党为盗，视效虐劫，肆无忌惮。凡在虔、楚、闽、广接壤山泽，无非贼巢。大小有司，束手无策，皆谓终不可理。守仁镇守三年，兵威武略奇变如神，以故茶寮、桶冈诸寨，大冒、浰头诸寨，次第擒灭，增县置逻，立明约，遂为治境。视古名将，何以过此。江右之民，为立生祠，岁时祝祭，民心不忘亦可见矣。

曩者陛下登极，命取来京宴赏，封之新建伯，而升南京兵部尚书。言者又谓不当来京宴赏，以致奢费。夫陛下大官之厨，日用无纪，较诸一飧之宴，所费几何，犹烦论之；北京岂无一职，必欲置之南京，此乃邪比蔽贤嫉功之所为也。守仁后丁父忧。服满遂不起用，反时造言排论。然虽蒙拜爵升官，铁券未给，禄米未颁，朝事无与，迹比樵渔。纵使有过，何庸论之，况有功无过哉！其意尤可知矣。

不独守仁，凡共勤王大小臣工，亦废黜殆尽，臣不能枚举，姑以一二论之。

彼时领兵知府，惟伍文定得升副都御史，得荫一子千户。邢珣、徐琏但升布政，即令闲住，彼亦何过，纵使有过，八议恶在？戴德孺虽升布政，即死于水，皆无荫子。副使陈槐因劝宰臣进贤，致怒雠人，希意诬之，独黜为民。御史伍希儒、谢源辄以考察去官。且陈槐、邢珣等皆抱用世之才，秉捐躯之义，因功废黜，深可太息。

　　然在今日，陛下操柄之失，莫此为甚。他日无事则可，万一有事，将谁效用哉？况守仁学原性命，德由忠恕，才优经济，使之事君处物，必能曲尽其诚，尤足以当薰陶，备顾问。以陛下不世出明圣之资，与之浃洽讲明，天下之治，生民之福，岂易言哉！前者言官屡荐，故尚书席书、吴廷举，今侍郎张璁、桂萼皆荐之，曾蒙简命，用为两广总制。臣谓总制寄止一方，何若用之庙堂，可以赞襄谋议，转移人心，所济天下矣。

　　伏惟陛下念明良遭遇之难，亟召守仁，令与大学士杨一清等共图至治。另推才能，为两广总制。仍敕该部给与守仁应得铁券禄米。将陈槐、邢珣、徐琏等起用，伍希儒、谢源等查酌军功事例议录，戴德孺量与荫袭。此实陛下奉天所操之大柄，不可毫发移夺者，宜早收之，以为使人宣忠效力之劝。臣不胜恳悃之至。

地方疏
霍　韬

　　窃见新建伯南京兵部尚书兼都察院左都御史王守仁奉命巡抚两广，已将田州、思恩抚处停当，随复剿平八寨及断藤峡等贼。臣等皆广东人，与贼邻壤，备知各贼为患实迹。尝窃切齿蹙额而叹曰："两广良民何其不幸！生邻恶境，妻子何日宁也？"又尝窃计曰："两广何日得一好官员，剿平各贼，俾良民各安其生，而顽民染患未深者亦得格心向化也？"

　　乃今恭遇圣明特起王守仁抚剿田州、思恩地方，臣等窃谋曰："两广自是有底宁之期也！圣天子知人之泽也！"是役也，臣等为王守仁计曰："前巡抚动调三省兵若干万，梧州三府积年储畜军饷费用不知若干万，复从广东布政司支去库银若干万，米不知支去若干万，杀死疫死狼兵乡兵民壮打手不知若干万，仅得田州安靖五十日耳。自是而思恩叛矣，吊岩贼出围肇庆府矣，杀数千家矣，此贼并时同出，盖与田州、思恩东西相应和者也。若王守仁者乘此大败极敝之后，仰承圣明特擢之恩，虽合四省兵力，再支库银百余万，支米数百万，剿平田州，报功级数万人，亦且曰天下之大功也。"然而守仁不役一卒，不费斗粮，只宣扬陛下圣德，遂致思恩、田州两府顽民稽首来服，其奉扬圣化以来远人，虽舜格有苗，何以过此！臣等是以叹服王守仁不惟能肃将天威，实能诞敷天德也。

若八寨之贼，断藤峡之贼，又非田州、思恩可比也。天下十二省，俱多平壤，惟广西独在万山之丛，其土险，其水迅，其山之高有猿猴不度、飞鸟不越者。故谚语曰："广西民三而贼七。"由山高土恶，习气凶悍，虽良民至者亦化为贼也。八寨贼洪武年间所不能平。断藤峡成化八年都御史韩雍仅得讨平，及今五十余年，遗孽复炽。故广西贼巢，柳州、庆远、郁林、府江诸贼，虽时出劫掠，官兵亦屡请征之。若八寨贼则自国初至今未有轻议征剿者，盖谓山水凶恶，进兵无路，消息少动，贼已先知，一夫控险，万兵莫敌，故百六十年未有敢征八寨贼者也。贼亦恃险肆恶，时出攻围城堡，杀掠良民，何啻万计。四方顽民犯罪脱逃，投入八寨，则有司不敢追摄矣。邻近流贼避兵追剿，投入八寨，则官兵不敢谁何矣。是八寨者，实四方寇贼渊薮也，断藤峡又八寨之羽翼也。广西有八寨诸贼，犹人有心腹疾也。八寨不平，则两广无安枕期也。今王守仁沉机不露，掩贼不备，一举而平之，百数十年豺虎窟穴，扫而清之如拂尘然，非仰藉圣人神武不杀之威，何以致此！

　　臣等是以叹服王守仁能体陛下之仁，以怀绥田州、思恩向化之民；又能体陛下之义，以讨服八寨、断藤峡梗化之贼也。仁义之用，两得之也。

　　谨按王守仁之成功有八善焉：乘湖兵归路之便，则兵不调而自集，一也。因田州、思恩效命之助，则劳而不怨，二也。机出意外，贼不及遁，所诛者真积年渠恶，非往年滥杀报功者比，三也。因归师讨逆贼，无粮运之费，四也。不役民兵，不募民马，一举成功，民不知扰，五也。平八寨，平断藤峡，则极恶者先诛，其细小巢穴可渐施德化，使去贼从良，得抚剿之宜，六也。八寨不平，则西而柳、庆，东而罗旁、绿水、新宁、恩平之贼合数千里，共为窟穴，虽调兵数十万，费粮数百万，未易平伏。今八寨平定，则诸贼可以渐次抚剿，两广良民可渐安生业，纾圣明南顾之忧，七也。韩雍虽平断藤峡贼矣，旋复有贼者，实当尔时未及区画其地，为经久图，俾余贼复据为巢穴故也。今五十年生聚，则贼复炽盛也亦宜。若八寨乃百六十年所不能诛之剧贼，山川天险尤难为功，今守仁既平其巢窟，即徙建城邑以镇定之，则恶贼失险，后日固不能为变，逋贼来归，不日且化为良民矣。诛恶绥良，得民父母之体，八也。

　　或者议王守仁则曰："所奉命抚剿田州、思恩也。乃不剿田州则亦已矣，遂剿八寨可乎？"臣则曰：昔吴、楚反攻梁，景帝诏周亚夫救梁，亚夫不奉诏，而绝吴、楚粮道，遂破吴、楚而平七国，安汉社稷。夫不奉诏，大罪也，景帝不以罪亚夫，何也？传曰："阃以内寡人制之；阃以外将军制之。"又曰："大夫出疆，有可以安国家，利社稷，专之可也，古之道也。"是故周亚夫知制吴、楚在绝其食道，而不在于救梁也，是故虽有诏命，犹不受也。惟明君则以为功，若腐儒则以为罪。今王守仁知田州、思恩可以德怀也，遂约其降而安定之；知八寨诸贼百六十年未易服也，遂因时仗义而讨平之。仁义之用，达天德者也；虽无诏命，先发后闻可也；况有便宜从事之旨乎？

或者又曰："建置城邑，大事也；区处钱粮，户部职也；不先奏闻而辄兴功，可乎？"臣则曰：古者帝王千里之内自治，千里之外附之侯伯而已。是岂尧、舜、汤、武圣智反后世不如哉？盖虑舆图既广，则智力不及，与其役一己耳目之力而无益于事，孰若以天下贤才理天下事为逸而有功也。是故帝王之职在于知人而已，既知其人之贤而委任之矣，则事之举错，一以付之而责其成功。若功效不孚，乃制其罪可也。今既任之又从而牵制之，则豪杰何所措手足乎？是故王守仁之平八寨也，所杀者贼之渠魁耳，若逋逃者固未及杀也。乘此时机建置城邑，遂招逋逃之贼复业焉，则积年之贼皆可化为良民也。失此机会，撤兵而归；俟奏得旨，乃兴版筑，则贼渐来归，又渐生聚，据险结寨，以抗我师，虽欲筑城，亦不能矣。昔者范仲淹之守西边也，欲筑大顺城，虑敌人争之，乃先具版筑，然后巡边，急速兴工，一月成城。西夏觉而争之，已不及矣，尔时范仲淹若俟奏报，岂不败乃事哉？王守仁于建置城邑之役，盖计之熟矣，钱粮夫役，固不仰足户部而后有处也。其以一肩而分圣明南顾之忧，可谓贤矣。不以为功反以为过可乎？

先是正德十四年，宸濠谋反江西，两司俯首从贼，惟王守仁同御史伍希儒、谢源誓心效忠。不幸奸臣张忠、许泰等欲掩王守仁之功以为己有，乃扬诸人曰："王守仁初同贼谋。"及公论难掩，乃又曰："宸濠金帛俱王守仁、伍希儒、谢源满载以去。"当时大学士杨廷和，尚书乔宇，亦忌王守仁之功，遂不与辨白而黜伍希儒、谢源，俾落仕籍。王守仁不辨之谤，至今未雪，可谓黯哑之冤矣。

夫国家论功，有二道焉：有开国效功之臣焉，有定乱拯危之臣焉。开国之臣，成则侯也，败则虏也，虽勿计焉可也；惟祸变倏起，社稷安危凛乎一发，效忠定乱之臣则不忘也，何也？所以卫社稷也。昔者王守仁之执宸濠也，可谓定乱拯危之功矣。奸人犹或忌之而谤其短，夫如是，则后有事变，谁肯效忠乎？甚矣！小人忌功足以误国也。

臣等是以叹曰："王守仁等江西之功不白，无以劝励忠之臣。若广西之功不白，又无以劝策勋之臣。是皆天下地方大虑也。"王守仁大臣也，岂以功赏有无为重轻哉？第恐当时有功之人及土官立功之人视此解体，则在外抚臣遂无所激劝，以为建功之地耳。臣等广人也，目击八寨之贼为地方大患百数十年，一旦仰赖圣明任用守仁以底平定，不胜庆忭。今兵部功赏未见施行，户部覆题又复再勘，臣恐机会一失，大功遂沮，城堡不得修筑，逋贼复据巢穴，地方不胜可虑也。是故冒昧建言，惟圣明察焉。乞早裁断，俾官僚早得激劝，城寨早得修筑，逋贼早得招安，良民早得复业。岭海之外，歌咏太平，祝颂圣德，实臣等所以报陛下知遇一节也，亦臣等自为地方大虑也，不得已也。为此具奏。

征宸濠反间遗事
钱德洪

龙光云：是年六月十五日，公于丰城闻宸濠之变。时参谋雷济、萧禹在侍，相与拜天誓死，起兵讨贼。欲趋还吉安，南风正急，舟不能动。又痛哭告天，顷之，得北风。宸濠追兵将及，潜入小渔船，与济等同载，得脱免。舟中计议，恐宸濠径袭南京，遂犯北京，两京仓卒无备。图欲沮挠，使迟留半月，远近闻知，自然有备无患。乃假写两广都御史火牌云："提督两广军务都御史杨为机密军务事：准兵部咨及都察院右副都御史颜咨俱为前事，本院带领狼达官兵四十八万，齐往江西公干。的于五月初三日在广州府起马前进，仰沿途军卫有司等衙门，即便照数预备粮草，伺候官兵到日支应。若临期缺乏误事，定行照依军法斩首"等因。意示朝廷先差颜等勘事，已密于两广各处起调兵马，潜来袭取宸濠，使之恐惧迟疑，观望不敢轻进。使济等密遣乖觉人役，持火牌设法打入省城。宸濠见火牌，果生疑惧。

十八日，回至吉安。又令济等假写南雄、南安、赣州等府报帖，日逐飞报府城，打入省下，一以动摇省城人心，一以鼓励吉安效义之士。

又与济等谋假写迎接京军文书云："提督军务都御史王为机密军务事：准兵部咨该本部题奉圣旨：'许泰、邰永分领边军四万，从凤阳等处陆路径扑南昌；刘晖、桂勇分领京边官军四万，从徐州、淮安等处水陆并进，分袭南昌；王守仁领兵二万，杨旦等领兵八万，秦金等领兵六万，各从信地分道并进，刻期夹攻南昌。务要遵照方略，并心协谋，依期速进；毋得彼先此后，致误事机。钦此'等因。咨到职，除钦遵外，照得本职先因奉敕前往福建公干，行至丰城地方，卒遇宁王之变，见已退住吉安府起兵。今准前因，遵奉敕旨，候两广兵齐，依期前进外，看得兵部咨到缘由，系奉朝廷机密敕旨，皆是掩其不备，先发制人之谋。其时必以宁王之兵尚未举动。今宁王之兵已出，约亦有二三十万，若北来官兵不知的实消息，未免有误事机。以本职计之，若宁

59

王坚守南昌，拥兵不出，京边官军远来，天时、地利，两皆不便，一时恐亦难图。须是按兵徐行，或分兵先守南都，候宁王已离江西，然后或遮其前，或击其后，使之首尾不救，破之必矣。今宁王主谋李士实、刘养正等各有书密寄本职，其贼凌十一、闵廿四亦各密差心腹前来本职递状，皆要反戈立功报效。可见宁王已是众叛亲离之人，其败必不久矣。今闻两广共起兵四十八万，其先锋八万，系遵敕旨之数，今已到赣州地方。湖广起兵二十万，其先锋六万，系遵敕旨之数，今闻已到黄州府地方。本职起兵十万，遵照敕旨，先领兵二万，屯吉安府地方。各府知府等官各起兵快，约亦不下一万之数，共计亦有十一二万人马，尽已彀用。但得宁王早离江西，其中必有内变，因而乘机夹攻，为力甚易。为此今用手本备开缘由前去，烦请查照裁处。并将一应进止机宜，计议停当，选差乖觉晓事人员，与同差去人役，星夜回报施行，须至手本者。"

既已写成手本，令济等选差惯能走递家人，重与盘费，以前事机阳作实情，备细密切说与，令渠潜踪隐迹，星夜前去南京及淮、扬等处迎接官兵。又令济等寻访素与宸濠交通之人，厚加结纳，令渠密去报知宁府。宸濠闻知，大加赏赐，差人四路跟捉。既见手本，愈加疑惧，将差人备细拷问详悉，当时杀死。因此宸濠又疑李士实、刘养正，不信其谋。

又与龙光计议假写回报李士实书，内云："承手教密示，足见老先生精忠报国之本心，始知近日之事迫于势不得已而然，身虽陷于罗网，乃心罔不在王室也。所喻密谋，非老先生断不能及此。今又得子吉同心协力，当万万无一失矣。然几事不密则害成，务须乘时待机而发乃可。不然恐无益于国，而徒为老先生与子吉之累，又区区心所不忍也。况今兵势四路已合，只待此公一出，便可下手，但恐未肯轻出耳。昨凌、闵诸将遣人密传消息，亦皆出于老先生与子吉开导激发而然。但恐此三四人者皆是粗汉，易有漏泄，须戒令慎密，又曲为之防可也。目毕即付丙丁，知名不具。"与刘养正亦同。两书既就，遣雷济设法差递李士实，龙光设法差递刘养正。各差递人皆被宸濠杀死。宸濠由是愈疑刘、李，刘、李亦各自相疑惧，不肯出身任事。以故上下人心互生疑惧，兵势日衰。

又遣素与刘养正交厚指挥高睿致书刘养正，及遣雷济、萧禹引诱内官万锐等私写书信与内官陈贤、刘吉、喻木等，俱皆反间之谋。又多写告示及招降旗号，开谕逆顺祸福，及写木牌等项，动以千计，分遣雷济、萧禹、龙光、王佐等分役经行贼垒，潜地将告示黏贴，及旗号木牌四路标插。又先张疑兵于丰城，示以欲攻之势。又遣雷济、龙光将刘养正家属在吉安厚加看养，阴遣其家人密至刘养正处传递消息，亦皆反间之谋。

初时，宸濠谋定六月十七日出兵，自己于二十二日在江西起马，径趋南京，谒陵即位，遂直犯北京。因闻前项反间疑沮之谋，遂不敢轻出。故十七等日，先遣兵攻南康、九江，而自留省城。贼兵等候宸濠不出，亦各疑惧退沮，久驻江湖之上，师老气衰；又见四路所贴告示及插旗号木牌，人人解体，日渐散离，以故无心攻斗。其后宸濠探知四路无兵，前项事机已失，兵势已阻，人马已散，多有潜来投降者。我师一候宸濠出城，即统伍知府等官兵疾趋攻破省城。度宸濠顾念根本之地，势必归救，遂预发兵迎击于鄱阳湖。大战三日，罪人斯得。

右反间始末尝闻诸吉水致仕县丞龙光。光谓德洪曰："昔夫子写杨公火牌将发时，雷济问曰：'宁王见此恐未必信。'曰：'不信，可疑否？'对曰：'疑则不免。'夫子笑曰：'得渠一疑，彼之大事去矣。'既而叹曰：'宸濠素行无道，残害百姓，今虽一时从逆者众，必非本心，徒以威劫利诱，苟一时之合耳。纵使奋兵前去，我以问罪之师徐蹑其后，顺逆之势既判，胜负预可知也。但贼兵早越一方，遂破残一方民命。虎兕出柙，收之遂难。为今之计，只是迟留宸濠一日不出，则天下实受一日之福。'"

光又言："夫子捷疏虑繁文太多，一切反间之计俱不言及；亦以设谋用诡，非君子得已之事，不欲明言示人。当时若使不行间计，迟留宁王，宁王必即时拥兵前进，正所谓迅雷不及掩耳，两京各路何恃为备？所以破败宁王，使之坐失事机，全是迟留宁王一着。所以迟留宁王，全是谋行反间一事。今人读奏册所报，皆是可书之功，而不知书不能尽者十倍于奏册。"

又言："宁藩事平之后，京边官军南来，失其奸计，由是痛恨夫子，百计搜寻罗织，无所泄毒，挤怒门人冀元亨与济、禹、光等，俱欲置之死地。冀元亨被执，光等四窜逃匿，家破人亡，妻子离散。直伺官军离却省城，方敢出身回家。当时光等粘贴告示，标插旗号木牌，皆是半夜昏黑，冲风冒雨，涉险破浪，出入贼垒，万死中得一生，所差行间人役，被宸濠要杀者，俱是亲信家人。今当事平之后，议者不究始原，并将在册功次亦尽削去。此光等走役微劳，虽皆臣子本分，不足深惜。但赏罚若此，继后天下倘或再有事变，人皆以光等为鉴戒矣。谁肯复效死力哉？

又言："夫子应变之神真不可测。时官兵方破省城，忽传令造免死木牌数十万，莫知所用。及发兵迎击宸濠于湖上，取木牌顺流放下。时贼兵既闻省城已破，胁从之众俱欲逃窜无路，见水浮木牌，一时争取，散去不计其数。

二十五日，贼势尚锐，值风不便，我兵少挫。夫子急令斩取先却者头。知府伍文定等立于锐炮之间，方奋督各兵，殊死抵战。贼兵忽见一大牌书：'宁王已擒，我军毋得纵杀！'一时惊扰，遂大溃。次日贼兵既穷促，宸濠思欲潜遁，见一渔船隐在芦苇之中。宸濠大声叫渡。渔人移棹请渡，竟送中军，诸将尚未知也。其神运每如此。"

又言："尝闻雷济云：夫子昔在丰城闻变，南风正急，拜受哭告曰：'天若悯恻百万民命，幸假我一帆风！'须臾风稍定，顷之，舟人欢噪回风。济、禹取香烟试之舟上，果然。久之，北风大作。宸濠追兵将及时，夫人、公子在舟。夫子呼一小渔船自缚，敕令济、禹持米二斗，脔鱼五寸，与夫人为别。将发，问济曰：'行备否？'济、禹对曰：'已备。'夫子笑曰：'还少一物。'济、禹思之不得。夫子指船头罗盖曰：'到地方无此，何以示信？'于是又取罗盖以行。明日至吉安城下，城门方戒严，舟不得泊岸。济、禹揭罗盖以示，城中遂欢庆曰：'王爷爷还矣。'乃开门罗拜迎入。于是济、禹心叹危迫之时，暇裕乃如此。"

德洪昔在师门，或问："用兵有术否？"夫子曰："用兵何术，但学问纯笃，养得此心不动，乃术尔。凡人智能相去不甚远，胜负之决不待卜诸临阵，只在此心动与不动之间。昔与宁王逆战于湖上时，南风转急，面命某某为火攻之具。是时前军正挫却，某某对立矍视，三四申告，耳如弗闻。此辈皆有大名于时者，平时智术岂有不足，临事忙失若此，智术将安所施？"

又尝闻邹谦之曰："昔先生与宁王交战时，与二三同志坐中军讲学。谍者走报前军失利，坐中皆有怖色。先生出见谍者，退而就坐，复接绪言，神色自若。顷之，谍者走报贼兵大溃，坐中皆有喜色。先生出见谍者，退而就坐，复接绪言，神色亦自若。"

又尝闻陈惟濬曰："惟濬尝闻之尚谦矣。尚谦言，昔见有侍于先生者，自称可与行师。先生问之。对曰：'某能不动心。'曰：'不动心可易言耶？'对曰：'某得制动之方。'先生笑曰：'此心当对敌时且要制动，又谁与发谋出虑耶？'又问：'今人有不知学问者，尽能履险不惧，是亦可与行师否？'先生曰：'人之性气刚者亦能履险不惧，但其心必待强持而后能。即强持便是本体之蔽，便不能宰割庶事。孟施舍之所谓守气者也。若人真肯在良知上用功，时时精明，不蔽于欲，自能临事不动。不动真体，自能应变无言。此曾子之所谓守约，自反而缩，虽千万人吾往者也。'"

又尝闻刘邦采曰："昔有问：'人能养得此心不动，即可与行师否？'先

62

生曰：'也须学过。此是对刀杀人事，岂意想可得？必须身习其事，斯节制渐明，智慧渐周，方可信行天下；未有不履其事而能造其理者，此后世格物之学所以为谬也。孔子自谓军旅之事未之学，此亦不是谦言。但圣人得位行志，自有消变未形之道，不须用此。后世论治，根源上全不讲及，每事只在半中截做起，故犯手脚。若在根源上讲求，岂有必事杀人而后安得人之理。某自征赣以来，朝廷使我日以杀人为事，心岂割忍，但事势至此。譬之既病之人，且须治其外邪，方可扶回元气，病后施药，犹胜立视其死故耳。可惜平生精神，俱用此等没紧要事上去了。'"

昔者德洪事先生八年，在侍同门每有问兵事者，皆默而不答，以故南、赣、宁藩始末俱不与闻。先生殁后，搜录遗书七年，而奏疏文移始集。及查对月日，而后五征始末具见。独于用间一事，昔尝概闻，奏疏文移俱无所见。去年德洪主试广东，道经江西，访问龙光，始获间书、间牌诸稿，并所闻于诸同门者，归以附录云。时嘉靖乙未八月，书于姑苏之郡学。

阳明先生平浰头记
费 宏

惠之龙川北抵赣，其山谷贼巢，亡虑数百，而浰头最大。浰之贼肆恶以毒吾民者，亡虑数千，而池仲容最著。仲容之放兵四劫，亡虑数十年，而龙川、翁源、始兴、龙南、信丰、安远、会昌以迩巢受毒无数。

正德丁丑之春，信丰复告急于巡抚都御史王公伯安，召诸县苦贼者数十人问何以攻之。皆谓非多集狼兵弗济。又谓狼兵亦尝再用矣，竟以招而后定。公曰："盗以招蔓，此顷年大弊也，吾方惩之。且兵无常势，奚必狼而后济耶？若等能为吾用，独非兵乎！"乃与巡按御史屠君安卿、毛君鸣冈合疏以剿请；又请重兵权，肃军法，以一士心。诏加公提督军务，赐之旗牌，听以便宜区画，惟功之有成，不限以时。

时横水、桶冈盗亦起，而视浰为急。公议先攻二峒，乃会兵以图浰。凡军中筹画，多谘之兵备副使杨君廷宜，请募诸县机兵，而以其佣募新民之任战者，取赎金储谷、盐课以饷之，而兵与食足焉。

二峒之攻，虑仲容乘虚以扰我也，谋伐其交，使辩士周祥等谕其党黄金巢等，得降者五百人，藉以为兵。仲容独愤不从。冬初，闻横水破，始惧，使弟仲安率老弱三百人来图缓兵，且我觇之。公阳许之，使据上新地以遏桶冈之贼，而实迟其归图。

阅月，仲容闻桶冈破，益惧，为备益严。公使以牛酒诇之。贼度不可隐，则曰："卢珂、郑志高、陈英吾雠也，恐其见袭而备之耳。"珂等皆龙川归顺之民，有众三千，仲容胁之不可，故深雠之。公方欲以计生致仲容，乃阳檄龙川卢珂等构兵之实，若甚恐焉。趣利刊木且假道以诛珂党。十二月望，珂等各来告仲容必反。公复怒其诬构，叱收之，阴谕意向，使遣人先归集众。

时兵还自桶冈，公合乐大飨，散之归农，示不复用。使仲安亦领众归。又遗指挥余恩谕仲容毋撤备以防珂党。仲容益喜，前所辩士因说之亲诣公谢，且曰："往则我公信尔无他，而诛珂等必矣。"仲容然，率四十人来见。公闻其就道也，密饬诸县勒兵分哨。又使千户孟俊伪持一檄经浰巢，宣言将拘珂党，实督集其兵也。贼道俊出境不复疑。

闰十二月下弦，仲容既至赣，是夕释珂等驰归。縻仲容，令官属以次饔犒。明年正月癸卯朏，公度诸兵已集，引仲容入，并其党擒之。出珂等所告，讯鞫具状，亟使人约诸兵入巢。

越四日丁未，同时并进：其军于龙川者，惠州知府陈祥，率通判徐玑，从和平都入；指挥姚玺率新民梅南春等，从乌龙镇入；孟俊率珂等从平地水入。军于龙南者，赣州知府邢珣率同知夏克义，知县王天与等，从太平保入；推官危寿率义民叶方等，从南平入；守备指挥郏文率义民孙洪舜等，从冷水径入；余恩率百长王受等，从高砂保入。军于信丰者，南安知府季斆率训导蓝铎等，从黄田冈入；县丞舒富率义民赵志标等，从乌径入。公自率中坚督文捣下浰大巢。副使君督余哨会于三浰。贼党自仲容至赣，备已弛矣，至是闻官兵骤入，皆惊失措。乃分投出御，而悉其精锐千余迎敌于龙子岭。我兵列为三冲，犄角而前。恩以受兵，首与贼战，却之。奋追里许，贼伏四起，击受后。寿乃以方兵鼓噪往援，俊复以珂等兵从旁冲击，呼声震山谷，贼大败而溃。遂并上、中二浰克之。各哨兵乘胜奋击，是日遂破巢十一：曰热水，曰五花障，曰淡方，曰石门，曰上下陵，曰芳竹湖，曰白沙，曰曲潭，曰赤塘，曰古坑，曰三坑。

明日探贼所奔，分道急击。己酉破巢凡六：曰铁石障，曰羊角山，曰黄田坳，曰岭冈，曰塘舍冈，曰溪尾。庚戌破巢凡二：曰大门山，曰镇里寨。辛亥破巢凡九：曰中村，曰半径，曰都坑，曰尺八岭，曰新田径，曰古地，曰空背，曰旗岭，曰顿冈。癸丑破巢凡四：曰狗脚坳，曰水晶洞，曰五洞，曰蓝州。丙辰破巢凡二：曰风盘，曰茶山。

其奔者尚八百余徒，聚于九连山，山峻而袤广，与龙门山后诸巢接。公虑以兵进逼，其势必合，合难制矣。乃选锐士七百余人衣所得贼衣，若溃而奔，取贼所据厓下涧道乘暮而入。贼以为其党也，从厓下招呼。我兵亦佯与和应，已度险，扼其后路。明日贼始觉，并力求敌，我兵从高临下击败之。公度其必溃也，预戒各哨设伏以待。乙丑覆之于五花障，于白沙，于银坑水。丁卯覆之于乌龙镇，于中村，于北山，于风门奥。

分逃余孽尚三百余徒，各哨乃会兵追之。二月辛未，复与战于和平。甲戌战于上坪、下坪。丁丑战于黄田坳，辛巳战于铁障山。癸未战于乾村，于梨树。乙酉战于芳竹。壬辰战于百顺，于和峒。乙未战于水源，于长吉，于天堂寨。谍报各巢之稔恶者盖几尽矣，惟胁从二百余徒聚九连谷山，呼号乞降。公遣询往抚之，籍其处之白沙。

公率副使君乃即祥应和平，相其险易，经理立县设隘，庶几永宁，遂班师而归，盖戊寅三月丁未也。凡所捣贼巢三十八，所擒斩贼酋二十九人，中酋三十八人，从贼三千六十八人，俘贼属男妇八百九十人，卤获马牛器仗称是。是役也，以力则兵仅数千，以时则旬仅六夹，遂能灭此凶狡稽诛之虏，以除三徼数十年之大患，其功伟矣。

捷闻，有诏褒赏，官公之子世锦衣百户，副使君加俸一秩。于是邢侯、夏侯、危侯偕通判文侯运、吴侯昌谓公兹举足以威不轨而昭文德，不可以无传也，使人自赣来请予书其事。

嗟呼！惟兵者不祥之器，王公用儒者谋谟之业，而乃躬擐甲胄，率先将士，下上山谷，与死寇角胜争利，出于万死。而公平日岂习杀伐之事而贪取摧陷之功以为快哉？顾盗之于民不容并育，譬则莠骄害稼，而养之弗薅，从虎狼之狂噬，而听孳牧之衰耗，此不仁者所不忍为，而公亦必不以不仁自处也。公之心，予知之，公之功则播之天下，传之后世，何俟予之书也。然而人知渠魁之坐缚，凶孽之荡平，以为成功如此之易，而不知公之筹虑如此其密，建请如此其忠，上之所以委任如此其专，副使君之所赞佐如此其勤，文武将吏之所以奔走御侮如此其劳，而功之成所以如此其不易，是则不可以不书也。予故为备书之，以昭示赣人，庶其无忘，且有考焉。

移置阳明先生石刻记
费 宏

昔阳明王先生督兵于赣也，与学士大夫切劘于圣贤之学，自搢绅至于闾阎，以及四方之过宾，皆得受业问道。盖濂、洛之传至是复明。而先生治兵料敌，卒有以平奸宄者，皆原于切劘之力。于是深信人心本善，无不可复，其不然者，由倡之不力，辅之不周，而为学之志未立故也。既以责志为教，肄其子弟，复取《大学》、《中庸》古本序其大端，与濂溪《太极图说》联书石于郁孤山之上。使登览而游息于此者，出埃墙之表，动高明旷远之志，庶几见所书而兴起其志，不使至于懈惰，盖所以为倡而辅之之虑切也。

先生去赣二十余年，石为风雨之所摧剥者日就缺坏，而是山复为公廨所拘，观者出入不便。嘉靖壬寅，宪副江阴薛君应登备兵之暇，访先生故迹，睹斯石，悲慨焉。既移置于先生祠中，复求搨本之善者补刻其缺坏，而托记于予。

予尝观先生所书，恨其学之不俱传也。自孔、孟以后，明其学者濂溪耳。故《图说》原天所以生人者本于无极，而求复其原，则以无欲为主，舍无欲而言中正仁义，皆不可以合德而反终。故《大学》言致知，《中庸》言慎独，独知之地，欲所由辨，求其寡而无焉，此至易而难者也。先生数百年之下，处困而后自得，恍然悔既往之非，真若脱涸淖而御泠风。故既自以切劘而尤不敢有隐于天下，于是择其辞书之石，冀来者之自得犹夫己也。

今先生之言遍天下，天下之人多易其言，而不知其处困之功与责志之教。故深于解悟者，每不屑于持守，而意见所至，即皆自是而不疑，哓哓然方且以议论相持竞，譬则石已缺坏，而犹不蔽风雨，顾以为崇获之严，贸焉莫知其所出入，岂不失哉？

夫欲之易炽，速于风雨，而志之难立有甚于石，其积习之久，非一日可移置也。然使精神凝聚，即独知之地以从事焉，则又不易地不由人而足以自反，譬则石之摧剥于风雨者，复庇之以厦屋，虽失于昔，不犹可以保其终乎？今石存，则升先生之堂者宜有待矣。

薛君有志于学，其完此石，盖亦辅世之意。而余之困而不学，则有愧于切劘之助也。书之石阴，亦以为久要云。

阳明王先生报功祠记
费　宏

经世保民之道，济其变而后显其功，厚其施而后食其报。传曰："太上有立德，其次有立功。"时而至于立功，则去太上远矣。士君子遭时遇主，处常尽变，不得已而立功。固不望其报之久近。人之思报，自不能已，故昌黎祀潮，子厚祀柳，张咏绘像而祀于蜀，羊祜建碑而祀于襄阳，其致一也。

赣之牙境万山盘亘，群盗纵横，土酋跳梁于东南，逆藩窥伺于西北。正德

66

丙子春，阳明王公以大中丞秉钺来镇，纲纪号令，朝发夕新。凡四省、五道、九府州、六十九县、二十五卫所之奔命者，皇皇汲汲，恐干后至之诛。又卓见大本，广集众思，张施操纵，不出庭户，而遥制黜陟于江山数千里之外，英声义烈，肃于雷霆。今年平南靖，明年平桶冈，又明年平浰头，又明年平逆藩。如虔，如楚，如闽，如粤，四郊力穑，清夜弦歌，而边围之患除。如豫州，如江州，如桐城，如淮甸，千里肃清，万夫解甲，而社稷之忧释。夫公以文儒之资，生承平之世，蹈疏逖之踪，当盘错之会，天枢全斗极之光，地维扫豺狼之穴，玺书频奖，茅土加封，一时遭际，可以风励群工矣。

公之去赣久矣，而人犹思之，复建祠以祀之。富者输财，贫者效力，巧思者模像，善计者纠工，虚堂香火，无替岁时。报施之道，不于其存而于其亡，身后之事，未定于天下而私于一方，吾是以知赣人之重义也。孔子曰："斯民也，三代之所以直道而行也。"兹非三代之遗民欤？

公继其父龙山公之学，且与孙忠烈同年同官，忠烈死逆藩之难，而公成靖难之功，浩然之气充塞两间，增光皇国，幸与不幸易地则皆然者。然则公之立功虽有先后大小，要皆以忠输君，以孝成亲，以信许友者欤。公讳守仁，字伯安，别号阳明。龙山公讳华，以大魁冢宰。孙忠烈讳燧，以中丞赠宗伯。皆吾乡先达也。

呜呼！望雷阳而思新竹，按营垒而叹奇才，高山仰止，景行行止，谨纪其实，以备野史之拾遗云。

田石平记
费 宏

田江之滨有怪石焉，状若一龟，卧于衍石之上。长倍寻，厚广可寻之半。境土宁静则偃卧维平，有眚则倾欹潜浮以离故处。故俗传有平宁倾兵之谶。岁乙酉，岑氏猛食采日殷，恣横构兵。守臣方上疏议讨，一夕石忽浮去数百武。猛惧，乃使力士复之，向夕殷祀之，以潜弭其变。明年大兵至，猛竟失利以灭，人益异焉。

猛党卢、王二酋胁众连兵据思、田，以重烦我师，朝议特起今新建伯阳明王公来平。比至，集众告曰："蠢兹二酋，岂惮一擒，维疮痍未瘳而重罹锋刃，为可哀也。"即日下令解十万之甲，掣四省之兵，推赤二酋，俾自善计。二酋惮公威德，且知大信不杀，遂率众自缚泣降。公如初令谕而遣之。单车诣田经画建制，以训奠有众。田父老望风观德如堵如墙，罗拜泣下曰："大兵不

67

加，明公再生之赐也。田丑何以为报！"维田始祸，石实衅之，具以怪状闻，且曰："自王师未旋，石靡有宁，田人惴惴守之如婴，今则亡是恐矣。愿公毁此，以宁我田。"公曰："其然，与若等往观之。"既观曰："汝能怪乎？吾不汝毁而与决。"取笔大书其上曰："田石平，田州宁，千万世，巩皇明。"明年春，公使匠氏镌之，遂以为田镇。田人无远近老稚咸讴歌于道以相庆焉。

嗟夫！维石在阿，赋性不那，孰使之行，岂民之讹。维妖维祥，肇是兴亡，天实变幻，而莫知其方。维邪则泄，维正则灭，亦存乎其人而已矣。公忠诚纯正，其静一之学，浩然之气，见于勤王靖难者，可以格神明而贯金石。天下已信之，有弗灵于是石乎？田人宝兹石文，盖不啻交人之累铜柱也已。公车将旋，田人趋必东曰："兹不可无述以告于世世。"作《田石平记》。

阳明先生画像记
徐　阶

阳明先生像一幅，水墨写。嘉靖己亥，予督学江西，就士人家摹得先生燕居像二，朝衣冠像一。明年庚子夏，以燕居之一赠吕生舒，此幅是也。

先生在正德年间，以都御史巡抚南、赣，督兵败宸濠，平定大乱，拜南京兵部尚书，封新建伯。其后以论学为世所忌，竟夺爵。予往来吉、赣间，问其父老，云："濠之未叛也，先生奉命按事福州，乞归省其亲，乘单舸下南昌，至丰城闻变，将走还幕府为讨贼计，而吉安太守松月伍公议适合，郡又有积谷可养士，因留吉安，征诸郡兵与濠战湖中，败擒之。"其事皆有日月可按覆。而忌者谓先生始赴濠之约，后持两端遁归，为伍所强，会濠攻安庆不克，乘其沮丧，幸成功。夫人情苟有约，其败征未见，必不遁。凡攻讨之事，胜则侯，不胜则族，苟持两端，虽强之必不留。武皇帝之在御也，政由嬖幸。濠悉与结纳，至或许为内应。方其崛起，天下皆不敢意其遽亡。先生引兵而西，留其家吉安之公署，聚薪环之，戒守者曰："兵败即纵火，毋为贼辱。"呜呼！此其功岂可谓幸成，而其心事岂不皦然如日月哉！忌者不与其功足矣，又举其心事诬之，甚矣小人之不乐成人善也。

自古君子为小人所诬者多矣，要其终必自暴白。乃予所深慨者，今世士大夫高者谈玄理，其次为柔愿，下者直以贪黩奔竞，谋自利其身。有一人焉，出死力为国家平定大乱，而以忌厚诬之，其势不尽驱士类入于三者之途不止。凡为治，不患无事功，患无赏罚。议论者，赏罚所从出也。今天下渐以多事，庶几得人焉驰驱其间，而平时所谓议论者如此，虽在上智，不以赏罚为劝惩，彼其激励中才之具不已疏乎？此予所深慨也。

濠之乱，孙、许二公死于前，先生平定之于后，其迹不同，同有功于名教。江西会城，孙、许皆庙食而先生无祠，予督学之二年，始祀先生于射圃。未几被召，因摹像以归，将示同志者，而首以赠吕生。予尝见人言此像于先生极似，以今观之，貌殊不武，然独以武功显于此，见儒者之作用矣。吕生诚有慕乎，尚于其学求之。

重修阳明王先生祠记
李春芳
阳明先生祠，少师存翁徐公督学江右时所创建也。

公二十及第，宏辞博学，烨然称首词林。一时词林宿学皆自以为不及。而公则曰："学岂文词已也！"日与文庄欧阳公穷究心学，闻阳明先生良知之说而深契焉。江右为阳明先生过化地，公既阐明其学以训诸生，而又谓崇祀无所，不足以系众志，乃于省城营建祠宇，肖先生像祀之。遴选诸生之俊茂者乐群其中，名曰龙沙会。公课艺暇，每以心得开示诸生，而一时诸生多所兴起云。

既公召还，荐跻纶阁，为上所亲信，盖去江右几三十年矣。有告以祠宇倾圮者，公则愀然动心，捐赐金九十，属新建钱令修葺之。侍御甘斋成君闻之曰："此予责也。"遂身任其事，鸠工庀材，饰其所已敝，增其所未备，堂宇斋舍，焕然改观，不惟妥祀允称，而诸生之兴起者，益勃勃不可御矣。

噫！公当枢管之任，受心膂之寄，无论几务丛委，即宸翰咨答，日三四至，而犹惓惓于崇先哲、兴后学如此，诚以学之不可以已也。夫致知之学发自孔门，而孟子良知之说则又发所未发。阳明先生合而言之曰"致良知"，则好善恶恶之意诚，推其极，家国天下可坐而理矣。公笃信先生之学，而日以体之身心，施之政事。秉钧之初，即发私馈，屏贪墨，示以好恶，四海向风。不数年，而人心吏治翕然丕变。此岂有异术哉？好善恶恶之意诚于中也。故学非不明之患，患不诚耳。知善知恶，良知具存，譬之大明当天，无微不照，当好当恶，当赏当罚，当进当退，锱铢不爽，各当天则。循其则而应之，则平平荡荡，无有作好，无有作恶，而天下平矣。故诚而自慊，则好人所好，恶人所恶而为仁。不诚而自欺，则好人所恶，恶人所好而为不仁。苟为不仁，生于其心，害于其事，蠹治戕民，有不可胜言者矣。公为此惧，又举明道《定性》、《识仁》二书发明其义，以示海内学者，而致知之学益明以切。诸生能心推其义而体诸身，则于阳明先生之学几矣。业斯舍者，其尚体公之意而殚力于诚，

69

以为他日致用之地哉！

成君守节，曹州人，癸丑进士，按治江右，饬纪布惠，卓有贤声，盖有志于学者。

平宁藩事略
蔡　文

阳明先生道德功业，冠绝古今，无容议矣。独宁藩一事；不理于谗口者有二：曰始与宁府交通，后知事不可成，因人之力，从而剪之，以成厥功；又曰宁府财宝山积，兵入其宫，悉取以归。此二者当时谗口嗷嗷，至形诸章奏，播诸远近。搢绅有识，皆知其为必无，而莫悉其无之故；皆知其绝无可疑，而无以破人之疑。余甚恨之。足迹半天下，访之莫有知者。迨移官入赣，赣故先生开府之地，当时故老尚有存者，咨访累月，乃得其详。于是跃然以喜，疾谗口之无根，且知先生计虑之深，规模之远，有非常情之所能测识也。

自古建非常之功，必待非常之人。逆藩之积虑，非一日矣，当时所惮，独先生在耳。杀之不得，必欲致之，事乃可成，故致倦倦于先生。而先生亦示不绝于彼者，力有所为，机有所待。

峒酋叶芳等有众万人，感不杀之恩，乐为我用；先生推诚抚之，间示以意。芳叩首踊跃，待报而发。逆藩招集无赖，亦属意于叶芳，尝以厚赀陷之。芳受不却。有以闻于先生者，先生怃然有失。久之，搏案起曰："吾今日视义当为，事之成败，身之祸福，不计也。"会逆藩起，遂部所属民卒，督知府邢珣、伍文定等以行。叶芳密使人告曰："吾以疑彼也。今日之事，生死惟命。"先生大喜，即携以往。鄱湖之战，逆藩觊望芳来。芳乘之，遂就擒。大难之平，芳与有力。不然，逆兵众且强，独以民卒之脆弱涣散，安能当其锋哉？兵入南昌，先生召芳语之曰："吾请于朝，以官偿若劳，如何？"芳叩首曰："芳土人，不乐拘束，愿得金帛作富家翁耳。"遂入宫，籍所有以献，余以予芳，满其欲焉。

由前观之，先生所以阳示不绝于彼者，阴欲有为于此。使当时积谷练兵，宁不启彼之疑而厚其毒。法曰"藏于九地之下，奋于九天之上"是也。其后以赀委叶芳者，则以夷治夷之法耳。先生心事如青天白日，用兵如风雨雷霆，本无可疑；何疑者之纷纷也！故表而出之。

70

荫子咨呈

蔡　文

正德十六年七月十八日，奉到兵部凤字二千八百八十号勘合内开一件捷音事，准武选司付奉本部连送该本部题送，准浙江布政司咨呈，据绍兴府申据余姚县申蒙本府纸牌，仰县速将都御史王承荫子侄应该之人取具无碍亲供，并官吏里邻人等不扶结状缴报等因，依蒙行据该隅里老吕时进等，勘得右副都御史王，任江西南、赣等处剿贼成功，钦承荫子一人，世袭锦衣卫百户，行县取具里老并本族亲供。今据前因，合将缴到王冕等供状一纸，系本县东北隅五里民籍，有侄，王守仁任江西南、赣等处右副都御史为剿贼成功钦承荫子王正宪，世袭锦衣卫百户，行县取具里老并本族亲供呈缴到部。查得先该提督南、赣都御史王奉称征剿江西南、赣等处贼寇，驱卒不过万余，用费不满三万，两月之间，俘斩六千有奇，破巢八十有四，渠魁授首，噍类无遗。该本部查议得都御史王躬亲督战，获有军功，所当先录，伏望圣明俯照节年平寇，升荫有功官员事例，将王照例升职荫子以酬其功等因具题。正德十三年四月十八日，节该奉圣旨："是。各官既剿贼成功，地方有赖，升右副都御史，荫子侄一人做锦衣卫，世袭百户，钦此。"查无本官应袭子侄姓名，已经备行原籍官司查取去后。又该提督南、赣军务右副都御史王奏报广东韶州府乐昌等县平贼捷音，内开擒斩首从贼人首级共二千八百九名颗，俘获贼属，并夺回被掳男妇五百名口等因。该本部查议得本官分兵设策，一旦剿平，厥功非细。本部议将王量加升级，于先荫子百户上再加升荫，以酬其功。伏蒙钦依，王守仁已因功升职，还赏银四十两，纻丝二表里。臣等以为王守仁累建奇功，各不相掩，今止给赏，似不足酬其功。合无王守仁量升俸给，于先荫子百户上量加升荫等因。本年十二月初三日具题。本月二十六日奉圣旨："王守仁累有成功，他男先荫职事上还加升一级，钦此。"又经备行钦遵讫，今据前因，久查升级事例，实授百户上加一级，该副千户通查案呈到部，欲将都御史王应荫子王正宪查照先奉钦依，加荫子侄一人做锦衣卫，世袭百户，再加。续奉钦依，加升一级，与做副千户，填注锦衣卫左所支俸。缘系查录恩荫，节奉钦依，王守仁荫子侄一人做锦衣卫，世袭百户，及他男先荫职上还加升一级事理等因。正德十五年三月初四日，少师兼太子太师本部尚书王等具题。次年四月二十五日，奉圣旨："是，钦此。"钦遵，拟合通行，为此合行浙江布政司转行绍兴府余姚县，著落当该官吏照依本部题奉钦依内事理，即便查取王正宪作速起程，前来赴任。

仍将本官起程日期，缴报施行。

处分家务题册
黄宗明

　　先师阳明先生夫人诸氏，诸无出，先生立从侄正宪为继。嘉靖丙戌，继室张氏生子名正聪，未及一岁，辄有两广之命，当将大小家务处分详明，托人经理。殁几一载，家众童僮不能遵守，在他日能保无悔乎？

　　宗明等因送先生葬回，太夫人及亲疏宗族子弟四方门人俱在，将先生一应所遗家务逐一禀请太夫人与众人从长计处，分析区画，以为闲家正始，防微杜渐之原。写立一样五本，请于按察司佥事王，绍兴府知府洪，用印钤记。一本留府，一本留太夫人，正宪、正聪各留一本，同志一本，永为照守。

　　先生功在社稷，泽被生民，道在宇宙，人所瞻仰。其遗孤嫠室，识与不识，无不哀痛，况骨肉亲戚，门生故旧，何忍弃之负之哉！凡我同事，自今处分之后，如有异议，人得与正，毋或轻贷。

同门轮年抚孤题单
薛　侃

　　先师阳明先生同祖兄弟五人：伯父之子曰守义、守智，叔父之子曰守礼、守信、守恭。同父兄弟四人：长为先师，次守俭、守文、守章。先师年逾四十，未有嗣子，择守信第五男正宪为嗣，抚育婚娶。嘉靖丙戌，生子正聪，明年奉命之广，身入瘴乡，削平反乱，遂婴奇疾，卒于江西之南安。凡百家务，虽预处分，而家众欺正聪年幼，不知遵守。吾侪自千里会葬，痛思先师平生忧君体国，拳拳与人为善之心，今日之事，宜以保孤安寡为先，区区田业，非其所重。若后人不体，见小失大，甚非所以承先志也。

　　及禀太夫人及宗族同门戚里，佥事汪克章，太守朱衮，酌之情礼，参以律令，恤遗孤以弘本，严内外以别嫌，分爨食以防微，一应所有，会众分析，具有成议。日后倘复恩典承袭，亦有成法。正聪年幼，家事立亲人管理，每年轮取同志二人兼同扶助，诸叔侄不得参挠。为兄者务以总家爱弟为心，以副恩育付托之重；为弟者务以嗣宗爱兄为心，以尽继志述事之美；为旁亲者亦愿公心扶植孤寡，以为家门之光。则先师在天之灵，庶乎其少慰矣。倘有疏虞，执此闻官。轮年之友，亦具报四方同门，咸为转达。明有宪典，幽有师灵，尚冀不爽。所有条宜，开具于后。

72

请恤典赠谥疏

薛 侃

礼科等科都给事中等官辛自修等题为开读事，伏睹诏书内一款："近年病故大臣有应得恤典而未得，亦有不应得而得者，科道官举奏定夺，钦此。"臣等公同面议，举得大学士杨廷和、蒋冕、石瑶，尚书王守仁、王廷相、毛澄、汪俊、乔宇、梁材、湛若水、喻茂坚、刘切、聂豹，侍郎吕柟、周广、江晓、程文德，少詹事王伟，祭酒王云凤、魏校、邹守益二十一人，奇勋大节，茂著于生前，令望高风，愈隆于身后，俱应得恤典而未得者。中间如吕柟，有祭葬而无谥，石瑶有谥而不足以尽其平生，俱应改拟补赐。又访得文臣中如曾铣、杨守谦、商大节、程鹏、朱方、张汉、王杲、孙继鲁八人，或志在立功，身遭重辟，或事存体国，罪累流亡，至今无问知与不知，皆痛惜之。臣等仰惟恩诏既恤得罪之臣，复举原终之典，而诸臣独以一时负罪，遂不得沾被洪慈，人心咸为悯恻。似应查复原官，量加优恤，以示褒答等因。奉圣旨："礼部看议来说，钦此。"

浙江等道监察御史王等题为开读事，伏睹诏书内一款："近年病故大臣有应得恤典而未得，亦有不应得而得者，科道官举奏定夺，钦此。"钦遵，臣等备行礼部祠祭司查取节年给过大臣恤典，并有请未给缘由，随行浙江等道，各公举所知，以奉明诏。续行祠祭司及各道手本开具各臣前来，臣等逐一会同详议。举得原任大学士杨廷和、蒋冕、石瑶，尚书王守仁、王廷相、湛若水、毛澄、汪俊、乔宇、梁材、喻茂坚、刘切、聂豹，侍郎吕柟、周广、江晓、程文德，少詹事黄佐，祭酒魏校、王云凤、邹守益等，即其立朝则大节不亏，溯其居身则制行无议，公是在人，不容泯没，俱应得恤典而未得者也。中间如吕柟，虽有恤典而未得赠谥，石瑶已有赠谥而未尽其人，似应得补赐改拟者也。又查得节年给过恤典，如尚书邵元节、陶仲文、顾可学、徐可成、甘为霖，侍郎郭文英、张电、朱隆僖等，或秽迹昭彰，人所共指，或杂流冒滥，法所不容，俱不应得而得者也。伏望敕下该部再加详议，将杨廷和、王守仁等应复官荫者复其官荫，仍给祭葬赠谥；吕柟准赐赠谥，以成恩礼；石瑶如法改拟，以符名实；其滥叨恩典，如邵元节、陶仲文先经刑部议处外，其顾可学等均为冒滥，名器可惜，合当追夺以昭明法者也。再照录忠恤罪，圣朝厚下之典也。观过而知仁，明主鉴物之公也。

臣等又访得如文臣之中如曾铣、杨守谦、商大节、翟鹏、朱方、张汉、王杲、孙继鲁等，究其罹祸之迹，原其为国之忠，生则未雪，死而益明。武臣之中如周尚文者，出谋宣力，功在边疆，恤典未给，人心称屈。兹当圣仁湛濡之时，正烦冤洗濯之会，诸臣之恤典，似当应给以广殊恩者也。再乞敕下该部，一并酌议，请自上裁，仍通行各该抚按，遵照诏书广求博访，凡大臣恤典，果有应得而未得，及不应得者，各宜悉心甄别，以宣上德。亦不得曲意徇物，滥及庸劣。庶几恩之所敷，潜晦不遗，义之所抑，回慝莫逃，劝惩之典行而风世之道备矣等因。奉圣旨："礼部看议来说，钦此。"

辨明功罚疏
薛　侃

南京户科给事中岑用宾一本开读事。臣惟国家之礼大臣，其生也固重其爵禄以宠异之，其殁也亦必优其恤典以旌褒之，所以示君臣一体之义，终始存殁无间也。然是恩宠之泽，予夺出自朝廷之上，忠良之臣固在所必加，其匪人恶德，亦不使得以幸及焉。盖加于忠良则为公，及于匪人则为僭，公而不僭，则君子以劝，小人以惩。此固人君奉天而不私，而实默寓劝惩之机于其间也。臣伏读皇上登极之诏，内一款有曰："一近年病故大臣，有应得恤典而未得，亦有不应得而得者，科道官举奏定夺，钦此。"臣有以仰见皇上之新政，固将欲使朝廷恩宠之大典，昭大公于天下万世也。臣备员南垣，敢不祗承德意哉？臣谨谘之搢绅，参之闻见，查得：

已故原任刑部尚书林俊，福建兴化府莆田县人，举成化戊戌科进士。历官四十余年，屡陈谠言，忠诚剀切，抗犯颜敢谏之节，尚简素清约之风。迭仆迭起，朝野推重。在四川则抚剿蓝、鄢之剧寇，在江西则裁制宁藩之逆萌，功尤不泯。暮年遭际，保终完名。居家构疾，具疏预辞。身后恤典，竟为不合者所忌，乘机排阻，至今公论惜之。

已故原任南京兵部尚书新建伯王守仁，浙江绍兴府余姚县人，举弘治己未科进士。筮仕三十余年，扬历中外，所至有声。而讨江西宸濠之叛，平广西思恩、田州及断藤、八寨之贼，功烈尤著。且博极经史，究心理学，倡明良知之训，洞畅本源，至今为人士所宗。不幸其殁也遽为忌者疏论，遂削去伯爵并恤典赠谥，迄今人以为恨。

已故原任南京兵部尚书湛若水，广东广州府增城县人，举弘治乙丑科进士。历官三十余年，立朝正大重厚，有休休有容之风；治事经纬详明，有济世匡时之略。尤倡明正学以接引后进为己任，自始至终，孜孜忘倦，凡所造就，

74

多为时名流。致仕家居逾二十载，寿考而终。其子孙曾陈乞恤典赠谥，未蒙先帝俞允，至今众论咸以为歉。

已故原任南京工部尚书吴廷举，广西横州府千户所人，举成化丁未科进士。历官四十余年，机略优长，节操素励，犯逆瑾之怒而刚正不回，谕桃源之寇而诚信久布。且始终一介不取，殁后殡殓无资，廉洁高风，古今鲜俪。访其赠谥，尚亦未与云。

已故原任户部侍郎唐胄，广东琼州府琼山县人，举弘治壬戌科进士。历官四十余年，始终正直，不少变易。迭任藩臬巡抚，劳代最多。在部建议陈言，忠谠更切。后以忤旨，被杖削籍，众皆冤之。昨吏部题请虽以复职赠官，而祭葬并谥未议，犹为缺典。

以上五臣，其任职先后虽稍不同，而负忠良重望则无二致。明诏所谓应得恤典而未得者，此其最也。

又查得已故原任礼部尚书顾可学，其先后居官，臣无暇论已。独其晚年挟持邪浮诞术，干求进用，因而滥叨恩赏，秽浊清曹，迄今舆论咸羞称之。其始而炼合秋石，继而炼制红铅，妄行进御，至使方士人等踵迹效尤。皇上所谓王金、陶仿等妄进药物，致损圣躬。臣愚以为若诛求首恶，则顾可学尤不容逭矣。其存日既幸逃刑宪，不与方士人等同就诛夷，则其死也，宁可复使之冒滥朝廷恩赉于泉下也哉？明诏所谓有不应得而得者，此诚其最也。

夫表扬善类，则天下皆知为善之利，排斥奸谀，则天下皆知肆恶之非，乃治世所不容缓者。伏乞敕下该部查议，如果臣言不谬，即将林俊、王守仁、湛若水、吴廷举、唐胄五臣，查照旧例，一体追补赠谥、祭葬、荫子等项；顾可学前后所冒官职赠荫等项尽行削夺。其王守仁伯爵应否承袭，并行集议题请，取自上裁。如此，庶乎予夺明而恩威不忒，赏罚当而劝惩以昭矣。

再照臣子冤抑，久当获伸，殊恩滥窃，终宜厘正。如已故原任吏部尚书李默，生平博雅能文，清修鲠介，居官守职，茂著风猷。止缘入柄铨曹，不阿权势，遂致奸人乘望风旨，竟尔挤排，含冤囹圄，赍志而死。今际遇昌时，彼泉壤之下宁无昭雪之望乎？已故原任江西副使汪一中，在昔统兵征剿，始而无料敌之明，继而无御敌之策，坐使狂寇冲突，命殒兵牙。较之守备不设，诚为一律。倘若悯其死事，姑不追论，存其官职，犹或可也，故隆忠赠荫，崇之貌祀，其为冒滥不已甚乎？当时与一中同事者，佥事王应时也。应时被虏回赎，寻冒升秩，旋被参论落职。观应时不当冒升，则一中不应赠荫明矣。再乞敕下该部查议，将李默一臣比照遗诏恤录之典，复其官职，加入赠祭，少雪冤魂；

将一中一臣遵照明诏不当得之旨，夺其赠荫祠祀，俾毋终辱明典。则予夺益彰，而淑慝益著，未必不为圣朝平明之治少裨也。奉圣旨："该部知道。"

请从祀疏
薛　侃

钦差提督学校巡按直隶监察御史臣耿定向谨题，为应明诏，乞褒殊勋，以光圣治事。恭惟皇上御极之初，诏下中外，搜剔幽滞，恤录往忠，鼓动寰宇。凡有血气者，靡不竞劝矣。伏思原封新建伯南京兵部尚书王守仁者，虽经科臣列举题请，顾其功在社稷，道启群蒙，是犹未可以概凡论也。臣敢特为陛下言之。

臣伏闻武宗初年，旧邸宦官有马永成、刘瑾等，时号"八虎"，置造淫巧，蛊惑上心；日进走马飞鹰，道为娱乐；不令亲近儒臣，讲学修德，耽废万几。时科道官谏不听，户部尚书韩文泣血苦谏不听，左右辅臣时时密谏不听，以致海内汹汹思乱，盗贼蜂起，天下骚动。江藩宸濠由此乘机窃发，谋危宗社，时非守仁在赣，倡义擒灭，今日之域中，殆有不忍言者矣。此其功在国论，章章较著，人所共明也。及宸濠既擒，太监张忠及许泰等复又诱惑武宗，以亲征为名，巡幸南都，其实阴怀异志，欲逞不轨。时宗社之危益如累卵矣。全赖守仁握兵上游，随机运变，各恶潜自震慑，武宗因得还京厚终，于以启先皇帝逮我皇上今日万世无疆之业。此其功甚钜，而为力尤难，其迹则甚隐矣。至其倡明道术，默赞化理，未易言述。即举所著拔本塞源一论，开示人心，犹为明切。如使中外大小臣工实是体究，则所以翊我皇上太平无疆之治者，尤非浅小。此其功则百千世可颂者也。在昔先皇帝入继大统，首议锡爵进秩，遣官存问，即欲召入密勿，以咨启沃。维时辅臣桂萼者妒其轧己，阴肆挤排，故荐令督师两广，竟使赍志以殁。寻复构煽，致削封爵。智士忠臣，至今扼腕悼叹而不置矣。

伏惟皇上俯垂轸念，敕下廷臣虚心集议，特赐复爵赠谥，从祀孔庙，万代瞻仰，甚盛举也。臣窃又伏思为此请，在国家诏功彝典，当如此耳。乃若笃忠效知之臣，其心惟愿国家永灵长之庆，而不愿有建功之赏；惟愿朝端协一德之交，而不乐有倡道之名。伏惟皇上省览及此，深惟往事之鉴，益弘保大之图。而左右臣工共明一体之学，顿消有我之私。则守仁之道即已表章于今日，而守仁之志即已获伸于九原矣。即今奕世阨穷，永言销灭，亦其所安。此守仁之心、亦微臣之心也。臣无任祝望激切陨越之至。为此专差舍人丁宪赍捧，谨题请旨。奉圣旨："礼部知道。"

题赠谥疏

薛　侃

　　吏部一本为开读等事，节该本部验封清吏司案呈奉本部送准礼部咨，该科道等官会举已故原任新建伯南京兵部尚书兼都察院左都御史王守仁等官各应得恤典等因。除祭葬照例给与外，据赠官备咨前来本部，俱经照例题奉钦依外，准吏部咨该翰林院接出揭帖某人等因，开送司案呈到部。查得赠谥官员例应给与诰命，本部欲行翰林院撰文中书舍人关轴书写，臣等未敢擅便开坐。谨题请旨。

　　计撰述官员。诰命轴。

　　原任新建伯南京兵部尚书兼都察院左都御史王守仁，今赠新建侯，谥文成。

　　原任少师兼太子太师吏部尚书华盖殿大学士杨廷和，今赠太保，谥文忠。

　　原任少傅兼太子太傅户部尚书谨身殿大学士蒋冕，今赠少师，谥文定。

　　原任太子太保吏部尚书兼武英殿大学士石瑶，今赠少保。

　　原任少保兼太子太保吏部尚书乔宇，今赠少傅，谥庄简。

　　原任太子太保兵部尚书兼都察院左都御史王廷相，今赠少保，谥肃敏。

　　原任太子太保兵部尚书聂豹，今赠少保，谥贞襄。

　　原任太子太保兵部尚书彭泽，今赠少保，谥襄毅。

　　原任太子少保户部尚书王杲，今赠少保。

　　原任太子少保户部尚书梁材，今赠太子太保，谥端肃。

　　原任礼部尚书汪俊，今赠太子少保，谥文庄。

　　原任刑部尚书喻茂坚，今赠太子少保。

　　原任刑部尚书刘玓，今赠太子少保。

　　原任刑部尚书林俊，今赠太子少保，谥贞肃。

　　原任南京工部尚书吴廷举，今赠太子少保，谥清惠。

　　原任南京兵部尚书湛若水，今赠太子少保。

　　原任兵部左侍郎张汉，今赠兵部尚书。

　　原任南京工部左侍郎程文德，今赠礼部尚书。

　　原任南京工部左侍郎何孟春，今赠礼部尚书，谥文简。

　　原任南京礼部右侍郎吕柟，今赠礼部尚书，谥文简。

　　原任兵部右侍郎兼都察院左副都御史曾铣，今赠兵部尚书，谥襄愍。

77

原任兵部右侍郎兼都察院右副都御史杨守谦，今赠兵部尚书，谥恪愍。

原任兵部右侍郎兼都察院右佥都御史商大节，今赠兵部尚书，谥端愍。

原任南京刑部右侍郎江晓，今赠工部尚书。

原任都察院右副都御史孙继鲁，今赠兵部左侍郎，谥清愍。

原任詹事府少詹事兼翰林院侍读学士黄佐，今赠礼部右侍郎。

原任都察院右佥都御史朱方，今赠都察院右副都御史。

原任南京国子监祭酒邹守益，今赠礼部右侍郎，谥文庄。

原任刑部左侍郎刘玉，今赠刑部尚书，谥端毅。

原任太子太保吏部尚书熊浃，今赠少保，谥恭肃。

原任太仆寺卿杨勔，今赠右副都御史，谥忠节。

原任左春坊左赞善罗洪先，今赠光禄寺少卿，谥文恭。

原任兵部员外郎杨继盛，今赠太常寺少卿，谥忠愍。

题遣官造葬照会
薛　侃

工部为开读事，书填堂字一千八百二十号勘合照会浙江布政司，仰比号相同，照依后开事件，作速完报施行，须至照会者。

计开一件开读事，屯田清吏司奉本部连送该本部题本司案呈奉本部送准礼部咨，该礼科等科都给事中等官辛自修等题前事，该本部看得大学士蒋冕性行朴忠，学识雅正。当武朝南巡之日，而协谋靖乱，其成康定之功；遇先皇继统之初，而秉正立朝，克效赞襄之职。乞身远引，似得进退之宜；洁己令终，无损平生之誉。新建伯兵部尚书王守仁，具文武之全才，阐圣贤之绝学。筮官郎署，而抗疏以犯中珰，甘受炎荒之谪；建台江右，而提兵以平巨逆，亲收社稷之功。伟节奇勋，久已见推于舆论；封盟恤典，岂宜遽夺于身终。尚书汪俊，秉刚介之性，持廉慎之操。筮仕词林而再蹶复起，生平之制行可知；继司邦礼，而百折不回，立朝之节概具见。洁己无惭于古道；归田见重于乡评。尚书乔宇，才猷博达，德量宏深。预计伐叛濠之谋，而留都赖之以不耸；持法落逆彬之胆，而奸萌藉此以潜消。入掌铨衡，公明懋著；晚归田里，誉望弥隆。左都督周尚文，志本忠勤，才尤清耿。深谋秘略，克成保障于云中；锐干强才，久震威名于阃外。近年良将，在所首称；身后恤典，委难报罢。以上诸臣，论其职任才猷，不无差等之别；要其官常人品，均为贤硕之俦：所当厚加恤典以优异者也。尚书喻茂坚，历官中外，积有年劳；守已始终，并无訾论。尚书王呆，持身清慎，任事刚方。谪死本无非罪，大节委有可加。以上二臣，所当照例给与祭葬者也。相应题请，合无将大学士蒋冕，尚书乔宇，左都督周尚文，各照例与祭九坛；新建伯王守仁与祭七坛；尚书汪俊与祭二坛；尚书喻茂坚与祭二坛；尚书王杲与祭四坛。移咨工部照依品级造坟安葬，及行各该布政使备办祭物香烛纸，就遣本司堂上官致祭等因。题奉圣旨："蒋冕、乔宇、周尚文、王守仁、汪俊各照例与祭葬，还同吕柟，俱与他谥；石瑶准改谥；其余都依拟行，钦此。"钦遵，咨部送司，查得先该本部为审时省礼，以宽民力事，议得病故大臣，照依今定后开价值，转行有司措办，给付丧家自行造葬，不必差官。中间果有功德昭彰，闻望素著，公私无过，或曾历边务，建立奇功，及经帷纂修，效劳年久，此等官员，合照旧例差官造葬。俱听本部临时斟酌，奏请定夺等因。题奉武宗皇帝圣旨："是，造坟开圹工料价银则例准拟，钦此。"已经通行钦遵去后，今该前因通查案呈到部，看得大学士蒋冕，尚书乔宇、王守仁、汪俊、喻茂坚、王杲，都督周尚文，俱功德昭彰，闻望素著，及效劳经帷修纂，并建立边功，俱应差官造葬。查得本部司属官员，各有差占，及查见今行人司并中书等衙门俱缺官，不敷委用。合候命下之日，容职等查顺便省分，行移事简衙门，查有应差官员或一人兼差二三省，本部照例各给批文定限。仍行兵部应付各官前去。各该布政司比号相同，著落当该官吏照依后开拟定价值派办。各该布政司仍委堂上官一员，会同本部委官，前去造坟处依式造葬。各毕日，备将夫匠价银数目，各该布政司类造黄册奏缴，青册送部查考等因。

隆庆元年六月初八日，少傅本部尚书雷等具题。本月初十日。奉圣旨："是，钦此。"钦遵，拟合通行，为此合连送司仰类行各该布政司，著落当该官吏照依本部题奉钦依内事例，钦遵造葬施行等因。连送到司，各付前去类填施行。

计开浙江布政司派办已故原任新建伯兼南京兵部尚书王守仁，系京二品文官，造坟工料价银二百五十两，夫匠一百五十名，每名出银一两，通共该银四百两正。右照会浙江等处承宣布政使司准此。隆庆元年六月十七日，对同都吏王宜开读事。右照会浙江布政司当堂开拆。

祭葬札付
薛 侃

浙江等处承宣布政使司为开读事，礼房准户部勘合科付承准礼部以字四千二百五十二号勘合照会前事，准祠祭清吏司付奉本部连送该本部题本司案呈奉本部送礼科都给事中等官辛自修等题，钦奉诏书内一款："近年病故大臣有应得恤典而未得，亦有不应得而得者，科道官举奏定夺，钦此。"臣等会同科道官复加询访，公同面议，举得尚书王守仁奇勋大节，茂著于生前；令望高风，愈隆于身后。应得恤典而未得者。伏乞敕下该部再加查议。如果恤典未给，将王守仁应复官荫者先复其官荫，仍给以祭葬赠谥等因。奉圣旨："礼部看议来说，钦此。"钦遵，钞出送司行，准吏部文选清吏司回称王守仁原任新建伯，兼南京兵部尚书；及准考功清吏司手本回称王守仁病故。各回报到司。

查得《大明会典》并见行事例，文官见任并致仕者，二品病故祭二坛。又查得凡伯爵管事有军功者，祭七坛，工部造坟安葬。又查得先为比例，乞恩赠谥事，节奉孝宗皇帝圣旨："今后有乞恩赠的，恁部里还要斟酌可否来说，务合公论，不许一概徇情，比例滥请，该科记著，钦此。"今该前因案呈到部，看得恤典一节，朝是所以崇奖贤哲，褒答忠劳，表章于既往，激劝于将来，其典至重，其法至严者也。若使有当得而不得，有不应得而滥得者，又何以示教戒于天下，而公是非于后世耶？

兹者躬遇我皇上嗣承大统，典礼鼎新，正人心争自濯磨之始。而明诏所及，特开厘正恤典一款。言官奉诏谘询，陈列上请，无非祇承明命，以公劝惩之意。相应议拟，为照新建伯兵部尚书王守仁具文武之全才，阐圣贤之绝学。莅官郎署，而抗疏以犯中珰，甘受炎荒之谪；建台江右，而提兵以平巨逆，亲收社稷之功。伟节奇勋，久已见推于舆论；封盟恤典，岂宜遽夺于身终。所当厚加恤典，以示优异者也。臣等参稽公论，查照事例明白，相应题请，合无将新建伯王守仁与祭七坛，照依品级造葬，仍乞赐谥易名，以表潜懿，其爵荫移咨吏部查议外，合候命下行翰林院撰祭文并拟谥号，工部差官造坟安葬，及行该布政司买办祭物、香、烛、纸。就遣本布政司堂上官致祭。恩典出自朝廷，臣等不敢定拟，伏乞圣裁等因。

隆庆元年四月二十七日，本部尚书兼翰林院学士高等具题。二十九日，节奉圣旨："王守仁照例与祭葬，还与他谥。钦此。"钦遵，拟合就行，为此合就连送，仰付该司类行浙江布政司转属支给官钱，买办祭物、香、烛、纸，就遣本布政司堂上官致祭。仍将用过官钱，开报户部知数。毋得因而科扰不便。连送别司，合付前去，烦为类填施行等因到司，案呈到部，拟合就行浙江布政司照依勘合内事理一体遵奉施行等因。备承移付，准此。拟合就行为此除外，札付本官照札备承照会内事理，即便转行该县支给官钱，买办祭物、香、烛、纸完备，择日申请本司分守该道亲诣致祭。施行毕日，将用过官钱，行过日期，明开动支何项银数，备造青黄文册三本申报，以凭转缴施行，毋得违错不便。须至札付者。

计开：

一、祭文

谕祭文

维隆庆年月日，皇帝遣本布政司堂上某官某谕祭原任新建伯兼兵部尚书赠新建侯王守仁。文曰：惟卿学达天人，才兼文武。拜官郎署，抗疏以斥权奸；拥节江西，仗义而讨凶逆。芟夷大难，茂著奇勋。又能倡绝学于将湮，振斯文于不坠。岂独先朝之名佐，实为当代之真儒。顾公评未定于生前，致恤典尚缺于身后。朕兹嗣统，特用颁恩，爵陟侯封，申锡酬功之命；谥加美号，庸彰节惠之公。冥漠有知，英灵斯烈。

首七等文

曰：惟卿学探洙、泗之奥，才为管、葛之侔。直节著于立朝，奇功收于定难。德既茂矣，勋莫尚焉。方膺显命以贲荣，遽罹谗言而褫爵。公评殊快，恩宠特加。首七莫追，载颂谕祭，服兹明湮，用慰幽灵。

终七、百日文同，但改“首七”为“终七”，又改“终七”为“百日”。

下葬等文

曰：惟卿学问闳渊，谋猷敏练。接千载圣贤之正脉，建万年社稷之奇功。久被浮言，莫伸国是。虽爵随身废，而名与道存。兹当窀穸之期，用贲幽泉之宠。歆兹彝典，奖尔忠魂。

期年、除服文同，但改“窀穸”为“周期”，又改为“禫除”。

一、祭品

猪一品。羊一腔。馒头五分。粉汤五分。果子五色。每色五斤。按酒五盘。凤鸡一只。炸骨一块。炸鱼一尾。酥饼酥馅。各四个。汤鸡一分。汤鱼一分。降真香一炷。烛一对。重一斤。焚祝纸。一百张。酒二瓶。

右札付绍兴府准此。入递不差人。

隆庆二年二月十三日对同通吏朱椿开读事。十四日申时发行绍兴府。札付押。十六日到府。

江西奏复封爵咨

任士凭

钦差巡抚江西等处地方、兼理军务、兵部右侍郎兼都察院右佥都御史任，为开读事，据江西布政司呈奉职按验准吏部咨前事，内开会同巡按御史，即查新建伯王守仁当宸濠倡乱之时，仗义勤王，奋身率众，中间分兵遣将，料敌设谋，斩获功次，擒缚渠魁等项，是否的有实迹可据；地方荡平之后，群情果否诵功；爵荫削除以来，群情果否称枉；即今应否准其子孙世袭。逐一备查明白，作速会奏施行等因。备咨前来，案行本司，会同司道查议详报。并蒙巡按江西监察御史苏案验奉都察院勘札同前事依奉行。

据南昌府呈，据南昌县申称，故牒府县儒师生，及唤通县耆民坊里陈一鸣等，并质之乡宦原任侍郎等官曾钧、丁以忠、刘伯跃、胡植等，逐一查结，得宸濠阴谋不轨，已将十年。蓄养死士，招集盗贼，一旦举事，势焰熏灼。于时本爵方任南赣都御史，往闽勘事。正德十四年六月十五日，行至丰城，闻变，即旋吉安。督率知府伍文定等调集军民兵快，约会该府乡官王懋中等，相与激发忠义，移檄远近，暴扬逆濠罪恶。于是豪杰响应，人始思奋，士民知有所恃而壮胆，逆党知有所畏而落魂。夫本爵官非守土，而讨逆之命又未下，一旦举大事，定大谋，此非忠愤激切，克惇大义者，不能也。

至七月初二日，逆濠留兵万余守江西省城，而自引兵向阙。本爵昼夜促兵，十五日会临江之樟树。十八日分布督遣知府伍文定等攻广润七门。二十二日破贼，尽擒逆恶。二十四日逼黄家渡。二十六日，逆濠就擒。不延时日，江省底定。此非谋略素定，料敌若神者，不能也。

夫逆濠，一大变也，以六月十四日起事，以七月二十六日荡平，兵不血刃，民不易市，即本爵之勋烈，诚与开国同称。迨先帝登极，大定公典，论江西首功，封本爵为新建伯，给券世袭。此固报功之盛典，而江右咸称快焉。继因平蛮病故，朝议南宁之事，霍韬、黄绾诸臣奏疏甚明。竟扼于众忌，而天下咸称枉焉。迩者为开读事，科道等官疏欲复其世袭，此公道之在人心，不容泯也。昔开国文臣刘基以武功封诚意伯，停袭百余年。嘉靖初，特取其的裔世袭。夫本爵学贯天人，才兼文武，忠揭日月，功维社稷，恩庇生民，拟之刘诚意，不相伯仲。傥蒙覆奏，准其世袭，扶植崇德报功之公道，兴起忠臣义士之世教等因。并据本县儒学生员王缉等结报相同，备申本府，转申到司。

据此，随该本司左布政使曹三旸，右布政使程瑶，会同按察使张柱，都司署都指挥佥事耿文光，分守南昌道左参政方弘静，分巡南昌道佥事严大纪，会看得原封新建伯王守仁，正德十四年督抚南、赣之时，于六月初九日，自赣起行，往福建勘事。

时宸濠谋为不轨，欲图社稷。本月十四日擅杀都御史孙燧，副使许逵，并执缚都、布、按三司官及府县等衙门大小官员，俱囚之，尽收在城各衙门印信，及搬抢各库藏一空，释放在城各司府县见监重因，舟楫蔽江而下，声言直取南京。

次日，本爵在于丰城舟中闻变，疾趋吉安，集兵勤王。行至中途，尤恐兵力未集，若宸濠速出，难以遮支，乃间谍扬言朝廷先知宁府将叛，行令两广、湖、襄都御史杨旦、秦金准兵部咨调遣各处兵马，暗伏要害地方，以伺宁府兵出袭杀；复取优人数辈，将公文各缝衣絮中，各与数百金以全其家，令其至伏兵处所，飞报窃发日期；将发间，又捕捉伪太师李士实家属至舟尾，令其觇知，本爵佯怒，令牵之上岸处斩，已而故纵之，令其奔报；宸濠逻获优人，果于衣絮中搜得公文，宸濠遂疑惧不敢即发。

十八日至吉安，督率本府知府伍文定，临江知府戴德孺，赣州知府邢珣，袁州知府徐琏等，调集军民，召募义勇，会计一应解留钱粮，支给粮饷，造作战船；奏留公差回任御史谢源、伍希儒，分职任事；约会致仕、养病、丁忧、闲住及赴部调用等项一应乡官，相与激劝忠义，晓谕祸福。又恐宸濠知其调度，觉其间谍，发兵速出，乃密使伪国师刘养正家属及平日与宸濠往来乡官阴致归附之意，以缓其出。直伺调度已定，乃移檄远近，宣布朝廷威惠，暴露宸濠罪恶。又度兵家决胜之机，不宜急冲其锋，须先复省城，捣其巢穴，贼闻必回兵来援，则出兵邀而击之，此全胜之策。于是佯示以自守不出之计。

七月初二日，宸濠留兵万余，使守江西省城，乃自引兵向安庆。本爵探知其出，遂星驰促各府兵，期以本月十五日会于临江之樟树镇。身督知府伍文定等兵径下，戴德孺等兵各依期奔集。十八日遂至丰城，分布哨道，约会齐攻省城广润七门。是日又探得宸濠伏兵于新旧坟厂，以备省城之援，乃密遣兵从间道袭破之，以摇城中。

十九日发市汊，二十日各兵俱至信地，我师鼓噪并进，绊绲而登，一时七门齐入，城遂破。擒其居守宜春王拱樤及伪太监万锐等千余人。宸濠宫中眷属纵火自焚。遂封府库，搜出原收大小衙门印信九十六颗。先上江西捷音疏。仍分兵四路追蹑。

宸濠攻围安庆未下，至是果解围归援省城，卒如本爵所料。于是议御寇之策，本爵断以宜先出锐卒乘其惰归，邀击以挫其锋，众将不战而自溃。遂遣知府伍文定等分道并进，击其不意，奋死殊战。贼大溃。因傍谕城中军民，虽尝受贼官爵，能逃归者，皆免死；能斩贼徒归降者，皆给赏。使内外居民及向导人四路传布，以解散其党。

二十三日，宸濠先锋至樵舍，风帆蔽江。本爵亲督伍文定等四面分布，以张其势。

二十四日，贼逼黄家渡。乃合兵交击，噪呼并进，贼大溃而奔。擒斩二千余级，落水死者以万数。贼气大沮，退保八字脑。

二十五日，伍文定等奋督各兵并进，炮及宸濠舟。贼又大溃。擒斩二千余级，溺水死者莫计其数。乃夜督伍文定等为火攻之具。邢珣等分兵四伏，期火发而合。

二十六日，宸濠方召群臣责其间不致死力者，将引出斩之，争论未决；我兵已四面云集，火及宸濠副舟，众遂奔散。宸濠与妃泣别，宫人皆赴水死。宸濠并其母子、郡王、将军、仪宾及伪太师、国师、元帅、参赞、尚书、都督、指挥、千百户等官数百人皆就擒矣。擒斩贼党凡三千余级，落水死者约三万余，所弃衣甲器仗财物与浮尸积聚横亘若洲。余贼数百艘四散逃溃。

二十七日，复遣官分兵，追剿殆尽。计先后擒斩首从贼人贼级并获宫人贼属、夺回被胁被虏、招抚畏服官民男妇等项共一万一千五百九十六名、颗、口。功成而事定矣。

先是本爵起兵吉安时，两上疏乞命将出师。蒙朝廷差安远伯朱泰即许泰，平虏伯朱彬即江彬，左都督朱晖即刘晖，太监张忠、张永等为总督、军务、赞画、机密等官体勘宸濠叛逆事情，前往江西。至中途，闻宸濠受擒，报捷至京。计欲夺功，乃密请驾亲征。江彬、许泰等乃倡言本爵始同宸濠谋叛，因见天兵亲讨，始擒宸濠，以功脱罪，欲并擒本爵以为己功。又谕本爵欲将宸濠放至城中，待驾至，列阵重擒。本爵不可，遂各引兵至南京候驾。本爵乃力疏请止亲征。

九月十一日，亲自谅带官军将宸濠并宫眷逆情重犯督解赴阙，扶病前进。行止浙江杭州府，又遇奏差太监张永赍驾帖，开称宸濠等待亲临地方覆审明白，具奏定夺。本爵遂按行浙江按察司转呈太监张永会同监军御史公同该省都、布、按三司等官，将见解逆首宸濠并宫眷等项，逐一交付明白转解。于是江彬等日夕谋欲夺功，欲反坐本爵，并擒为功，赖张永极力辩护得免。

时本爵功高望重，颇为当路所忌。正德十六年十二月内，该部题为捷音事，议封公伯爵，给与诰券，子孙世世承袭，赐敕遣官奖劳，锡以银币，犒以羊酒，封新建伯奉天翊卫推诚宣力守正文臣，特进光禄大夫柱国，兼南京兵部尚书参赞机务，岁支禄米一千石，三代并妻一体追封。本爵累疏辞免。

明年，嘉靖改元，本爵丁父忧，四方来游其门，讲学益众。科道官迎当路意，劾公伪学。服阕，例该起复，六年不召。江西辅臣有私憾本爵者，密为进谗以阻其进。嘉靖六年，广西岑猛倡乱，兵部论荐本爵总督四省军务，前去荡平，又成大功。时本部力参其擅离职役，及参其处置广西思、田、八寨事恩威倒置，又诋其擒宸濠时军功冒滥，乞命多官会议。明年，江西辅臣复进密揭，命多官会议。遂削世袭伯爵，并当行恤典，皆不沾被矣等因到职。

据此卷查先准吏部咨前事，已经案行该司，会同查议去后，今据前因，该职会同巡按江西监察御史苏朝宗参看得原任新建伯王守仁当宸濠叛逆之日，正督抚南、赣之时。宸濠之未发也，若非剿平浰头等巢，则勇智绝伦之徒皆为贼所用，必大肆蔓延之祸。及宸濠之既发也，若非行间以缓其出，则四方大兵之众，非朝夕可集，必难为扑灭之功。督伍文定，督戴德孺，督邢珣等饱歌协力，足见分兵遣将之能。系省城，系黄家渡，系樵舍，决胜若神，信有料敌设谋之智。斩获功次，具载于纪功之册，而擒缚渠魁，甚明于交割之文。且奋身率众之劳，皆历历可据，仗义勤王之举，尚昭昭在人。先与后擒，乃濠党利己之诬，本不足辨。而其中原以北，终不能攻陷金陵以据者，要皆本爵至微之谋。论之今日，江西死节皆蒙赠恤，生存皆获抚安，孰非本爵勤劳之举。地方荡平之后，诵功者载在口碑；爵荫削除以来，称枉者孚于士论。盖较之开国元勋，若非同事，而拟其奠安社稷，则与同功。但世袭之典事体重大，出自朝廷，非臣下所敢轻议。为此除具题外，今备前由，理合移咨贵部，烦请查照施行。须至咨者。

右咨吏部，隆庆元年十月十一日行说堂。十一月十三日到。

浙江巡抚奏复封爵疏
王得春

巡按浙江监察御史王题，为恳乞鉴忠义复袭爵，以光圣政事。

臣惟人臣报国之忠，致身之义，虽得之天性，然其所以鼓舞而激励之者，实赖君父在上有以握其机也。

臣会同提督军门赵，窃见原任新建伯王守仁，为浙江余姚人。方正德己卯宁庶人宸濠谋反时，守仁以南、赣巡抚提督军务，奉旨前往福建勘处叛军，道经丰城，闻变乃潜回吉安，遂与知府伍文定等，誓死讨贼。

当是时也，宸濠以数十年逆谋，发之一旦，远迩骇震，内而武宗皇帝左右近习，多昏酣宸濠赂遗，甚有与之交通者。外而孙燧、许逵同时被害，三司而下，多就拘囚。又遣其党，分收诸郡邑印信，逆焰所熏，视湖、湘、闽、浙不复在目中。帆墙东下，日蔽江塞，遂破南康、九江如摧枯拉朽。急攻安庆，直瞰留都。东南事势，亦孔棘矣。

守仁以书生，民非素属，地非统辖，兵非素练，饷非素具，徒以区区忠义，号召豪杰，仓卒调度，誓死讨贼。其报宸濠谋反疏曰："臣以区区之命，诚为讨贼之举，务使牵其举动，而使进不得前；捣其巢穴，而使退无所据。"夫观守仁血诚之言，其忠根诸天性者，固将昭日月而贯金石矣。而其牵举动、捣巢穴之见，智勇殊绝，视宸濠真为囊中物耳。宸濠固凶狡，竟莫能逃。继之南昌破，而巢穴平矣。宸濠返而渠魁执矣。不两月间，地方底宁，朝廷无征兵遣将之烦，地方臻反乱为治之效。此功在社稷，甚为奇伟。乃天祐国家，生此伟人，而其诚与才合，盖有追踪乎百代之上者矣。

使是时而非遇守仁，使守仁以南昌非故属，不以讨贼为己任；即使讨贼，张虚声，待奏报，而不速为扑灭之计。臣等知东南安危，未可必也。即使朝廷之上，闻变急图，遣将得人，供饷得人，调度得人，未免延缓日时。及其戡定，又不知所伤人命几何，所费粮饷几何，所费爵赏几何，所损国家之气几何，此守仁之功所以为大也。

奈何功虽成矣，而奸党忌嫉，不惟爵赏不及，抑且媒孽多方。又赖天祐我国家，不使忠义抱屈终身。幸遇世宗皇帝，入继大统，即位未几，首录守仁之功，封新建伯，世袭。部下伍文定等，升赏有差。当是之时，海内之人，又莫不以世宗皇帝，能赏忠义之勋，亦莫不以守仁之功，为足以当封爵而不愧也。

是时守仁虽膺封爵，徒淹家居，未尝一日柄用。嘉靖六年间，始起奉敕讨两广叛目。卢苏、王受等既平，以冲冒炎瘴病笃，具疏辞官，不待报而归，至江西南康地方病故。

夫以守仁江西之功论之，诚已竭夫报国之忠，以两广之还迹之，又未失夫致身之义，俱无可以议焉者。只以当时大臣，有忌其两广功成，疏中未叙己者，乃从中主议，谓其不俟命而行，非大臣体，遂有旨削袭爵。臣等尝为守仁冤之。何则？假使守仁诈病而归，与地方未平，而急身谋，诚为可罪。然地方已平矣，即不病，亦当听其辞归，以彰朝廷均劳大臣之义。矧地方已平，而又病，病又笃，卒死于道路，而人犹执其迹以罪之，冤亦甚矣。

兹幸我皇上御极，即位一诏，将使天下无一物不得其所。故凡平日内外大小臣工，或一言有益于国家，一行有益于生民者，无不恤录。若守仁者，其伯爵之袭，臣等固谓其为皇上新政第一事也。况经言官疏请，往复行勘，海内臣工，万口一词，咸以守仁伯爵当袭。臣等谬膺抚按浙江为守仁桑梓地，其得之公论，稽之群情，揆之国典，察诸守仁讨贼之心之功，其伯爵诚宜使袭，而不可泯者。且方今南北多事，北虏尤甚，皇上宵旰九重，内外大小臣工，非不兢兢图谋，思以陈见伐虏悃诚，而犁廷扫穴之绩，尚未有能奏者。臣等诚谓皇上宜籍守仁报国之忠，致身之义，皇上俯采公议，复其袭爵，将见内外大小臣工，莫不以守仁忠义不白于正德之季，我世宗皇帝能白之。又稍抑于嘉靖六七年间，我皇上今日又独能察而伸之。莫不相率激励于守仁之忠义，以报皇上矣。其为圣政之光，岂小哉！伏乞敕下吏部，再加查议节次，言官奏疏，亟为上请，守仁幸甚，天下幸甚。

缘系恳乞鉴忠义，复袭爵，以光圣政事理，为此具题。奉圣旨："吏部知道。"

题请会议复爵疏
王得春

吏部题为开读事，验封清吏司案呈，奉本部送吏科钞出巡抚江西等处地方兼理军务兵部右侍郎兼都察院右佥都御史任题云云等因，又该巡按江西监察御史苏等题同前事，俱奉圣旨："该部知道，钦此。"钦遵，按查先奉本部送准礼部咨，内开原任新建伯兼南京兵部尚书王守仁，具文武之全才，阐圣贤之绝学。筮官郎署，而抗疏以犯中珰，甘受炎荒之谪；建台江右，而提兵以平巨逆，亲收社稷之功。伟节奇勋，久已见推于舆论；封盟恤典，岂宜遽夺于身终。爵荫仍咨吏部查议施行等因到部，除新建伯王守仁照例追赠新建侯，已该本部具题，奉有谕旨外。所据世袭一节，当武庙之末造，江西宸濠突然称变，事关社稷。本爵亲调官兵，一鼓擒之，不动声色，措天下于太山之安，较之靖远、威宁之功，良亦伟矣。但因南宁之事，停袭岁久。一旦议复，事体重大，相应就彼再行查勘，以昭公论。已经备行移咨去后，今该前因，续该奉本部送吏科钞出，提督军务巡抚浙江等处地方都察院右佥都御史赵题云云等因。又该巡按浙江监察御史王题同前事。俱奉圣旨："吏部知道，钦此。"钦遵，钞送到司通查，按呈到部，查得王守仁以正德十四年讨平逆藩宸濠之乱，该本部题奉世宗皇帝圣旨："王守仁封新建伯，奉天翊卫推诚宣力守正文臣，特进光禄大夫柱国，还兼南京兵部尚书，照旧参赞机务，岁支禄米一千石，三代并妻一体追封，钦此。"嘉靖八年正月，内为推举才望大臣以安地方事，该本部会题，节奉钦依，王守仁伯爵姑终其本身，除通行钦遵外，今该前因案呈到部。看得爵人于朝，赏延于世，昔圣王所不能废。即如王守仁削平宸濠之变，功在社稷，岂有仅封伯爵、止终其身之理。所据南、北两京科道官，江、浙两省抚按官，交章论荐于四十年之后，实惟天下人心之公是。但事体重大，必须广延众论，本部难以独拟。合候命下，容臣等会同五府九卿科道等官从公详议，如果新建伯应该世袭，具实奏请，恭候宸断。缘系开读事理，谨题请旨。奉圣旨："是。"

会议复爵疏
杨　博

少傅兼太子太傅吏部尚书杨博题为开读事，验封清吏司案呈，奉本部送吏科钞出，巡抚江西等处都察院右佥都御史任题为开读事，据江西布政司呈奉职案验准吏部咨前事，内开会同巡按御史即查新建伯王守仁云云。臣等会同太师兼太子太师后军都督府掌府事成国公臣朱等、户部等衙门尚书等官马等，议得戡乱讨逆者，固人臣效忠之常，崇功懋赏者，实国家激劝之典。已故新建伯王守仁本以豪杰命世之才，雅负文武济时之略。方逆濠称兵南下也，正值武宗巡幸之时，虐焰薰灼，所至瓦解。天下之事，盖已岌岌矣。本爵闻变丰城，不以非其职守，急还吉安，倡义勤王。用敌间，张疑兵，得跋胡疐尾之算；攻南昌，击樵舍，中批亢捣虚之机。未逾旬朔而元凶授首，立消东南尾大之忧；不动声色而奸宄荡平，坐贻宗社磐石之固。较之开国佐命，时虽不同；拟之靖远、咸宁，其功尤伟。仰蒙先帝知眷，圭符剖锡之赏，已荣于生前；不幸后被中伤，山河带砺之盟，尚靳于身后。此诚四十年未备之缺典，海内人心，兴灭继绝，所望于皇上者，诚不浅也。先该南北科道官交章腾荐，公论益明；近该江、浙抚按官勘报相符，功次甚确。所据新建伯爵，臣等稽之令典，质之舆情，委应补给诰券，容其子孙承袭，以彰与国咸休，永世无穷之报。但爵封重大，系干特恩，臣等擅难定拟，伏乞圣裁。奉圣旨："你每既说王守仁有擒逆之功，著遵先帝原封伯爵与世袭，钦此。"钦遵，已经查取应袭儿男去后，今据浙江布政使司咨呈据绍兴府申据余姚县申，内开勘据该图里邻吕本隆等结，称王正亿见年四十三岁，原系南京兵部尚书都察院左都御史新建伯王守仁继妻张氏于嘉靖五年十二月十二日所生嫡长亲男，向因伊父先年节次剿平南、赣、乐昌等处山贼，恩荫一子，世袭锦衣卫副千户，本官见任前职，并非旁枝过继，亦无别项违碍，相应承袭伯爵等因。给文起送到司，拟合起送。为此除给批付本官亲赍赴部告投外，今将前项缘由同原来结状理合备送咨呈施行等因，到部送司。案呈到部，看得浙江布政使司查勘过见在锦衣卫副千户王正亿委系新建伯王守仁嫡长亲男，并无违碍，相应承袭一节，既经奉有前项明旨，合无将王正亿准其承袭新建伯伯爵，以后子孙世袭。但恩典出自朝廷，未敢擅便等因。隆庆二年十月二十五日，少傅兼太子太傅吏部尚书杨博等具题，本月二十七日奉圣旨："是，王正亿准袭伯爵，钦此。"

再议世袭大典
杨　博

　　吏部等衙门少傅兼太子太傅尚书等官杨博等题为恳乞圣明再议世袭大典，以服人心，以重名器等因。奉圣旨："该部知道，钦此。"钦遵，钞出到部，送司案查。先为开读事，该科道等官都给事中辛自修等及南京户科给事中岑用宾等各奏荐原任新建伯王守仁应复爵荫等因，该本部题奉钦依，备行江西抚按衙门查勘去后，续该江西抚按官任士凭等查勘得原任新建伯王守仁应复伯爵等因。又该浙江抚按官赵孔昭等会荐前来，随该本部题奉钦依，会同太师兼太子太师后军都督府掌府事成国公朱希忠等，户部等衙门尚书等官马森等，议得本爵一闻逆濠之变，不以非其职守，急还吉安，倡义勤王。未逾旬朔而元凶授首，立消东南尾大之忧；不动声色而奸宄荡平，坐贻宗社磐石之固。较之开国佐命，时虽不同；拟之靖远、威宁，其功尤伟。委应补给诰券，容其子孙承袭，以彰与国咸休，永世无穷之报等因。奉圣旨："你每既说王守仁有擒逆之功，遵著先帝原封伯爵与世袭，钦此。"钦遵，案呈到部，看得新建伯王守仁一事，始而江西抚按勘议，继而府部科道会议，揆之公论，似亦允协。乃今南京十三道官复有此奏，系干赏延重典，臣等难以独拟，合候命下，容本部仍照例会同在京应议各官覆议明白，具奏定夺，未敢擅便，伏乞圣裁等因。五月十五日，奏奉圣旨："是，钦此。"钦遵，查得诚意伯刘基食粮七百石，乃太祖钦定；靖远伯王骥一千石，新建伯王守仁一千石，系累朝钦定，多寡不同。今该前因，臣等会同太师兼太子太师后军都督府掌府事成国公朱希忠等，户部尚书刘体乾等，议得国家封爵之典，论功有六：曰开国，曰靖难，曰御胡，曰平番，曰征蛮，曰擒反。而守臣死绥，兵枢宣猷，督府剿寇，咸不与焉。盖六功者，关社稷之重轻，系四方之安危，自非茅土之封，不足报之。至于死绥宣猷剿寇，则皆一身一时之事，锡以锦衣之荫则可，概欲剖符，则未可也。窃照新建伯王守仁乃正德十四年亲捕反贼宸濠之功，南昌、南、赣等府虽同邦域，分土分民，各有专责，提募兵而平邻贼，不可不谓之倡义。南康、九江等处首罹荼毒，且进且攻，人心摇动，以藩府而叛朝廷，不可不谓之劲敌。出其不意，故俘献于旬月之间，若称怀迟疑，则贼谋益审，将不知其所终。攻其必救，故绩收乎万全之略，若少有疏虞，则贼党益繁，自难保其必济。肤功本自无前，奇计可以范后。靖远、威宁，姑置不论，即如宁夏安化之变，比之宸濠，难易迥绝。游击仇钺，于时得封咸宁伯，人无间言。同一藩服捕反，何独于新建伯而疑之乎？所据南京各道御史欲要改荫锦衣卫，于报功之典未尽，激劝攸关，难以轻拟。合无将王守仁男袭新建伯王正亿不必改议。以后子孙仍照臣等先次会题，明旨许其世袭。但予夺出自朝廷，臣等未敢定拟，伏乞圣裁。奉圣旨："王守仁封爵，你每既再议明白，准照旧世袭。"

卷三十九（上） 补遗

旧本未刊语录诗文

传习录拾遗 五十一条

本篇采自旅美华人学者陈荣捷先生所著《王阳明传习录详注集评·传习录拾遗》（台湾学生书局），本书采用时，只保留《拾遗》五十一条，原书篇首案语和注评均予删除。

1.千古圣人只有这些子。又曰："人生一世，惟有这件事。"

2.先生曰："良知犹主人翁，私欲犹豪奴悍婢。主人翁沉疴在床，奴婢便敢擅作威福，家不可以言齐矣。若主人翁服药治病，渐渐痊可，略知检束，奴婢亦自渐听指挥。及沉疴脱体，起来摆布，谁敢有不受约束者哉？良知昏迷，众欲乱行；良知精明，众欲消化，亦犹是也。"

3.先生曰："合着本体的，是工夫；做得工夫的，方识本体。"

4.薛尚谦、邹谦之、马子莘、王汝止侍坐，请问乡愿、狂者之辨。曰："乡愿以忠信廉洁见取于君子，以同流合污无忤于小人，故非之无举，刺之无刺。然究其心，乃知忠信廉洁所以媚君子也，同流合污所以媚小人也。其心已破坏矣，故不可与入尧舜之道。狂者志存古人，一切纷嚣俗染不足以累其心，真有凤凰千千仞之意，一克念，即圣人矣。惟不克念，故洞略事情，而行常不掩。惟行不掩，故心尚未坏而庶可与裁。"

曰："乡愿何以断其媚也？"曰："自其讥狂狷知之。曰：'何为踽踽凉凉？生斯世也，为斯世也，善斯可矣。'故其所为，皆色取不疑，所以谓之似。然三代以下，士之取盛名干时者，不过得乡愿之似而已。究其忠信廉洁，或未免致疑于妻子也。虽欲纯乎乡愿，亦未易得。而况圣人之道乎！"

曰："狂狷为孔子所思，然至乎传道，不及琴张辈，而传习曾子，岂曾子乃狂狷乎？"曰："不然。琴张辈，狂者之禀也。虽有所得，终止于狂。曾子，中行之禀也，故能悟入圣人之道。”

5.南逢吉曰：“吉尝以《答徐成之书》请问。先生曰：‘此书于格致诚正，及尊德性而道问学处说得尚支离。盖当时亦就二君所见者将就调停说过。细详文义，然犹未免分为两事也。’尝见一友问云：‘朱子以存心致知为二事。今以道问学为尊德性之功，作一事如何？’先生曰‘天命于我谓之性，我得此性谓之德。今要尊我之德性，须是道问学。如要尊孝之德性，便须学问个孝；尊弟之德性，便须学问个弟。学问个孝，便是尊孝之德性；学问个弟，便是尊弟之德性。不是尊德性之外，别有道问学之功；道学之外，别有尊德性之事也。心之明觉处谓之知，知之存主处谓之心，原非有二物。存心便是致知，致知便是存心，亦非有二事。’曰：‘存心恐是静养意，与道问学不同。’曰：‘就是静中存养，还谓之学否？若亦谓之学，亦即是道问学矣。观者宜以此意求之。’”

6.先生曰：“舜不遇瞽瞍，则处瞽瞍之物无由格；不遇象，则处象之物无由格。周公不遇流言忧惧，则流言忧惧之物无由格。故凡动心忍性，增益其所不能者，正吾圣门致知格物之学，正不宜轻易放过，失此好光阴也。知此则夷狄患难，将无入不自得矣。”

7.问：“据人心所知，多有误认欲作理，认贼作子处。何处乃见良知？”先生曰：“尔以为何如？”曰：“心所安处，才是良知。”曰：“固是，但要省察，恐有非所安而安者。”

8.先生自南都以来，凡示学者，皆令存天理、去人欲，以为本。有问所谓，则令自求之，未尝指天理为何如也。黄冈郭善甫挈其徒良吉，走越受学，途中相与辨论未合。既至，质之先生。先生方寓楼馈，不答所问，第目摄良吉者再，指所馈盂，语曰：“此盂中下乃能盛此馈，此案下乃能载此盂，此楼下乃能载此案，地又下乃能载此楼。惟下乃大也。”

9.一日，市中哄而诟。甲曰：“尔无天理。”乙曰：“尔无天理。”甲曰：“尔欺心。”乙曰：“尔欺心。”先生闻之，呼弟子，曰：“听之，夫夫哼哼讲学也。”弟子曰：“诟也，焉学？”曰：“汝不闻乎？曰‘天理’，曰‘心’，非讲学而何？”曰：“既学矣，焉诟？”曰：“夫夫也，惟知责诸人，不知反诸己故也。”

10.先生尝曰：“吾良知二字，自龙场以后，便已不出此意。只是点此二字不出。于学者言，费却多少辞说。今幸见出此意。一语之下，洞见全体，真是痛快，不觉手舞足蹈。学者闻之，亦省却多少寻讨功夫。学问头脑，至此已是说得十分下落。但恐学者不肯直下承当耳。”

又曰："某于良知之说，从百死千难中得来，非是容易见得到此。此本是学者究竟话头，可惜此理沦埋已久。学者苦于闻见障蔽，无入头处，不得已与人一口说尽。但恐学者得之容易，只把作一种光景玩弄，孤负此知耳。"

11.语友人曰："近欲发挥此，只觉有一言发不出。津津然含诸口，莫能相度。"久乃曰："近觉得此学更无有他，只是这些子，了此更无余矣。"旁有健羡不已者，则又曰："连这些子亦无放处。"今经变后，始有良知之说。

12.一友侍，眉间有忧思，先生顾谓他友曰："良知固彻天彻地。近彻一身，人一身不爽，不须许大事，第头上一发下垂，浑身即是为不快。此中那容得一物耶？"

13.先生初登第时，上《边务八事》，世艳称之。晚年有以为问者，先生曰："此吾少时事，有许多抗厉气。此气不除，欲以身任天下，其何能济？"或又问平宁藩。先生曰："只合如此做，但觉来尚有挥霍意。使今日处之，更别也。"

14.直问："许鲁斋言学者以治生为首务，先生以为误人，何也？岂士之贫，可坐守不经营耶？"先生曰："但言学者治生上，尽有工夫则可。若以治生为首务，使学者汲汲营利，断不可也。且天下首务，孰有急于讲学耶？虽治生亦是讲学中事。但不可以之为首务，徒启营利之心。果能于此处调停得心体无累，虽终日做买卖，不害其为圣为贤。何妨于学？学何贰于治生？"

15.先生曰："凡看书，培养自家心体。他说得不好处，我这里用得着，俱是益。只是此志真切。有昔郢人夜写书与燕国，误写'举烛'二字。燕人误解。烛者明也，是教我举贤明其理也。其国大治。故此志真切，因错致真，无非得益。今学者看书，只要归到自己身心上用。"

16.从目所视，妍丑自别，不作一念，谓之明。从耳所听，清浊自别，不作一念，谓之聪。从心所思，是非自别，不作一念，谓之睿。

17.尝闻先生曰："吾居龙场时，夷人言语不通，所可与言者中土亡命之流。与论知行之说，更无扞格。久之，并夷人亦欣欣相向。及出与士夫言，反多纷纷同异，扞格不入。学问最怕有意见的人，只患闻见不多。良知闻见益多，覆蔽益重。反不曾读书的人，更容易与他说得。"

18.先生用功，到人情事变极难处时，见其愈觉精神。向在洪都处张、许之变，尝见一书与邹谦之，云："自别省城，即不得复有相讲如虔中者。虽自己柁柄不敢放手，而滩流悍急，须仗有方 如吾谦之者持篙而来，庶能相助，更上一滩耳。"

93

19.门人有疑"知行合一"之说者。直曰:"知行自是合一。如今能行孝,方谓之知孝;能行弟,方谓之知弟。不是只晓得个'孝'字'弟'字,遽谓之知。"先生曰:"尔说固是。但要晓得一念发动处,便是知,亦便是行。"

20.先生曰:"人必要说心有内外,原不曾实见心体。我今说无内外,尚恐学者流在有内外上去。若说有内外,则内外益判矣。况心无内外,亦不自我说。明道《定性书》有云:'且以性为随物于外,则当其在外时,何者为在内?'此一条最痛快。"

21.或问:"孟子'始条理者,智之事,终条理者,圣之事'。知行分明是两事。"直曰:"要晓得始终条理,只是一个条理而始终之耳。"曰:"既是一个条理,缘何三子却圣而不智?"直曰:"也是三子所知分限只到此地位。"先生尝以此问诸友。黄正之曰:"先生以致知各随分限之说,提省诸生。此意最切。"先生曰:"如今说三子,正是此意。"

22.先生曰:"'易则易知。'只是此天理之心,则你也是此心。你便知得人人是此心,人人便知得。如何不易知?若是私欲之心,则一个人是一个心。人如何知得?"

23.先生曰:"人但一念善,便实实是好;一念恶,便实实是恶;如此才是学。不然,便是作伪。"尝问门人,圣人说"知之为知之"二句,是何意思?二友不能答。先生曰:"要晓得圣人之学,只是一诚。"直自陈喜在静上用功。先生曰:"静上用功固好,但终自有弊。人心自是不息。虽在睡梦,此心亦是流动。如天地之化,本无一息之停。然其化生万物,各得其所,却亦自静也。此心虽是流行不息,然其一循天理,却亦自静也。若专在静上用功,恐有喜静恶动之弊。动静一也。"直曰:"直固知静中自有知觉之理。但伊川《答吕学士》一段可疑。伊川曰:'贤且说静时如何?'吕学士曰:'谓之有物则不可,然自有知觉在。'伊川曰:'既有知觉,却是动也,如何言静?'"先生曰:"伊川说还是。"直因思伊川之言,分明以静中无知觉矣。如何谓伊川说还是?考诸晦翁亦曰:"若云知寒觉暖,便是知觉已动。"又思知寒觉暖,则知觉著在寒暖上,便是已发。所谓有知觉者,只是有此理,不曾著在事物,故还是静。然瞌睡也有知觉,故能做梦,故一唤便醒。槁木死灰,无知觉,便不醒矣。则伊川所谓"既有知觉,却是动也,如何言静",正是说静而无静之意,不是说静中无知觉也。故先生曰"伊川说还是"。

24.直问:"戒慎恐惧是致知,还是致中?"先生曰:"是和上用功。"曰:"《中庸》言致中和,如何不致中,却来和上用功?"先生曰:"中和一也。内无所偏倚，少间发出，便自无乖戾。本体上如何用功？必就他发处，才著得力。致和便是致中。万物育，便是天地位。"直未能释然。先生曰："不消去文义上泥。中和是离不得底。如面前火之本体是中，火之照物处便是和。举著火，其光便自照物。火与照如何离得？故中和一也。近儒亦有以戒惧即是慎独，非两事者。然不知此以致和即便以致中也。"他日崇一谓直曰："未发是本体，本体自是不发底。如人可怒。我虽怒他，然怒不过当，却也是此本体未发。"后以崇一之说问先生。先生曰："如此却是说成功。子思说发与未发，正要在发时用功。"

25.艾铎问："如何为天理？"先生曰："就尔居丧上体验看。"曰："人子孝亲，哀号哭泣，此孝心便是天理？"先生曰："孝亲之心真切处才是天理。如真心去定省问安，虽不到床前，却也是孝。若无真切之心，虽日日定省问安，也只与扮戏相似，却不是孝。此便见心之真切，才为天理。"

26.直问："颜子'择中庸'，是如何择？"先生曰："亦是戒慎不睹，恐惧不闻，就己心之动处，辨别出天理来。'得一善'，即是得此天理。"后又与正之论颜子"虽欲从之，末由也已"。正之曰："先生尝言：'此是见得道理如此。如今日用，凡视听言动，都是此知觉。然知觉却在何处？捉定不得。所以说"虽欲从之，末由也已"。颜子见得道体后，方才如此说。'"

27.直问："'物有本末'一条，旧说似与先生不合。"先生曰："譬如二树在此，一树有一树之本末。岂有以一树为本，一树为末之理？明德亲民，总是一物，只是一个工夫。才二之，明德便是空虚，亲民便是袭取矣。'物有本末'云者，乃指定一物而言。如实有孝亲之心，而后有孝亲之仪文节目。'事有终始'云者，亦以实心为始，实行为终。故必始焉有孝亲之心，而终焉则有孝亲之仪文节目。事长、事君，无不皆然。自意之所著谓之物，自物之所为谓之事。物者事之物，事者物之事也。一而已矣。"

28.先生曰："朋友相处，常见自家不是，方能点化得人之不是。善者固吾师，不善者亦吾师。且如见人多言，吾便自省亦多言否？见人好高，吾自省亦好高否？此便是相观而善，处处得益。"

29.先生曰："至诚能尽其性，亦只在人物之性上尽。离却人物，便无性可尽得。能尽人物之性，即是至诚致曲处。致曲工夫，亦只在人物之性上致，更无二义。但比至诚有安勉不同耳。"

30.先生曰："学者读书，只要归在自己身心上。若泥文著句，拘拘解释，定要求个执定道理，恐多不通。盖古人之言，惟示人以所向往而已。若于所示之向往，尚有未明，只归在良知上体会方得。"

31.先生曰："气质犹器也，性犹水也。均之水也，有得一缸者，得一桶者，有得一瓮者，局于器也。气质有清浊厚薄强弱之不同，然其为性则一也。能扩而充之，器不能拘矣。"

32.直问："'圣人情顺万事而无情。'夫子哭则不歌，先儒解为余哀未忘。其说如何？"先生曰："情顺万事而无情，只谓应物之主宰，无滞发于天理不容已处。如何便休得？是以哭则不歌。终不然，只哭一场后，便都是乐。更乐更无痛悼也。"

33.或问："致良知工夫，恐于古今事变有遗？"先生曰："不知古今事变从何处出？若从良知流出，致知焉尽之矣。"

34.先生曰："颜子'欲罢不能'，是真见得道体不息，无可罢时。若功夫有起有倒，尚有可罢时，只是未曾见得道体。"

35.先生曰："夫妇之与知与能，亦圣人之所知所能。圣人之所不知不能，亦夫妇之所不知不能。"又曰："夫妇之所与知与能，虽至圣人之所不知不能，只是一事。"

36.先生曰："虽小道必有可观。如虚无、权谋、术数、技能之学，非不可超脱世情。若能于本体上得所悟入，俱可通入精妙。但其意有所着，欲以之治天下国家，便不能通，故君子不用。"

37.童克刚问："《传习录》中以精金喻圣，极为明切。惟谓孔子分两不同万镒之疑，虽有躯壳起念之说，终是不能释然。"师不言。克刚请之不已。师曰："看《易经》便知道了。"克刚必请明言。师乃叹曰："早知如此起辨生疑，当时便多说这一千也得。今不自煅炼金之程色，只是问他人金之轻重。奈何！"克刚曰："坚若早得闻教，必求自见。今老而幸游夫子之门，有疑不决。怀疑而死，终是一憾。"师乃曰："伏羲作《易》，神农、黄帝、尧、舜用《易》，至于文王演卦于羑里，周公又演爻于居东。二圣人比之用《易》者似有间矣。孔子则又不同。其壮年之志，只是东周，故梦亦周公。尝曰：'文王既没，文不在兹乎？'自许自志，亦只二圣人而已。况孔子玩《易》，韦编乃至三绝，然后叹《易》道之精。曰：'假我数年，五十以学《易》，可以无大过。'比之演卦演爻者更何如？更欲比之用《易》如尧、舜，则恐孔子亦不自安也。其曰：'我非生而知之者。好古以求之者。'又曰：'若圣与仁，则吾岂敢？抑之为不厌。'乃其所至之位。"

38.先生曰："吾昔居滁时，见学者为口耳同异之辩，无益于得，且教之静坐。一时学者亦若有悟，但久之渐有喜静厌动、流入枯槁之病，故迩来只指破致良知工夫。学者真见得良知本体，昭明洞彻，是是非非，莫非天则，不论有事无事，精察克治，俱归一路，方是格致实功，不落却一边，故较来无出致良知。话头无病，何也？良知原无间动静也。"

39.曰："昔孔门求中行之士不可得。苟求其次，其惟狂者乎！狂者志存古人，一切声利纷华之染，无所累其衷，真有凤凰翔于千仞气象。得是人而裁之，使之克念，日就平易切实，则去道不远矣。予自鸿胪以前，学者用功尚多拘局。自吾揭示良知，头脑渐觉见得此意者多，可与裁矣！"

40.先生尝语学者曰："作文字亦无妨工夫，如'诗言志'，只看尔意向如何，意得处自不能不发之于言，但不必在词语上驰骋。言不可以伪为。且如不见道之人，一片粗鄙心，安能说出和平话？总然都做得，后一两句，露出病痛，便觉破此文原非充养得来。若养得此心中和，则其言自别。"

41.门人有欲汲汲立言者，先生闻之，叹曰："此弊溺人，其来非一日矣。不求自信，而急于人知，正所谓'以己昏昏，使人昭昭'也。耻其名之无闻于世，而不知知道者视之，反自贻笑耳。宋之儒者，其制行磊荦，本足以取信于人。故其言虽未尽，人亦崇信之，非专以空言动人也。但一言之误，至于误人无穷，不可胜救，亦岂非汲汲于立言者之过耶？"

42.先生与黄绾、应良论圣学久不明，学者欲为圣人，必须廓清心体，使纤翳不留，真性始见，方有操持涵养之地。应良疑其难。先生曰："圣人之心如明镜，纤翳自无所容，自不消磨刮。若常人之心，如斑垢驳蚀之镜，须痛磨刮一番，尽去驳蚀，然后纤尘即见，才拂便去，亦不消费力。到此已是识得仁体矣。若驳蚀未去，其间固自有一点明处，尘埃之落，固亦见得，才拂便去。至于堆积于驳蚀之上，终弗之能见也。此学利困勉之所由异，幸勿以为难而疑之也。凡人情好易而恶难，其间亦自有私意、气习缠蔽，在识破后，自然不见其难矣。古之人至有出万死而乐为之者，亦见得耳。向时未见得里面意思，此功夫自无可讲处。今已见此一层，却恐好易恶难，便流入禅释去也。"

43.孟源问："静坐中思虑纷杂，不能强禁绝。"先生曰："纷杂思虑，亦强禁绝不得，只就思虑萌动处省察克治，则天理精明后，有个'物各付物'的意思，自然精专，无纷杂之念。《大学》所谓'知止而后有定'也。"

44.一日，先生喟然发叹。九川问曰："先生何叹也？"曰："此理简易明白若此，乃一经沉埋数百年。"九川曰："亦为宋儒从知解上入，认识神为性体，故闻见日益，障道日深耳。今先生拈出良知二字，此古今人人真面目，更复奚疑？"先生曰："然！譬之人有冒别姓坟墓为祖墓者，何以为辨？只得开圹，将子孙滴血，真伪无可逃矣。我此良知二字，实千古圣圣相传一点骨血也。"

45.张元冲在舟中问："二氏与圣人之学所差毫厘，谓其皆有得于性命也。但二氏于性命中着些私利，便谬千里矣。今观二氏作用，亦有功于吾身者。不知亦须兼取否？"先生曰："说兼取便不是。圣人尽性至命，何物不具？何待兼取？二氏之用，皆我之用。即吾尽性至命中完养此身，谓之仙；即吾尽性至命中不染世累，谓之佛。但后世儒者不见圣学之全，故与二氏成二见耳。譬之厅堂，三间共为一厅，儒者不知皆我所用，见佛氏则割左边一间与之，见老氏则割右边一间与之，而己则自处中间，皆举一而废百也。圣人与天地民物同体，儒、佛、老、庄皆吾之用，是之谓大道。二氏自私其身，是之谓小道。"

46.郡守南大吉以座主称门生，然性豪旷，不拘小节。先生与论学有悟，乃告先生曰："大吉临政多过，先生何无一言？"先生曰："何过？"大吉历数其事。先生曰："吾言之矣。"大吉曰："何？"曰："吾不言，何以知之？"曰："良知。"先生曰："良知非吾常言而何？"大吉笑谢而去。居数日，复自数过加密，且曰："与其过后悔改，曷若预言不犯为佳也？"先生曰："人言不如自悔之真。"大吉笑谢而去。居数日，复自数过益密，且曰："身过可勉，心过奈何？"先生曰："昔镜未开，可得藏垢。今镜明矣，一尘之落，自难住脚。此正入圣之机也。勉之！"

47.先生曰："昔者孔子在陈，思鲁之狂士。世之学者，没溺于富贵声利之场，如拘如囚，而莫之省脱。及闻孔子之教，始知一切俗缘皆非性体，乃豁然脱落。但见得此意，不加实践，以入于精微，则渐有轻灭世故，阔略伦物之病。虽比世之庸庸琐琐者不同，其为未得于道一也。故孔子在陈思归以裁之，使入于道耳。诸君讲学，但患未得此意。今幸见此，正好精诣力造，以求至于道，无以一见自足，而终止于狂也。"

48.是月，舒柏有敬畏累洒落之问，刘侯有入山养静之问。先生曰："君子之所谓敬畏者，非恐惧忧患之谓也，'戒慎不睹，恐惧不闻'之谓耳。君子之所谓洒落者，非旷荡放逸之谓也，乃其心体不累于欲，无入而不自得之谓耳。夫心之本体，即天理也。天理之昭明灵觉，所谓良知也。君子戒惧之功，无时或间，则天理常存，而其昭明灵觉之本体，自无所昏蔽，自无所牵扰，自无所歉馁愧怍。动容周旋而中礼，从心所欲而不逾，斯乃所谓真洒落矣。是洒落生于天理之常存，天理常存生于戒慎恐惧之无间。孰谓敬畏之心，反为洒落累耶？"谓刘侯曰："君子养心之学，如良医治病，随其虚实寒热而斟酌补泄之，要在去病而已。初无一定之方，必使人人服之也。若专欲入坐穷山，绝世故，屏思虑，则恐既已养成空寂之性，虽欲勿流于空寂，不可得矣。"

49.德洪携二弟德周仲实读书城南，洪父心渔翁往视之，魏良政、魏良器辈与游禹穴诸胜，十日忘返。问曰："承诸君相携日久，得无妨课业乎？"答曰："吾举子业无时不习。"家君曰："固知心学可以触类而通，然朱说亦须理会否？"二子曰："以吾良知求晦翁之说，譬之打蛇得七寸矣，又何忧不得耶？"家君疑未释，进问先生。先生曰："岂特无妨？乃大益耳。学圣贤者，譬之治家：其产业、第宅、服食、器物，皆所自置。欲请客，出其所有以享之。客去，其物具在，还以自享，终身用之无穷也。今之为举业者，譬之治家：不务居积，专以假贷为功。欲请客，自厅事以至供具百物，莫不遍借。客幸而来，则诸贷之物一时丰裕可观；客去，则尽以还人，一物非所有也。若请客不至，则时过气衰，借贷亦不备，终身奔劳，作一窭人而已。是求无益于得，求在外也。"明年乙酉大比，稽山书院钱楩与魏良政并发解江、浙。家君闻之，笑曰："打蛇得七寸矣。"

50.樾方自白鹿洞打坐，有禅定意。先生目而得之，令举似。曰："不是。"已而稍变前语，又曰："不是。"已而更端，先生曰："近之矣。此体岂有方所？譬之此烛，光无不在。不可以烛上为光。"因指舟中曰："此亦是光，此亦是光。"直指出舟外水面曰："此亦是光。"樾领谢而别。

51.至吉安。诸生偕旧游三百余迎入螺川驿中，先生立谈不倦，曰："尧、舜生知安行的圣人，犹兢兢业业用困勉的工夫。吾侪以困勉的资质，而悠悠荡荡，坐享生知安行的成功，岂不误己误人？"又曰："良知之妙，真是'周流六虚，变通不居'。若假以文过饰非，为害大矣。"临别，嘱曰："工夫只是简易真切，愈真切愈简易，愈简易愈真切。"

武经七书评

孙子

始计第一

谈兵皆曰："兵，诡道也，全以阴谋取胜。"不知阴非我能谋人不见，人目不能窥见我谋也，盖有握算于未战者矣。孙子开口便说"校之以计而索其情"，此中校量计画，有多少神明妙用在，所谓"因利制权"，"不可先传"者也。

作战第二

兵贵"拙速"，要非临战而能速胜也，须知有个先着在，"校之以计而索其情"是也。总之不欲久战于外以疲民耗国，古善用兵之将类如此。

攻谋第三

兵凶战危，圣人不得已而用之者也。故孙子作《兵法》，首曰"未战"，次曰"拙速"，此曰"不战，屈人兵"。直欲以"全国"、"全军"、"全旅"、"全卒"、"全伍"。"全"之一字，争胜于天下。"上兵伐谋"，第校之以计而制胜之道而已。"辅周则国必强"，其在此将乎！

军始第四

"修道保法"，就是经之以五事。其胜也，"无智名，无勇功"，所谓"不战而屈人之兵"也。此真能先为"不可胜"，以"立于不败之地"者，特形藏而不露耳。

兵势第五

莫正于天地、江海、日月、四时，然亦莫奇于天地、江海、日月、四时者何？惟无穷，惟不竭，惟"终而复始"，惟"死而复生"故也。由此观之，不变不化，即不名奇，"奇正相生，如环无端"者，兵之势也。任势即不战而气已吞，故曰以"正合"、"奇胜"。

虚实第六

苏老泉云："有形势，便有虚实。"盖能为校计索情者，乃能知虚实；能知虚实者，乃能避实击虚，因敌取胜。"形兵之极，至于无形"，微乎神乎，此乃其所以"致人而不致于人"者乎！

军争第七

善战不战，故于军争之中，寓不争之妙。"以迂为直，以患为利"，"分合为变"，"悬权而动"；而必申之以避锐击惰，"以治"，"以静"，"无要"，"无击"，"勿向"，"勿逆"等语，所谓"校之以计而索其情"者，审也。匪直能以不争胜争，抑亦能不即危，故无失利。

九变第八

从古有治人无治法。国家诚得于"九变"之将，则于"五利"、"五危"之几，何不烛照数计，而又何覆军杀将之足虞乎？"智者之虑，杂于利害"，此正通于"九变"处，常见在我者有可恃，而可以屈服诸侯矣。

行军第九

"处军相敌"，是行军时事。"行令教民"，是未行军时事。然先处军而后相敌，既相敌而又无武进，所谓"立于不败之地"，而兵出万全者也。

地形第十

今之用兵者，只为求名避罪一个念头先横胸臆，所以地形在目而不知趋避，敌情我献而不为觉察，若果"进不求名，退不避罪"，单留一片报国丹心，将苟利国家，生死以之，又何愁不能"计险阨远近"，而"料敌制胜"乎？

九地第十一

以地形论战，而及"九地"之变，"九地"中独一"死地则战"，战岂易言乎哉？故善用兵者之于三军，"携手若使一人"，且如出一心，使人人常有"投之无所往"之心，则战未有不出死力者，有不战，战必胜矣。

火攻第十二

火攻亦兵法中之一端耳，用兵者不可不知，实不可轻发，故曰："非利不动，非得不用，非危不战；主不可以怒而兴师，将不可以愠而致战。"是为"安国全军之道"。

用间第十三

用间与乘间不同，乘间必间自人生，用间则间为我用。知此一法，任敌之坚壁完垒，而无不可破，横行直撞，直游刃有余了。总之，不出"校之以计而索其情"一语。

梅林曰：用间是制胜第一妙法，故孙子作十三篇，以此结之。其寓意远矣，有志当世者，不可不留心焉。

吴子

励士第六

吴子握机揣情，确有成画，俱实实可见之行事，故始用于鲁而破齐，纵入于魏而破秦，晚入于楚而楚伯。身试之，颇有成效。彼孙子兵法较吴岂不深远，而实用则难言矣。想孙子特有意于著书成名，而吴子第就行事言之，故其效如此。

司马法

天子之义第二

先之以教民，至誓师用兵之时，犹必以礼与法相表里，文与武相左右，即"赏罚且设而不用"，直归之"克让克和"，此真天子之义，能取法天地而观于先圣者也。

李卫公问答

问答下卷

李靖一书，总之祖孙、吴而未尽其妙，然以当孙、吴注脚亦可。

尉缭子

将理第九

将为理官，专重审囚之情，使关联良民，亦得无覆盆之冤，可谓"直进虞廷钦恤"之旨。

治本第十一

武禁文赏，要知文武二者不可缺一。

兵教上第二十一

习伏众神，巧者不过习者之门。兵之用奇，全自教习中来。若平居教习不素，一旦有急，驱之赴敌，有闻金鼓而色变，睹旌旗而目眩者矣，安望出死力而决胜乎？

兵令下第二十四

《尉缭》通卷论形势而已。

三略

中略

皇帝王霸四条，总是论君臣相与之道，而化工特带言之，中间直出"揽英雄之心"一语，末复以"揽英雄"一语结之，《三略》大义，了然心目矣。

下略

开口便曰："泽及于民，贤人归之。"结尾仍曰："君子急于进贤。"端的不出"务揽英雄"一语。

六韬

文韬

文师第一

看"嘿嘿昧昧"一语，而韬之大义，已自了然。

武韬

以此十二节为"文伐"，毋乃更毒于"武伐"乎？兵莫憯于志，安在其为文？文王圣人，不必言矣，即尚父鹰扬，何遂阴谋取胜至此？明是后世奸雄附会成书，读者可尽信乎？

梅林曰：养其乱臣，崇侯虎是也；进美女淫声，华氏女是也；遗良犬马，骊戎之文马是也。即末一节，而太公一一身行者，岂得谓之诬哉？

龙韬

五音第二十八

上古无有文字，皆由五行以制刚强。今兵家亦知法五行相克，以定方位日时，然而于审声知音，则概乎未有闻也。非聪明睿智、神武而不杀者，其孰能与于斯？

兵征第二十九

"望气"之说，虽是凿凿，终属英雄欺人。如所云"强弱征兆，精神先见"，则理实有之。

农器第三十

古者寓兵于农，正是此意。无事则吾兵即吾农，有事则吾农即吾兵，以佚待劳，以饱待饥，而不令敌人得窥我虚实，此所以百战而百胜。

虎韬

军用第三十一

兵中器用之数，正不嫌于详悉，可备考。

临境第三十六

梅林曰：自此至《垒虚》共七篇，体意相似，皆因事法，而又有法外之谋者。

大学古本傍释

大学之道，在明明德，在亲民，在止于至善。知止而后有定，定而后能静，静而后能安，安而后能虑，虑而后能得。物有本末，事有终始，知所先后，则近道矣。

明明德、亲民，犹修己安百姓。明德、亲民无他，惟在止至善，尽其心之本体，谓之止至善。至善者，心之本体；知至善惟在于吾心，则求之有定向。

古之欲明明德于天下者，先治其国；欲治其国者，先齐其家者，先修其身；欲修其身者，先正其心；欲正其心者，先诚其意；欲诚其意者，先致其知；致知在格物。

明明德于天下，犹《尧典》"克明峻德，以亲九族"，至"协和万邦"。心者身之主，意者心之发，知者意之体，物者意之用。如意用于事亲，即事亲之事格之，必尽夫天理，则吾事亲之良知无私欲之间而得以致其极。知致，则意无所欺而可诚矣；意诚，则心无所放而可正矣。格物如格君之格，是正其不正以归于正。

自天子以至于庶人，壹是皆以修身为本。

其本则在修身。知修身为本，斯谓知本，斯谓知之至。然非实能修其身者，未可谓之知修身也。修身惟在诚意，故特揭诚意，示人以修身之要。

所谓诚其意者：毋自欺也，如恶恶臭，如好好色，此之谓自谦，故君子必慎其独也。

诚意只是慎独工夫，只在格物上用，犹《中庸》之"戒惧"也。君子小人之分，只是能诚意与不能诚意。

此谓诚于中，形于外，故君子必慎其独也。

此犹《中庸》之"莫见莫显"。

曾子曰："十目所视，十手所指，其严乎！"

言此未足为严，以见独之严也。

富润屋，德润身，心广体胖，故君子必诚其意。

诚意工夫实下手处惟格物，引《诗》言格物之事。此下言格致。

诗云："瞻彼淇澳，菉竹猗猗。有斐君子，如切如磋，如琢如磨。瑟兮僩兮，赫兮喧兮。有斐君子，终不可諠兮。"

惟以诚意为主，而用格物之工，故不须添一"敬"字。

"如切如磋"者，道学也。

犹《中庸》之"道问学"、"尊德性"。

"赫兮喧兮"者，威仪也。

犹《中庸》之"齐明盛服"。

"有斐君子，终不可諠兮"者，道盛德至善，民之不能忘也。

格致以诚其意，则明德止于至善，而亲民之功亦在其中矣。

君子贤其贤而亲其亲，小人乐其乐而利其利，此以没世不忘也。

明德亲民只是一事。亲民之功至于如此，亦不过自用其明德而已。

康诰曰："克明德。"大甲曰："顾諟天之明命。"帝典曰："克明峻德。"皆自明也。

又说归身上。自明不已，即所以为亲民。

《诗》云："周虽旧邦，其命维新。"是故君子无所不用其极。

孟子告滕文公养民之政，引此诗云："子力行之，亦以新子之国。"君子

104

之明德亲民岂有他哉？一皆求止于至善而已。

子曰："于止，知其所止，可以人而不如鸟乎！"

止于至善岂外求哉？惟求之吾身而已。

诗云："穆穆文王，于缉熙敬止！"为人君，止于仁；为人臣，止于敬；为人子，止于孝；为人父，止于慈；与国人交，止于信。

又说归身上。

子曰："听讼，吾犹人也，必也使无讼乎！"

又即亲民中听讼一事，要其极，亦皆本于明德，则信乎以修身为本矣。又说归身上。

所谓修身在正其心者，身有所忿懥，则不得其正；有所恐惧，则不得其正；有所好乐，则不得其正；有所忧患，则不得其正。心不在焉，视而不见，听而不闻，食而不知其味。此谓修身在正其心。

修身工夫只是诚意。就诚意中体当自己心体，常令廓然大公，便是正心。此犹《中庸》"未发之中"。正心之功，既不可滞于有，又不可堕于无。

所谓齐其家在修其身者：人之其所亲爱而辟焉，之其所贱恶而辟焉，之其所畏敬而辟焉，之其所哀矜而辟焉，之其所敖惰而辟焉。故好而知其恶，恶而知其美者，天下鲜矣。故谚有之曰："人莫知其子之恶，莫知其苗之硕。"此谓身不修，不可以齐其家。

人之心体惟不能廓然大公，是以随其情之所发而碎焉。此犹"中节之和"。能廓然大公而随物顺应者，鲜矣。

所谓治国必先齐其家者，其家不可教而能教人者，无之。故君子不出家而成教于国：孝者，所以事君也；弟者，所以事长也；慈者，所以使众也。康诰曰："如保赤子"，心诚求之，虽不中不远矣。未有学养子而后嫁者也。一家仁，一国兴仁；一家让，一国兴让；一人贪戾，一国作乱。其机如此。此谓一言偾事，一人定国。尧舜帅天下以仁，而民从之；桀纣帅天下以暴，而民从之；其所令反其所好，而民不从。是故君子有诸己而后求诸人，无诸己而后非诸人。所藏乎身不恕，而能喻诸人者，未之有也。故治国在齐其家。诗云："桃之夭夭，其叶蓁蓁；之子于归，宜其家人。"宜其家人，而后可以教国人。诗云："宜兄宜弟。"宜兄宜弟，而后可以教国人。诗云："其仪不忒，正是四国。"其为父子兄弟足法，而后民法之也。此谓治国在齐其家。

又说归身上。亲民只是诚意。宜家人兄弟与其仪，不忒只是修身。

所谓平天下在治其国者：上老老而民兴孝，上长长而民兴弟，上恤孤而民

105

不倍，是以君子有絜矩之道也。

又说归身上。亲民工夫只是诚意。

有国者不可以不慎，辟则为天下僇矣。

惟系一人之身。

道得众则得国，失众则失国。是故君子先慎乎德。

又说归身上。修身为本。

道善则得之，不善则失之矣。

惟在此心之善否。善人只是全其心之本体者。

秦誓曰：若有一介臣，断断兮无他技，其心休休焉，其如有容焉。人之有技，若己有之，人之彦圣，其心好之，不啻若自其口出，寔能容之，以能保我子孙黎民，尚亦有利哉。

此是能诚意者。

人之有技，媢疾以恶之，人之彦圣，而违之俾不通，寔不能容，以不能保我子孙黎民，亦曰殆哉。

是不能诚意者。

唯仁人放流之，迸诸四夷，不与同中国。此谓唯仁人为能爱人，能恶人。

仁是全其心之本体者。

大学古本原序

庚辰春，王伯安以《大学》古本见惠，其序乃戊寅七月所作。序云：

《大学》之要，诚意而已矣。诚意之功，格物而已矣。诚意之极，止至善而已矣。正心，复其体也；修身，著其用也。以言乎己，谓之明德；以言乎人，谓之亲民；以言乎天地之间，则备矣！是故至善也者，心之本体也；动而后有不善。意者，其动也；物者，其事也。格物以诚其意，复其不善之动而已矣！不善复而体正，体正而无不善之动矣！是之谓止至善。圣人惧人之求之于外也，而反覆其辞。旧本析而圣人之意亡矣！是故不本于诚意，而徒以格物者，谓之支；不事于格物，而徒以诚意者，谓之虚；支与虚，其于至善也远矣！合之以敬而益缀，补之以传而益离。吾惧学之日远于至善也，去分章而复旧本，傍为之什，以引其义，庶几复见圣人之心，而求之者有其要。噫！罪我者其亦以是矣夫！

新安吴氏家谱序

正德二年，予以劾瑾被谴。同年，吴子清甫亦以劾瑾落职。心一遇同，相得欢甚，朝夕谈道，上下古今时事，未尝不为之慨叹。一日，清甫以家谱属序，传示后人。顾予越之鄙人也，言何足重哉？

夫一族千万人，其初兄弟也，兄弟其初一人也。一人之心，固以千万人之心为心，千万人之心其能以一人之心为心乎？谱之作也，明千万人本于一人，则千万人之心当以一人之心为心。子孝父，弟敬兄，少顺长，而为父兄长者亦爱其子弟。少者贫而无归也，富者收之；愚而无能也，才者教之。贵且富者，不以加其宗族患难恤而死丧赙也。千万人惟一心，以此尽情，而谱善矣。世之富贵者自乐其身，留遗子孙，而族人之饥寒，若越人不视秦人，略不加之意焉，焉用谱为哉？

故善保其国者可以永命，善保其族者可以世家。清甫欲世其家，亦善保其族而已矣。予闻清甫祖父赈穷周乏，施惠焚券，先亲族而后仁民，盖有古忠厚长者之风焉。以此传后，子孙必有蕃且昌者。

清甫讳淳，与予同登弘治己未进士。今以江西道监察御史退居林下。其家世阀阅之详载谱书，不及赘云。

正德二年秋月，年生古越阳明子王守仁撰。

竹桥黄氏续谱序

黄氏之先，以国为氏，族属既繁，分散四方者益众。竹桥始祖万二府君，为金兵作乱，自徽之婺源迁于慈溪凤凰山竹墩之地。居未二世，又迁于余姚官塘浦竹桥之西。至是十六世，子孙众盛，衣冠礼仪蔚然有称，岂非黄氏之望族欤？近有族之胤曰夔者，以俊秀选为郡庠生，负笈稽山书院从予游，苦志励业，学以有成。暇日言及父进士，表章谱牒，遗文行义，求予一言序之。予辞之不得，按其祖伯川公谱系，乃七世祖福二公，至元季泰定间，以进士任余姚州州判，历任九年。其长子德彰，登至顺间进士，任浙江承宣司使；次子德顺，应元制擢任鄞县教谕；三子德泽，以武举历任副元帅，镇守定海有功，敕封都督元帅。是皆竹桥之望闻于世者也。其他子孙孝友推于乡，惠爱孚于人者比比。谱牒具存，了然在目，可得见也。夔方锐志科目，而能急急以挈先德为念，其知所重者哉。嗟夫！人之行莫大于孝，孝莫大于尊祖敬宗。夔能及此而益勉之弗懈，尚何德之弗修，行之弗饬，功业弗底于大且远哉！孔子曰："夫孝，德之本也，教之所由生也。"异时名立政成，耀后而光前，俾人称黄氏贤子孙者，爨也。夫姑以是为序，用勖之。正德十六年八月既望，赐进士出身前资德大夫兵部尚书新建伯阳明王守仁撰。

送日东正使了庵和尚归国序

世之恶奔竞而厌烦挈者，多遁而之释焉。为释有道，不曰清乎？挠而不浊，不曰洁乎？狎而不染，故必息虑以浣尘，独行以离偶，斯为不诡于其道也。苟不如是，则虽皓其发、缁其衣、焚其书，亦逃祖繇而已耳，乐纵诞而已耳，其于道何如耶！

今有日本正使堆云桂悟字了庵者，年逾上寿，不倦为学，领彼国王之命，来贡珍于大明。舟抵鄞江之浒，寓馆于鄞。予尝过焉，见其法容洁修、律行坚巩，坐一室，左右经书，铅朱自陶，皆楚楚可观，非清然乎！与之辨空，则出所谓预修诸殿院之文，论教异同，以并吾圣人，遂性闲情安，不哗以肆，非净然乎！且来得名山水而游，贤士大夫而从，靡曼之色不接于目，淫哇之声不入于耳，而奇邪之行不作于身，故其心日益清，志日益净，偶不期离而自异，尘不待浣而已绝矣。兹有归思，吾国与之文字以交者，若太宰公及诸缙绅辈，皆文儒之择也，咸惜其去，各为诗章，以艳饰回躅，固非贷而滥，吾安得不序！

皇明正德八年岁在癸酉五月既望，余姚王守仁书。

镇远旅邸书札

别时不胜凄惘，梦寐中尚在西麓，醒来却在数百里外也。相见未期，努力进修，以俟后会。即日已抵镇远，须臾放舟行矣。相去益远，言之惨然。书院中诸友不能一一书谢，更俟后便相见，望出此问致千万意。守仁顿首。

高鸣凤、何廷远、陈寿宁劳远饯，别为致谢，千万千万！行时闻范希夷有恙，不及一问，诸友皆不及相别。出城时遇二三人于道傍，亦匆匆不暇详细，皆可为致情也。所买锡，可令王祥打大碗四个，每个重二斤，须要厚实大朴些方可，其余以为蔬楪。粗瓷碗买十余，水银摆锡箸买一二把。观上内房门，亦须为之寄去盐四斤半，用为酱料。朱氏昆季亦为道意。阎真士甚怜，其客方卧病，今遣马去迎他，可勉强来此调理。梨木板可收拾，勿令散失，区区欲刻一小书故也，千万千万！

文实、近仁、良丞、伯元诸友均此见意，不尽别寄也。仁白。

惟善秋元贤友。

汪原铭合枳术丸乃可，千万千万！

张时裕、向子佩、越文实、邹近仁、范希夷、郝升之、汪原铭、李惟善、陈良丞、汤伯元、陈宗鲁、叶子苍、易辅之、詹良丞、王世丞、袁邦彦、李良丞列位秋元贤友，不能尽列，幸意亮之！

祭外舅介庵先生文

维弘治八年，岁次乙卯，夏四月甲寅朔，寓金台甥王守仁帅妻诸氏南向泣拜，驰奠于故山东布政使司左参政岳父诸公之灵曰：

呜呼痛哉！孰谓我公，而止于斯，公与我父，金石相期。公为吏部，主考京师，来视我父，他方儿嬉。公曰："尔子，我女妻之。"公不我鄙，识我于儿。服公之德，感公之私。悯我中年，而失其慈。慰书我父，教我以时。弘治己酉，公参江西，书来召我，我父曰："咨，尔舅有命，尔则敢迟。"甫毕姻好，重艰外罹，公与我父，相继以归。公既服阕，朝请于京，我滥乡举，寻亦北行。见公旅次，公喜曰："甥，尔质则美，勿小自盈。"南宫下第，我弗我轻，曰利不利，适时之迎，屯塞屈辱，玉汝于成。拜公之教，夙夜匪宁。从公数月，启我愚盲。我公是任，语我以情，此职良苦，而我适丁。予谓利器，当难则呈。公才虽屈，亦命所令。公曰："戏耳，尔言则诚。"临行恳恳，教我名节，踯躅都门，抚励而别。孰谓斯行，遽成永诀。呜呼痛哉！别公半载，政誉日彻，士论欢腾，我心则悦。昨岁书云，有事建业。五六月余，音问忽绝，久乃有传，便道归越，继得叔问，云未起辙，窃怪许时，必值冗结，孰知一疾，而已颓折。西江魏公，讣音来忽，仓剧闻之，惊仆崩裂。以公为人，且素无疾。谓必谗言，公则谁嫉；谓必讹言，讹言易出。魏公之书，二月六日，后我叔问，一旬又七。往返千里，信否叵必。是耶非耶？曷从而悉。醒耶梦耶？万折或一。韩公南来，匍匐往质，韩曰其然，我吊其室。呜呼痛哉！向也或虚，今也则实，孰谓我公，而果然也。天于我公，而乃尔耶？公而且然，况其他耶？公今逝矣，我曷望耶？廷臣佥议，方欲加迁。奏疏将上，而讣忽传。呜呼痛哉！今也则然。公身且逝，外物奚言。公之诸子，既壮且贤。谅公之逝，复亦何悬。所不瞑者，二庶髫年。有贤四兄，必克安全。公曾谓予，我兄无嗣，欲遣庶儿，以承其祀。昔也庶一，今遗其二；并以继绝，岂非公意？有孝元兄，能继公志，忍使公心，而有勿遂。令人悲号，苏而复颠。迢迢万里，涯天角地，生为半子，死不能襚，不见其枢，不哭于次，痛绝关山，中心若刺。我实负公，生有余愧，天长地久，其恨曷既。我父泣曰："尔为公婿，宜先驰奠，我未可遽。"哀

109

绪万千，实弗能备，临风一号，不知所自。呜呼哀哉！呜呼痛哉！尚飨！

祭张淑人文

维正德十六年，岁次辛巳，十二月己卯朔，越十日己丑，女婿南京兵部尚书王守仁，仅以刚鬣柔毛之奠，敢告于岳母诸太夫人张氏曰：

呜呼！生死常道，有生之所不免也。况如夫人寿考康宁，而子孙之众多且贤耶，亦又何憾矣！而儿女之悲，尚犹有甚割者，非情也哉！死者以入土为安，弥月而葬，礼也。而群子姓之议，殊有所未忍。守仁窃以为宜，勉从礼制。且岳父介庵公之藏，亦以是月壬寅卜迁于兆左，因而合焉。生死之礼无违，幽明之情两得，不亦可乎！群子姓以为然。遂以是月庚寅举大事。日月不居，灵輴于迈，一奠告诀，痛割心膂。言有尽而意无穷。呜呼！尚飨！

南野公像赞

禀性冲和，存心仁恕，德之不喜，怒之不罄。彼趋者利，我笃于义；彼附者势，我遇则避。折券于友，代逋于公。玩世则弈，陶情乃吟。乐天雅趣，驾古轶今。

白野公像赞

冰玉其姿，芝兰其德。有凤凰翔乎千仞之志，具鹍鹏摇乎九万之翼。声闻夙著，青紫易得。胡泮林之翱翔，竟棘闱之终蹶。噫！不发于其身，必发于其子孙，以奋扬乎先德。

和大司马白岩乔公诸人送别

太常白楼吴公、大司成莲北鲁公、少司成双溪汪公，相与集饯于清凉山，又饯于借山亭，又再饯于大司马第，又出饯于龙江，诸公皆联句为赠，即席次韵奉酬，聊见留别之意。

未去先愁别后思，百年何地更深知？今宵灯火三人座，他日缄书一问之。漫有烟霞刊肺腑，不堪霜雪妒须眉。莫将分手看容易，知是重逢定几时？

谪乡还日是多余，长拟云山信所知。岂谓尚悬苍水佩，无端又领紫泥书。豺狼远遁休为梗，鸥鹭初盟已渐虚。他日姑苏饭旧隐，总拈书籍便移居。

寒事俄惊蟋蟀先，同游刚是早春天。故人愈觉晨星少，别话聊凭杯酒筵。戎马驱驰非旧日，笔床相对又何年？不因远地疏踪迹，惠我时裁金玉篇。

110

无补涓埃愧圣朝，漫将投笔拟班超。论交义重能相负？惜别情多屡见招。地入风尘兵甲满，云深湖海梦魂遥。庙堂长策诸公在，铜柱何年打旧标？

孤航渺渺去钟山，双阙回首杳霭间。吴苑夕阳临水别，江天风雨共秋还。离怀远地书频寄，后会何时鬓渐斑。今夜梦魂汀渚隔，惟余梁月照容颜。

阳明山人王守仁拜手，书于龙江舟中。余数诗，诗稿亡，不及录，容后便求得补呈也。守仁顿首。

阳明子功烈气节文章，皆居第一，时多讲学一事，为众口所訾。善夫西坡先生之言也，曰："阳明以讲学故，毁誉迭见于当时，是非几混于后世，至谓其得宁邸金，初通宸濠，策其不胜而背之，此谤毁之余唾，不足拾取。"斯持平之论乎！龙江留别诗卷，乃将之官南、赣而作。是时宸濠反状未露，而公已滋殷忧，故诗中节有"戎马驱驰"、"风尘兵甲"等语。而又云"庙堂长策诸公在"，其后卒与乔庄简犄角成功，盖公审之于樽俎间久矣。诗律清婉，书亦通神，宜为西坡先生所爱玩。岁在癸未二月戊寅朏，秀水朱彝尊年七十五书。

游白鹿洞歌

何年白鹿洞，正傍五老峰。五老去天不盈尺，俯窥人世烟云重。我欲揽秀色，一一青芙蓉。举手石扇开半掩，绿鬟玉女如相逢。风雷隐隐万壑泻，凭崖倚树闻清钟。洞门之外百丈松，千株化尽为苍龙。驾苍龙，骑白鹿，泉堪饮，芝可服，何人肯入空山宿？空山空山即我屋，一卷《黄庭》石上读。

辛巳三月书此，王守仁。

咏钓台石笋

云根奇怪起双峰，惯历风霜几万冬。春去已无斑箨落，雨余唯见碧苔封。不随众卉生枝节，却笑繁花惹蝶峰；借使放梢成翠竹，等闲应得化虬龙。

游雪窦

平生性野多违俗，长望云山叹式微；暂向溪流濯尘冕，益怜薜萝胜朝衣。林间烟起知僧住，岩下云开见鸟飞；绝境自余麋鹿伴，况闻休远悟禅机。

穷山路断独来难，过尽千溪见石坛；高阁鸣钟僧睡起，深林无暑葛衣寒。鳌雷隐隐连岩瀑，山雨森森映竹竿；莫讶诸峰俱眼熟，当年曾向画图看。

僧居俯瞰万山尖，六月凉飚早送炎。夜枕风溪鸣急雨，晓窗宿雾卷青帘。开池种藕当峰顶，架竹分泉过屋檐。幽谷时常思豹隐，深更犹自愧蛟潜。

卷三十九（中） 传记增补·祭文增补

传记增补

明史王守仁传
张廷玉

　　王守仁，字伯安，余姚人。父华，字德辉，成化十七年进士第一，授修撰。弘治中，累官学士、少詹事。华有器度，在讲幄最久，孝宗甚眷之。李广贵幸，华讲《大学衍义》，至唐李辅国与张后表里用事，指陈甚切，帝命中官赐食劳焉。正德初，进礼部左侍郎。以守仁忤刘瑾，出为南京吏部尚书，坐事罢。旋以《会典》小误，降右侍郎。瑾败，乃复故，无何，卒。华性孝，母岑年逾百岁卒。华已年七十余，犹寝苫蔬食，士论多之。

　　守仁娠十四月而生。祖母梦神人自云中送儿下，因名云。五岁不能言，异人拊之，更名守仁，乃言。年十五，访客居庸、山海关。时阑出塞，纵观山川形胜。弱冠举乡试，学大进。顾益好言兵，且善射。登弘治十二年进士。使治前威宁伯王越葬，还而朝议方急西北边，守仁条八事上之。寻授刑部主事。决囚江北，引疾归。起补兵部主事。

　　正德元年冬，刘瑾逮南京给事中御史戴铣等二十余人。守仁抗章救，瑾怒，廷杖四十，谪贵州龙场驿丞。龙场万山业薄，苗、僚杂居。守仁因俗化道，夷人喜，相率伐木为屋，以栖守仁。瑾诛，量移庐陵知县。入觐，迁南京刑部主事，吏部尚书杨一清改之验封。屡迁考功郎中，擢南京太仆少卿，就迁鸿胪卿。

　　兵部尚书王琼素奇守仁才。十一年八月擢右佥都御史，巡抚南、赣。当是时，南中盗贼蜂起。谢志山据横水、左溪、桶冈，池仲容据浰头，皆称王，与大庚陈曰能、乐昌高快马、郴州龚福全等攻剽府县。而福建大帽山贼詹师富等又起。前巡抚文森托疾避去。志山合乐昌贼掠大庚，攻南康、赣州，赣县主簿吴玭战死。守仁至，知左右多贼耳目，乃呼老黠隶诘之。隶战栗不敢隐，因贳其罪，令诇贼，贼动静无勿知。于是檄福建、广东会兵，先讨大帽山贼。

明年正月，督副使杨璋等破贼长富村，逼之象湖山，指挥覃桓、县丞纪镛战死。守仁亲率锐卒屯上杭。佯退师，出不意捣之，连破四十余寨，俘斩七千有奇，指挥王铠等擒师富。疏言权轻，无以令将士，请给旗牌，提督军务，得便宜从事。尚书王琼奏从其请。乃更兵制：二十五人为伍，伍有小甲；二伍为队，队有总甲；四队为哨，哨有长，协哨二佐之；二哨为营，营有官，参谋二佐之；三营为阵，阵有偏将；二阵为军，军有副将。皆临事委，不命于朝；副将以下，得递相罚治。

其年七月，进兵大庾。志山乘间急攻南安，知府季敩击败之。副使杨璋等亦生絷曰能以归。遂议讨横水、左溪。十月，都指挥许清、赣州知府邢珣、宁都知县王天与各一军会横水，敩及守备郏文、汀州知府唐淳、县丞舒富各一军会左溪，吉安知府伍文定、程乡知县张戬遏其奔轶。守仁自驻南康，去横水三十里，先遣四百人伏贼巢左右，进军逼之。贼方迎战，两山举帜。贼大惊，谓官军已尽犁其巢，遂溃。乘胜克横水，志山及其党萧贵模等皆走桶冈。左溪亦破。守仁以桶冈险固，移营近地，谕以祸福。贼首蓝廷凤等方震恐，见使至大喜，期仲冬朔降，而珣、文定已冒雨夺险入。贼阻水阵，珣直前搏战，文定与戬自右出，贼仓卒败走，遇淳兵又败。诸军破桶冈，志山、贵模、廷凤面缚降。凡破巢八十有四，俘斩六千有奇。时湖广巡抚秦金亦破福全。其党千人突至，诸将擒斩之。乃设崇义县于横水，控诸瑶。还至赣州，议讨浰头贼。

初，守仁之平师富也，龙川贼卢珂、郑志高、陈英咸请降。及征横水，浰头贼黄金巢亦以五百人降，独仲容未下。横水破，仲容始遣弟仲安来归，而严为战守备。诡言珂、志高，雠也，将袭我，故为备。守仁佯杖击珂等，而阴使珂弟集兵待，遂下令散兵。岁首大张灯乐，仲容信且疑。守仁赐以节物，诱入谢。仲容率九十三人营教场，而自以数人入谒。守仁呵之曰："若皆吾民，屯于外，疑我乎？"悉引入祥符宫，厚饮食之。贼大喜过望，益自安。守仁留仲容观灯乐。正月三日大享，伏甲士于门，诸贼入，以次悉擒戮之。自将抵贼巢，连破上、中、下三浰，斩馘二千有奇。余贼奔九连山。山横亘数百里，陡绝不可攻。乃简壮士七百人衣贼衣，奔崖下，贼招之上。官军进攻，内外合击，擒斩无遗。乃于下浰立和平县，置戍而归。自是境内大定。

初，朝议贼势强，发广东、湖广兵合剿。守仁上疏止之，不及。桶冈既灭，湖广兵始至。及平浰头，广东尚未承檄。守仁所将皆文吏及偏裨小校，平数十年巨寇，远近惊为神。进右副都御史，予世袭锦衣卫百户，再进副千户。

十四年六月，命勘福建叛军。行至丰城而宁王宸濠反，知县顾佖以告。守仁急趋吉安，与伍文定征调兵食，治器械舟楫，传檄暴宸濠罪，俾守令各率吏士勤王。都御史王懋中，编修邹守益，副使罗循、罗钦德，郎中曾直，御史张鳌山、周鲁，评事罗侨，同知郭祥鹏，进士郭持平，降谪驿丞王思、李中，咸赴守仁军。御史谢源、伍希儒自广东还，守仁留之纪功。因集众议曰："贼若出长江顺流东下，则南都不可保。吾欲以计挠之，少迟旬日无患矣。"乃多遣间谍，檄府县言："都督许泰、郤永将边兵，都督刘晖、桂勇将京兵，各四万，水陆并进。南赣王守仁、湖广秦金、两广杨旦各率所部合十六万，直捣南昌，所至有司缺供者，以军法论。"又为蜡书遗伪相李士实、刘养正，叙其归国之诚，令从臾早发兵东下，而纵谍泄之。宸濠果疑。与士实、养正谋，则皆劝之疾趋南京即大位，宸濠益大疑。十余日诇知中外兵不至，乃悟守仁绐之。七月壬辰朔，留宜春王拱檎居守，而劫其众六万人，袭下九江、南康，出大江，薄安庆。

守仁闻南昌兵少则大喜，趋樟树镇。知府临江戴德孺、袁州徐琏、赣州邢珣，都指挥余恩，通判瑞州胡尧元、童琦、抚州邹琥、安吉谈储，推官王暐、徐文英，知县新淦李美、泰和李楫、万安王冕、宁都王天与，各以兵来会，合八万人，号三十万。或请救安庆，守仁曰："不然。今九江、南康已为贼守，我越南昌与相持江上，二郡兵绝我后，是腹背受敌也。不如直捣南昌。贼精锐悉出，守备虚。我军新集气锐，攻必破。贼闻南昌破，必解围自救。逆击之湖中，蔑不胜矣。"众曰："善。"己酉次丰城，以文定为前锋，先遣奉新知县刘守绪袭其伏兵。庚戌夜半，文定兵抵广润门，守兵骇散。辛亥黎明，诸军梯垣登，缚拱檎等，宫人多焚死。军士颇杀掠，守仁戮犯令者十余人，宥胁从，安士民，慰谕宗室，人心乃悦。

居二日，遣文定、珣、琏、德孺各将精兵分道进，而使尧元等设伏。宸濠果自安庆还兵。乙卯遇于黄家渡。文定当其前锋，贼趋利。珣绕出贼背贯其中，文定、恩乘之，琏、德孺张两翼分贼势，尧元等伏发，贼大溃，退保八字脑。宸濠惧，尽发南康、九江兵。守仁遣知府抚州陈槐、饶州林城取九江，建昌曾玙、广信周朝佐取南康。丙辰复战，官军却，守仁斩先却者。诸军殊死战，贼复大败，退保樵舍，联舟为方阵，尽出金宝犒士。明日，宸濠方晨朝其群臣，官军奄至。以小舟载薪，乘风纵火，焚其副舟，妃娄氏以下皆投水死。宸濠舟胶浅，仓卒易舟遁，王冕所部兵追执之。士实、养正及降贼按察使杨璋等皆就擒。南康、九江亦下。凡三十五日而贼平。京师闻变，诸大臣震惧。王琼大言曰："王伯安居南昌上游，必擒贼。"至是，果奏捷。

帝时已亲征，自称威武大将军，率京边骁卒数万南下。命安边伯许泰为副将军，偕提督军务太监张忠、平贼将军左都督刘晖将京军数千，溯江而上，抵南昌。诸嬖幸故与宸濠通，守仁初上宸濠反书，因言："觊觎者非特一宁王，请黜奸谀以回天下豪杰心。"诸嬖幸皆恨。宸濠既平，则相与媢功。且惧守仁见天子发其罪，竟为蜚语，谓守仁先与通谋，虑事不成，乃起兵。又欲令纵宸濠湖中，待帝自擒。

守仁乘忠、泰未至，先俘宸濠，发南昌。忠、泰以威武大将军檄邀之广信。守仁不与，间道趋玉山，上书请献俘，止帝南征。帝不许。至钱塘遇太监张永。永提督赞画机密军务，在忠、泰辈上，而故与杨一清善，除刘瑾，天下称之。守仁夜见永，颂其贤，因极言江西困敝，不堪六师扰。永深然之，曰："永此来，为调护圣躬，非邀功也。公大勋，永知之，但事不可直情耳。"守仁乃以宸濠付永，而身至京口，欲朝行在。闻巡抚江西命，乃还南昌。忠、泰已先至，恨失宸濠。故纵京军犯守仁，或呼名嫚骂。守仁不为动，抚之愈厚。病予药，死予棺，遭丧于道，必停车慰问良久始去。京军谓王都堂爱我，无复犯者。忠、泰言："宁府富厚甲天下，今所蓄安在？"守仁曰："宸濠异时尽以输京师要人，约内应，籍可按也。"忠、泰故尝纳宸濠贿者，气慑不敢复言。已，轻守仁文士，强之射。徐起，三发三中。京军皆欢呼，忠、泰益沮。会冬至，守仁命居民巷祭，已，上冢哭。时新丧乱，悲号震野。京军离家久，闻之无不泣下思归者。忠、泰不得已班师。比见帝，与纪功给事中祝续、御史章纶谗毁百端，独永时时左右之。忠扬言帝前曰："守仁必反，试召之，必不至。"忠、泰屡矫旨召守仁。守仁得永密信，不赴。及是知出帝意，立驰至。忠、泰计沮，不令见帝。守仁乃入九华山，日晏坐僧寺。帝觇知之，曰："王守仁学道人，闻召即至，何谓反？"乃遣还镇，令更上捷音。守仁乃易前奏，言奉威武大将军方略讨平叛乱，而尽入诸嬖幸名，江彬等乃无言。

当是时，谗邪构煽，祸变叵测，微守仁，东南事几殆。世宗深知之。甫即位，趣召入朝受封。而大学士杨廷和与王琼不相能。守仁前后平贼，率归功琼，廷和不喜，大臣亦多忌其功。会有言国哀未毕，不宜举宴行赏者，因拜守仁南京兵部尚书。守仁不赴，请归省。已，论功封特进光禄大夫、柱国、新建伯，世袭，岁一千石。然不予铁券，岁禄亦不给。诸同事有功者，惟吉安守伍文定至大官，当上赏。其他皆名示迁，而阴绌之，废斥无存者。守仁愤甚。时已丁父忧，屡疏辞爵，乞录诸臣功，咸报寝。免丧，亦不召。久之，所善席书及门人方献夫、黄绾以议礼得幸，言于张璁、桂萼，将召用，而费宏故衔守仁，复沮之。屡推兵部尚书，三边总督，提督团营，皆弗果用。

嘉靖六年，思恩、田州土酋卢苏、王受反。总督姚镆不能定，乃诏守仁以原官兼左都御史，总督两广兼巡抚。绾因上书讼守仁功，请赐铁券岁禄，并叙讨贼诸臣，帝咸报可。守仁在道，疏陈用兵之非，且言："思恩未设流官，土酋岁出兵三千，听官征调。既设流官，我反岁遣兵数千防戍。是流官之设，无益可知。且田州邻交阯，深山绝谷，悉瑶、僮盘据，必仍设土官，斯可藉其兵力为屏蔽。若改土为流，则边鄙之患，我自当之，后必有悔。"章下兵部，尚书王时中条其不合者五，帝令守仁更议。十二月，守仁抵浔州，会巡按御史石金定计招抚。悉散遣诸军，留永顺、保靖土兵数千，解甲休息。苏、受初求抚不得，闻守仁至益惧，至是则大喜。守仁赴南宁，二人遣使乞降，守仁令诣军门。二人窃议曰："王公素多诈，恐绐我。"陈兵入见。守仁数二人罪，杖而释之。亲入营，抚其众七万。奏闻于朝，陈用兵十害，招抚十善。因请复设流官，量割田州地，别立一州，以岑猛次子邦相为吏目，署州事，俟有功擢知州。而于田州置十九巡检司，以苏、受等任之，并受约束于流官知府。帝皆从之。

断藤峡瑶贼，上连八寨，下通仙台、花相诸洞蛮，盘亘三百余里，郡邑罹害者数十年。守仁欲讨之，故留南宁。罢湖广兵，示不再用。伺贼不备，进破牛肠、六寺等十余寨，峡贼悉平。遂循横石江而下，攻克仙台、花相、白竹、古陶、罗凤诸贼。令布政使林富率苏、受兵直抵八寨，破石门，副将沈希仪邀斩轶贼，尽平八寨。

始，帝以苏、受之抚，遣行人奉玺书奖谕。及奏断藤峡捷，则以手诏问阁臣杨一清等，谓守仁自夸大，且及其生平学术。一清等不知所对。守仁之起由璁、萼荐，萼故不善守仁，以璁强之。后萼长吏部，璁入内阁，积不相下。萼暴贵喜功名，风守仁取交阯，守仁辞不应。一清雅知守仁，而黄绾尝上疏欲令守仁入辅，毁一清，一清亦不能无遗憾。萼遂显诋守仁征抚交失，赏格不行。献夫及霍韬不平，上疏争之，言："诸瑶为患积年，初尝用兵数十万，仅得一田州，旋复召寇。守仁片言驰谕，思、田稽首。至八寨、断藤峡贼，阻深岩绝冈，国初以来未有轻议剿者，今一举荡平，若拉枯朽。议者乃言守仁受命征思、田，不受命征八寨。夫大夫出疆，有可以安国家，利社稷，专之可也。况守仁固承诏得便宜从事者乎？守仁讨平叛藩，忌者诬以初同贼谋，又诬其辇载金帛。当时大臣杨廷和、乔宇饰成其事，至今未白。夫忠如守仁，有功如守仁，一屈于江西，再屈于两广。臣恐劳臣灰心，将士解体，后此疆圉有事，谁

116

复为陛下任之！"帝报闻而已。

守仁已病甚，疏乞骸骨，举郧阳巡抚林富自代，不俟命竟归。行至南安卒，年五十七。丧过江西，军民无不缟素哭送者。

守仁天姿异敏。年十七谒上饶娄谅，与论朱子格物大指。还家，日端坐，讲读《五经》，不苟言笑。游九华归，筑室阳明洞中。泛滥二氏学，数年无所得。谪龙场，穷荒无书，日绎旧闻。忽悟格物致知，当自求诸心，不当求诸事物，喟然曰："道在是矣。"遂笃信不疑。其为教，专以致良知为主。谓宋周、程二子后，惟象山陆氏简易直捷，有以接孟氏之传。而朱子《集注》、《或问》之类，乃中年未定之说。学者翕然从之，世遂有"阳明学"云。

守仁既卒，桂萼奏其擅离职守。帝大怒，下廷臣议。萼等言："守仁事不师古，言不称师。欲立异以为高，则非朱熹格物致知之论；知众论之不予，则为《朱熹晚年定论》之书。号召门徒，互相倡和。才美者乐其任意，庸鄙者借其虚声。传习转讹，背谬弥甚。但讨捕宸贼，擒获叛藩，功有足录，宜免追夺伯爵以章大信，禁邪说以正人心。"帝乃下诏停世袭，恤典俱不行。隆庆初，廷臣多颂其功。诏赠新建侯，谥文成。二年，予世袭伯爵。既又有请以守仁与薛瑄、陈献章同从祀文庙者。帝独允礼臣议，以瑄配。及万历十二年，御史詹事讲申前请。大学士申时行等言："守仁言致知出《大学》，良知出《孟子》。陈献章主静，沿宋儒周敦颐、程颢。且孝友出处如献章，气节文章功业如守仁，不可谓禅，诚宜崇祀。"且言胡居仁纯心笃行，众论所归，亦宜并祀。帝皆从之。终明之世，从祀者止守仁等四人。

始守仁无子，育弟子正宪为后。晚年，生子正亿，二岁而孤。既长，袭锦衣副千户。隆庆初，袭新建伯。万历五年卒。子承勋嗣，督漕运二十年。子先进，无子，将以弟先达子业弘继。先达妻曰："伯无子，爵自传吾夫。由父及子，爵安往？"先进怒，因育族子业洵为后。及承勋卒，先进未袭死。业洵自以非嫡嗣，终当归爵先达，且虞其争，乃谤先达为乞养，而别推承勋弟子先通当嗣，屡争于朝，数十年不决。崇祯时，先达子业弘复与先通疏辨。而业洵兄业浩时为总督，所司惧忤业浩，竟以先通嗣。业弘愤，持疏入禁门诉。自刎不殊，执下狱，寻释。先通袭伯四年，流贼陷京师，被杀。

赞曰：王守仁始以直节著。比任疆事，提弱卒，从诸书生扫积年逋寇，平定孽藩。终明之世，文臣用兵制胜，未有如守仁者也。当危疑之际，神明愈定，智虑无遗，虽由天资高，其亦有得于中者欤。矜其创获，标异儒先，卒为学者讥。守仁尝谓胡世宁少讲学，世宁曰："某恨公多讲学耳。"桂萼之议虽出于媢忌之私，抑流弊实然，固不能以功多为讳矣。

文成王阳明先生守仁传
黄宗羲

王守仁字伯安，学者称为阳明先生，余姚人也。父华，成化辛丑进士第一人，仕至南京吏部尚书。先生娠十四月而生，祖母岑夫人梦神人送儿自云中至，因命名为云。五岁，不能言，有异僧过之曰："可惜道破。"始改今名。豪迈不羁。十五岁，纵观塞外，经月始返。十八岁，过广信，谒娄一斋，慨然以圣人可学而至。

登弘治己未进士第，授刑部主事，改兵部。逆瑾矫旨逮南京科道官，先生抗疏救之，下诏狱，廷杖四十，谪贵州龙场驿丞。瑾遣人迹而加害，先生托投水脱去，得至龙场。瑾诛，知庐陵县，历吏部主事、员外郎、郎中，升南京太仆寺少卿、鸿胪寺卿。时虔、闽不靖，兵部尚书王琼特举先生以左佥都御史巡抚南、赣。未几，遂平漳南、横水、桶冈、大帽、浰头诸寇。

己卯六月，奉敕勘处福建叛军。至丰城而闻宸濠反，遂返吉安，起兵讨之。宸濠方围安庆，先生破南昌，濠返兵自救，遇之于樵舍，三战，俘濠。武宗率师亲征，群小张忠、许泰欲纵濠鄱湖，待武宗接战而后奏凯。先生不听，乘夜过玉山，集浙江三司，以濠付太监张永。张永者，为武宗亲信，群小之所惮也。命兼江西巡抚。又明年，升南京兵部尚书，封新建伯。嘉靖壬午，丁冢宰忧。丁亥，原官兼左都御史，起征思、田。思、田平，以归师袭八寨、断藤峡，破之。先生幻梦谒马伏波庙，题诗于壁。至是，道出祠下，恍如梦中。时先生已病，疏请告。至南安，门人周积侍疾，问遗言，先生曰："此心光明，亦复何言？"顷之而逝，七年戊子十一月二十九日也，年五十七。

先生之学，始泛滥于词章，继而遍读考亭之书，循序格物，顾物理吾心终判为二，无所得入。于是出入于佛、老者久之。及至居夷处困，动心忍性，因念圣人处此更有何道？忽悟格物致知之旨，圣人之道，吾性自足，不假外求。其学凡三变而始得其门。自此以后，尽去枝叶，一意本原，以默坐澄心为学的。有未发之中，始能有发而中节之和，此知之后更无已发。此知自能收敛，不须更主于收敛；此知自能发散，不须更期于发散。收敛者，感之体，静而动也；发散者，寂之用，动而静也。知之真切笃实处即是行，行之明觉精察处即是知，无有二也。居越以后，所操益熟，所得益化，时时知是知非，时时无是无非，开口即是本心，更无假借凑泊，如赤日当空而万象毕照。是学成之后又有此三变也。先生悯宋儒之后，学者以知识为知，谓"人心之所有者不过明觉，而理为天地万物之所公共，故必穷尽天地万物之理，然后吾心之明觉与之浑合而无间"，说是无内外，其实全靠外来闻见以填补其灵明者也。先生以圣人之学，心学也。心即理也，故于致知格物之训，不得不言"致吾心良知之天理于事事物物，则事事物物皆得其理"。夫以知识为知，则轻浮而不实，故必以力行为功夫。良知感应神速，无有等待，本心之明即知，不欺本心之明即行也，不得不言"知行合一"。此其立言之大旨不出于是。而或者以释氏本心之说颇近于心学，不知儒释界限只一理字。释氏于天地万物之理，一切置之度外，更不复讲，而止守此明觉；世儒则不恃此明觉，而求理于天地万物之间。所为绝异，然其归理于天地万物，归明觉于吾心，则一也。向外寻理，终是无源之水，无根之木，总使合得，本体上已费转手，故沿门乞火与合眼见暗，相去不远。先生点出心之所以为心，不在明觉而在天理，金镜已坠而复收，遂使儒释疆界渺若山河，此有目者所共睹也。试以孔、孟之言证之。致吾良知于事物，事物皆得其理，非所谓人能弘道乎？若在事物，则是道能弘人矣。告子之外义，岂灭义而不顾乎？亦于事物之间求其义而合之，正如世儒之所谓穷理也，孟子胡以不许之，而四端必归之心哉！嗟乎，糠秕眯目，四方易位，而后先生可疑也。

隆庆初，赠新建侯，谥文成。万历中，诏从祀孔庙，称"先儒王子"。

王守仁传
查继佐

王守仁，字伯安，别号阳明，浙江余姚人，晋王览之裔。六世祖纲，洪武中参议广东，死苗难。父华，及第第一人，历官讲读，侍孝宗经筵，以不附刘瑾致仕，仕至南京吏部尚书。守仁母郑夫人，娠守仁十四月，梦神人乘五色云手授之。祖天叙因呼之曰云。五岁不能言，有异僧过天叙曰："是儿勿以名泄之。"天叙为改名守仁，辄读书敏记。八岁，妄意神仙，嬉戏皆绝人。十五，从宦京师，出游居庸，慨然负壮图。十七，遇蜀道士于江西铁树宫，与语大悦。及见娄谅，谈朱氏格物之旨，复大悦。故善跳狎，则稍就规准。赴乡试，见巨人夜立文场东西，大呼三人好作事，已忽不见。三人者，一榜中胡端敏世宁、孙忠烈燧及守仁，后人意之也。守仁因自负，好谈兵，亦不废养生言。弘治十二年成进士，授刑部主事。病归，辟阳明洞为书舍，更讲神仙之事。已又悔之，改武选，遂与湛若水专求孔孟之学。

正德初，逆瑾乱政，论救言官戴铣、薄彦徽，因大发瑾罪。瑾怒，矫旨杖守仁于门，谪龙场驿丞，复使人前道扼之。守仁佯置衣履江岸，题诗其处，若投江死者，得以免。附海舟舟山，为飓风漂闽，有道士收之，故铁树宫与语大悦者也。遂赴龙场，在南彝万山中。无所得书，日坐石穴中，默记旧牍，辄为训释。期有七月，《五经》之旨略备。龙场人相与伐木为轩，居之。

瑾诛，擢庐陵知县，历文选，累升金都御史，巡抚南、赣、汀、漳等处。甫至，首平闽、广剧盗詹师富、温火烧等。因言："盗贼日滋，由于滥抚，所谓狼兵无制，徒残害，不足使。臣得拣练部勒之，请便宜以行。"诏许之。改巡抚为总督军务。时宸濠蓄逆，颇与贼通。守仁上书密言状，且请罢绌奸谀，以回天下豪杰之心；绝踪巡游，以杜天下奸雄之望。是年，茶寮贼大起，江、广、湖、郴骚然。上命三省会讨。守仁首诛贼间吴让，督兵自南康入，破横水、左溪巢，贼奔桶冈，大战西山界。凡破巢八十四，俘斩六千余人，归流亡，度地居之。凿山开道，夷其险阻。请立崇义县于横水以属赣。已而浰头贼池仲容尤悍黠，擅拟官号，以畲瑶既殄，益增机险阱毒，虞王师。守仁厚抚其党黄金巢等，先从破横水。又纳仲容弟仲安之款，而收仲容之仇卢珂等为心腹，故休士归农，若不复用兵者。已而阳鞭挞卢珂以来仲容，而纵珂往合官兵，尽灭三浰，大小三十余战，灭巢二十有八，俘斩三千余人，复立和平县，以属惠治之。虔吉人感功德，生祠之。升副都御史，荫一子锦衣百户，进千户。

十四年，宸濠果反。守仁与吉安知府伍文定起兵，掩南昌不备，迎战鄱阳湖，贼平。事在《宸濠传》。上自称威武大将军南巡，使人邀所俘于广信，守仁弗与。会太监张永方赞诛刘瑾，为海内所许，抵钱塘。守仁取内道入浙，夜见永，便以宸濠付之，而身至京口谒驾。诸奄不得志，恶守仁上前，称守仁宸濠党。永为护持力，得不问，赏亦不行。事在《张永传》。会江西大水，上疏自劾，语极剀切，报闻。

世宗初立，召守仁入受封。而中有沮者，谓国甫大丧，不当宴赏，中道止之。拜南京兵部尚书，参赞机务，归省。寻论封奉天翊卫推诚宣力守正文臣，特进光禄大夫、柱国、新建伯。父华亦得封如之。父病中膺封，卒。

初，宸濠之叛也，结誉士大夫，无所不倾下。守仁亦与无崖异，尝使其门人冀元亨往观之。宸濠自谓善守仁，密谋于陆完，意守仁得为其巡抚，用是其形迹不能无疑于士大夫。守仁忧居讲学，受弟子，而忌者蜂起，颇目为伪学。至云初通宸濠谋，策其不胜而背之，言绝丑，不可闻。以是虽封爵赐号，竟不与铁券及岁禄，一时勤王有功诸臣，中伤废斥殆尽，唯伍文定得升副都御史，荫一子千户。守仁不胜愤，乃上疏再辞爵，且极论白诸有功者。温旨慰谕，终格不行。守仁所善席书与门人方献夫、黄绾，皆以议礼得幸上，交章守仁贤，宜大用，亦尼不果。

嘉靖五年，岑猛叛，诏两广聚兵讨猛。猛死田州。其党卢苏、王受相结再叛，岭南大困。桂文襄萼素不善守仁，为张璁所强，交口荐代姚镆总督两广。守仁至，开示恩信，卢苏、王受等自缚来归，则悉遣其众归农七万一千余人，勒石志功德。时八寨瑶贼反侧岭表，与断藤峡、牛肠、六寺、仙台、花相诸瑶相煽结。守仁以便宜，密令故降苏、受等轻兵出。而永乐、保靖土兵之自岭南还者，亦过八寨，与苏、受等相犄角，径捣其巢，诛斩万计，八寨尽平。捷闻，朝廷以其夸擅，敕奖而已。献夫、韬言其功不可泯，上许条画善后以闻。是时守仁已病矣，舆疾劳所事，而桂萼方长吏部，暴喜功名，风守仁取安南，希崇封。守仁辞不应，以是益怨守仁，谗守仁，赏不进。守仁病剧，乞骸骨，卧舟待命。甫度大庾岭，卒，为七年之十一月。时白气亘天，数日乃已。萼等因盛言守仁初擒宸濠，攻战纪律不臧，奏捷多伪；又言擅离本职，处置田州事宜失当；学术不端，破坏士习；乞削夺官爵。诏免夺爵，停恤典，子不得嗣封。

守仁学以致良知为本，所论著有《古本大学》、《则言》及《传习录》诸书。其才气故横绝，得兵部尚书王琼为倾任，故能早膺阃阃阃，屡立大功，顾未一面守仁也。琼得其所貌像，焚香悬对，契若面语，尝左手持弱孙，右手接守仁奏报，至关棨处，顾儿叹曰："生子当如是哉！"

守仁年五十有八，疾革，南安推官入问疾，微哂曰："此心光明，亦复何言。"榇行，士民拥哭者载道。至越，越中市儿巷妇无不嗟叹。隆庆初，赠新建侯，谥文成，赐葬。予祭诰词，推为明元勋圣学。子正亿，得嗣世伯爵。万历初，从祀孔子庙廷。

明儒王子阳明先生传
邵廷采

先生名守仁，字伯安，绍兴余姚人。讲学于阳明洞，自号阳明子。父华，成化十七年进士第一，历官南京吏部尚书。先生少有才名，弘治十三年进士，授刑部主事。十七年，改武选主事。湛若水为庶常，一见定交，相期倡明圣学，门人始进。

正德元年，刘瑾掌司礼监，放逐大臣刘健、谢迁、韩文等。南给事中戴铣、御史薄彦徽合六科十三道，公疏请黜奸回，留硕辅，以安社稷。缇骑逮问，先生抗疏：

铣等职司谏，如其善，自宜嘉纳；即未善，亦宜包容，开忠谠之路。乃今赫然下命，远事拘囚。臣恐自兹以往，虽有上关宗社危疑之事，陛下孰从而闻之？况天时寒沍，万一遣去官校督束过严，铣等在道或遂失所，填沟壑，有杀谏臣名，关系国体不浅矣！伏愿追收前诏，俾各供职如故，以弘大公无我之仁，明改过不吝之勇。

疏入，杖五十，谪贵州龙场驿丞。至钱塘，瑾使人尾之急，惧不免，乃托投江而浮冠履水上。附海舟至闽，入武彝山。已而虑及其父华，卒赴驿。龙场在万山中，蛇虺蛊虫所居。从者皆病，亲析薪取水作糜饲之。凿石椁待尽，诸苗伐木为室，以居先生。明年，提学御史席书聘主贵阳书院，率诸生问学，始论“知行合一”。水西安氏慕先生，致馈，且咨及减驿事。复书谕以朝廷成制，言：

驿可减也，亦可增也。驿可改也，宣慰司亦可革也。使君之先，自汉、唐迄今，历传千百年久者，以能世守天子礼法，竭忠尽力，不敢分寸有所违，是故天子亦不得逾礼法，无故而加诸忠良之臣。不然，使君之土地人民富且盛矣，朝廷悉取而郡县之，其谁以为不可？

所云奏功升职事，意亦如此。夫铲除寇盗以抚绥平良，亦守土常职。今缕举要赏，则朝廷平日之恩宠禄位顾将欲以何为？使君为参政，已非设官之旧；又干进不已，是无抵极也，众必不堪。夫宣慰守土之官，故得以世有其土地人民；若参政，则流官矣。东西南北唯天子使，朝廷下方尺之檄，委使君一职，或闽或蜀，其敢弗行乎？则方命之，诛不旋踵而至，捧檄从事千百年之土地非复使君有矣。由此言之，虽今日之参政，使君将恐辞去之不速，其又可再乎！

又书：

阿贾、阿札等畔宋氏，为地方患，传者谓使君使之。此虽或出于妒妇之口，然阿贾等自言使君尝锡之以毡刀，遗之以弓弩。虽无其心，不幸乃有其迹矣。始三堂、两司得是说，即欲闻之于朝。既而以使君平日忠实之故，且信且疑，姑令使君讨贼。苟遂出军剿扑，则传闻皆妄。其或坐观逗留，徐议可否，所以待使君者甚厚。既而文移三至，使君始出。众论纷纷，疑者将信。喧腾之际，适会左右来献阿麻之首，偏师出解洪边之围，群公乃复徐徐。

今又三月余矣，使君称疾归卧，诸军以次潜回。其间分屯寨堡者，不闻擒斩以宣国威，唯增剽掠以重民怨，众情愈益不平。而使君之民罔所知识，方扬言于人，谓："宋氏之难，当使宋氏自平。安氏何与，而反为之役？我安氏达地千里，拥众四十八万，深坑绝坂，飞鸟不能赴，猿猱不能攀。纵遂高坐，不为宋氏出一卒，人亦卒如我何！"斯言稍稍传播，不知三堂、两司已尝闻之否？使君诚久卧不出，安氏之祸，必自斯言始矣！

使君与宋氏同守土，而使君为之长。地方变乱，皆守土者之罪，使君能独委之宋氏乎？夫连地千里，孰与中土之一大郡？拥众四十八万，孰与中土之一都司？深坑绝坂，安氏有之；然如安氏者，环四面而居以百数也。今播州有杨爱，恺黎有杨友，酉阳、保靖有彭世麒等。斯言苟闻于朝，朝廷下片纸于杨爱诸人，使各自为战，共分安氏之所有，盖朝令而夕无安氏矣。深坑绝坂，何所用其险？使君可无寒心乎？

且安氏之职，四十八支更迭而为；今使君独传者三世，而群支莫敢争，以朝廷之命也。有可乘之衅，孰不欲起而代之？然则扬此言于外以速安氏之祸者，殆渔人之计，萧墙之忧，未可测也。使君宜速出军，平定反侧，破众谗之口，息多端之议，弭方兴之变，绝难测之祸，补既往之愆，要将来之福。某非为人作说客者，使君幸熟思之！

安氏得书悚息，卒定阿贾之难。居龙场三年，动忍增益，中夜得致知格物之旨，默证《五经》，无不合，著《五经臆说》。

四年，瑾诛，升庐陵知县。其冬入觐，升南京刑部主事。即月调验封，升署员外郎。又调文选，始论晦庵、象山之学。七年，升考功郎。其冬，升南京太仆少卿，分署滁州。从游学者日众，始教人静坐，间天理人欲之分。九年，升南京鸿胪卿。是年，始揭"致良知"之教。

十一年七月，升金都御史，巡抚南、赣、汀、漳。王思舆语季本曰："阳明此行，必立事功。"本曰："何以知之。"曰："吾触之不动矣。"初，陈金、俞谏等讨华林、桃源群盗，多所招抚，贼未大创；又民间父兄被杀者不得报雠，汹汹不安，数年间转复啸聚。于是贼首谢志山、蓝天凤据南安、横水、桶冈诸寨，池大鬓据漳州、浰头诸寨，福建、江西、湖广、广东之界数千里皆乱。兵部尚书王琼知先生才，特荐用之。先生认为，兵不素练而徒恃机谋，不能力战，一时偶幸成功，非万全策。且客兵一万，不如乡勇一千。前者多调狼达土军，糜饷不赀，民苦兵甚苦寇，以故盗贼旋灭旋起。乃令四省兵备官于各属弩手、打手、机快中，选骁果有胆力者县千人，优其廪饩，最者拔为将领。原额官军，汰老弱三之一，专守城隘。而以新募精兵随方出奇，由是战无不胜。首攻信丰、龙南流贼，连败之。兵既足用，上疏请申明赏罚以厉士气，愿假便宜，临阵诛赏，不限以时，唯成功是责。

王琼请上即与先生兵符，改提督军务。先讨横水、左溪之贼，获谢志山。乘胜进攻桶冈，其帅钟景纳款，而横水、左溪奔入者持不可。先生遣使至锁匙笼促降，而别遣邢珣、伍文定等冒雨入。贼方聚议未决，兵已夺险。猝震愕，急奔入内隘，阻水为阵。珣麾兵渡水，张戬冲其右，文定又自戬右缘厓绕出贼旁。贼败，奔十八磊。唐淳先至，严阵迎出，贼又败。会日暮，扼险相持。明日合战，邢珣先破桶冈大巢，俘斩甚众。湖广兵亦至，余贼遁入山谷。遣诸将分道捕之，于是横水、左溪、桶冈之贼略尽，蓝天凤等皆就擒。凡出师两月，平贼巢八十四。设安远县，控制三省。晋右副都御史。

十三年正月，进讨浰头。先是，征横水、桶冈时，虑浰头乘虚出扰，使人招降羁縻之，池大鬓不从。及横水破，大鬓惧，遣弟池仲安以二百人叩军门降，阴觇虚实。先生令从别哨，远其归路；召近浰头被贼者，各授方略遣归。及桶冈破，大鬓益惧。先生遣使至浰头，赐牛酒。贼严备，诡曰："龙川新民卢珂恐见袭，故备。非官兵虞也。"卢珂者，抗贼不被胁，贼雠之。先生佯信其言，檄龙川廉珂擅兵状，且令大鬓除道，候还兵讨之。大鬓谢："无劳官兵，当自防御。"比兵还，珂来告变。先生佯怒珂，收缚，将斩之。曰："大鬓方遣弟领兵报效，安得有此！"

十二月，至赣州，大享将士，下令："横水、桶冈既平，浰头归顺。民久劳苦，宜休兵为乐。"遂散军，使归农。而遣仲安归报以卢珂被系，令其兄勿撤备，防珂党掩袭。大鬓意大安，乃购其所亲款贼："官意良厚，何可不一往谢？"大鬓谓其下："欲伸先屈。赣州伎俩，须自走观之。"至，则见军门无用兵形，珂等在狱，意益安。先生夜解珂，使归发兵；官属以次设牛酒宴犒，缓大鬓归。度兵已大集，乃廷犒伏甲，引大鬓等入，悉擒之。而促诸路兵同抵贼巢，亲兵由龙南、冷水径直捣下浰，诸路兵皆入三浰。贼久弛备，官兵骤集，惊悸，悉其精锐千余，倚险设伏。官军为三冲，犄角进，指挥余恩首击贼，战良久，贼败。王受等追之，伏发被扼。会推官危寿兵至，鼓噪前冲之。千户孟俊率兵绕其后，贼大溃，遂克三浰大巢。余贼尚八百人，屯九连山，山四面险绝，设礌石、滚木，官兵莫敢前。先生令军人衣贼衣，暮若败奔者上山。贼见，果相招呼。得度险，遂扼其路。贼觉，急御，则大众已阑入。退走溃出，四路皆遇伏，擒斩略尽。余徒二百人恸哭请降，纳之。相视险隘，设和平县，南、赣自此无盗。兵力精炼，用之以义，文武官吏并能敌忾，功成寇除而无跋扈，几复古者井田养兵遗制焉。

师还，至赣，立社学，举乡约，修濂溪书院，刻《大学古本》、《朱子晚年定论》。所至会讲明伦，武夫介士执兵环立，蹻蹻担镫之夫千里远至。长揖上坐，一言开痼，终身诚服。风教四被，讫于江表岭峤。

十四年六月，宁王宸濠反，起兵吉安，讨之。先生久知宸濠且反，虑南、赣未平，得与群盗通，益不可制。及盗平，而先生已为提督，镇上游，濠乃起事。王琼言于朝曰："王伯安在，何患！不出两月，捷疏至矣！"时福州三卫军人进贵作乱，琼谓主事应典："进贵事，不足烦守仁。可假此便宜与敕书，待他变。"乃命先生出勘福建乱军。

甫至丰城，反状闻。几为濠追所及，匿渔舟潜走。临江知府戴德孺迎入城调度。先生以临江要冲，逼省会，不可驻兵。乃反吉安，与知府伍文定定谋。召邢珣等遣谍四出投檄，言京师、湖广、广东西、南京、淮安、浙江各发兵，共数十万，以疑宸濠，使不敢出南昌。贼果疑，迟回半月。始出攻南康、九江、安庆，则官兵大集矣。又密书与贼心腹李士实、刘养正，若有约内应者。宸濠搜得书，内相猜。士实劝去安庆，趋南京；否，径出蕲、黄，趋京师。皆不从。

七月癸卯，先生自吉安起师，会于樟树镇。知府戴德孺自临江，徐琏自袁州，邢珣自赣州，通判胡尧元、童琦自瑞州，及新淦知县李美、太和知县李楫、宁都知县王天马、万安知县王冕，各以其兵至。己酉，至丰城，议所向。或欲勿攻南昌，以大兵逼之江中，与安庆夹攻之。先生曰："不然。我越南昌而趋江上，安庆之众仅能自保，岂能援我中流？而南昌兵议其后，绝我粮道，南康、九江合势乘之，是腹背受敌也，不如先攻南昌。宁王久困坚城，精锐皆出，守御必单。我兵新集，气锐可克。宁王闻之，解围还救，暨来，已失南昌。彼则夺气，首尾牵制，此成擒矣。"乃分兵十三哨，哨三千人，各攻一门，以四哨为游兵策应。宁王别伏兵坟厂，为城中声援。遣知县刘守绪夜袭，破之。二十日昧爽，至南昌，令曰："一鼓，附城；再鼓，登；三鼓不登，诛。"遂援梯登。城中倒戈，门有不闭者。师入，擒居守宜春王拱樤及万锐等千余人，宫中皆纵火焚死。散遣胁从，府库被宸濠取充军资及兵士掠取不尽者籍封之，城中始定。

宸濠先遣兵二万还援江西，自以大军继之。众请坚守待四方援，先生曰："不然。宁王兵力虽强，所至徒恃焚掠，劫众以威，未尝逢大敌，诱惑其下以事成封爵富贵。今遇一城不能克而南昌失据，众心已离。我乘锐邀之，将不战自溃。"遂进，遇于黄家渡。贼乘风鼓噪，气骄甚。伍文定、余恩佯却致之。

贼争进，前后不相及。邢珣从后急击，横贯其阵，贼败走。文定、恩还乘之，徐琏、戴德孺合兵夹攻，贼大溃。追奔十余里，擒斩二千余级，溺水死者万计。贼退保八字脑。是日，建昌知府曾玙、抚州知府陈槐亦率兵至。遣槐攻九江，玙攻南康。宸濠尽发两郡兵，厚赏将士。丙辰合战，官兵败死者数百人。伍文定急斩先却者以徇，身立铳炮间，火燎其须不移足，士殊死斗。兵复振，炮及宸濠舟，贼遂大败。退保樵舍，联舟为方阵。文定等为火攻，邢珣击其左，徐琏、戴德孺击其右，余恩等四伏，火举兵合。

丁巳，遂破贼。执宸濠及其世子、郡王、仪宾、伪丞相、元帅等官，斩首三千余级，溺水死者约三万。弃衣甲财物与浮尸积聚，横亘如洲，余贼数百艘四逸溃逃。遣兵追击，破之樵舍，又破之吴城，擒斩略尽。曾玙、陈槐亦收服九江、南康，余党悉平。宸濠槛车入南昌，军民聚观，欢声动天地。仰见先生，呼曰："吾欲尽削护卫，降为庶人，可乎？"先生曰："有国法在。"遂俯首不言。以娄妃尝谏濠，求葬其尸。凡交通中外大小臣僚手籍，悉焚之。

前是，先生上宸濠伪檄，末谓：

陛下在位一十四载，屡经变难，民情驿骚，尚尔巡幸不已，以致宗室黠者谋动干戈，冀窃大宝。且今天下之觊觎，何特一宁王！天下之奸雄，岂直在宗室？兴言及此，悚骨寒心。昔汉武帝有轮台之悔，而晚节莫安；唐德宗下奉天之诏，而士民感泣。陛下宜痛自克责，易辙改弦，罢绌奸谀以回天下豪杰之心，绝迹巡游以杜天下奸雄之望，则太平尚有可图，臣民不胜幸甚！

左右多弗悦。以方起义师，不能难也。而上则自称威武大将军镇国公，总督军务，帅京边骁卒数万，假亲征南游。至良乡，捷书至。大学士梁储、蒋冕等请回銮，不听。

九月，上至南京。先生虑沿途奸党潜伏，欲自献俘阙下。是月，发南昌。太监张忠、安边伯许泰以数千人浮江而上，抵江西。先生乃俘宸濠，取道浙河以进。忠、泰使人要之广信，弗听。时太监张永已至钱塘。先生夜见永，颂其诛刘瑾功，永悦。因极言江西遭乱，民困已极，不堪六师之扰。永深然之，曰："吾出，为群小在侧，欲左右默辅圣躬，非为掩功来也。第事不可直致耳。"先生乃以濠付永，身至京口，欲谒驾。江彬等诬先生"初附濠，度势败乃擒之为功"。张永语家人曰："王都御史忠臣为国，今欲以此害之，异时朝廷有事，何以复使人？"乃见上，具道状，彬等毁遂不入。张忠又诬先生将反，试召之，必不来。先生闻召即奔命，至龙江，忠等又阻之。乃纶巾野服，入九华山，日坐草庵。上使人觇之，曰："王守仁，学道人也。宁有反乎！"

126

会有巡抚江西命，乃还南昌。

忠、泰奉内降讨宸濠余党，根搜罗织。京边军万余驻省城五阅月，糜费繁浩，公私骚然。北军旦暮呼先生名嫚骂，或冲道启衅，先生略不为动。先令市人移家乡落，以老稚应门。给示内外，述北军离家苦楚，居民当致客礼。每出，遇北军丧，必停车问故，厚与之橡，嗟叹乃去。久之，北军咸曰："王都堂待我有礼，我安得犯之！"会冬至，新经濠乱，民间哭亡酹酒，北人无不思家泣下。忠、泰自挟所长校射教场，江西官军射多不中，乃强先生。先生故不得已，应之。三发三中，北军同声踊跃，呼应远近。忠、泰不乐而罢，曰："我军皆附彼矣！"遂班师。

当是时，宸濠未死，诸奸佞先通濠得金钱者多在上左右，颇有异谋。畏先生，不敢发。先生沉机曲算，内戢凶幸，外防贼徒，抚定疮痍，激励将士，日夜如对劲敌，宸濠竟得伏诛。内阁大臣素恶王琼，忌先生以提督专制讨贼，归功琼。久之不赏。居南昌，求录陆象山子孙，集门人于白鹿洞。

世宗即位，封奉天翊卫推诚宣力守正文臣、特进光禄大夫、柱国、新建伯。诏至，直父华生日，奉觞为寿。

嘉靖元年二月，丁外艰居越，弟子益进。黄绾荐先生才可入相，而他疏刺讥杨一清，故与辅臣龃龉。而其乡人之忌者至诬之史，诋其讲学收召朋徒共为名高。形奏牍，上亦不能无疑也。服阕，不召，不与铁券岁禄。勤王诸臣，唯伍文定得副都御史，余并闲废。先生上疏辞爵，论白诸有功者，竟格不行。廷推本兵、三边、团营，皆不用。

二年，南宫策士问"心学"，阴辟先生，门人徐珊不对而出。三年八月，宴门人天泉桥。四年，会龙泉山中天阁。十月，立阳明书院于越城。

六年，起总督两广、江西、湖广军务，征思、田。至南浦，民欢迎夹道。讲《大学》于明伦堂，诸生拥蔽，多不得闻。唐尧臣代献茶者上堂旁听，惊曰："三代后安得有此气象耶！"师至田州，开示恩信，卢苏、王受等自缚来归，束甲受杖。上疏言："思、田久苦兵革，况外捍交阯，纵克之而置流官，饷穷兵弱，必生他变。岑氏世有功，因其俗可，请降田州府为田州，以岑猛子邦相为判官，苏、受为巡检。别立思恩府，设流官统之。"上皆从焉。

师旋，以苏、受为先锋，合永顺、保靖兵讨断藤峡诸盗，进剿八寨，瑶贼悉平之。方欲移府治、建卫所、增兵设官而病作，疏乞骸骨。十二月，度大庾，疾剧，谓布政使王大用曰："尔知孔明所以托姜维乎？"大用拥兵护卫，且敦匠事。舟次南安，门人推官周积来见，问何遗言。曰："此心光明，亦复

127

何言！”卒，年五十八。官属、师生、士民远近遮道，自赣送榇至会城，哭声震地，属路不绝。

桂萼等因言先生攻南昌日纪律不肃，奏捷夸扬，而学术僻狂，足坏士习，宜削官爵。上怜先生功，不许。田州之出，萼与张璁荐之。萼本不善先生，以璁强之。萼长吏部，暴贵喜功名。讽先生取安南，先生不应，以故构隙。再论先生离职及处田州失当，下公卿议。停恤典、世袭，诏禁伪学。隆庆初，始赠新建侯，谥“文成”，赐葬祭。子正亿得嗣伯。万历中，从祀孔子庙庭。正亿卒，子承勋嗣。承勋卒，子先通嗣。

自宋世理学昌明，程、朱大儒择精语详，有国者至以《五经》、《四书》制科取士，可谓盛矣。然人人崇用朱传，而不知反验之身心，口之所能言、笔之所能书顾茫然也。先生思振其衰弊，以为人皆可尧、舜，独持此不学不虑之良知，而作圣之功，不废学虑。孩提之不学不虑，与圣人之不思不勉本体同，而求端用力在于致。《大学》“致知在格物”，《中庸》“致中和”、“致曲”，推而极之，毕天下之能事，至于天地位、万物育，而非有加良知也。孔子曰：“我欲仁，斯仁至。”不得谓良知之远且难也；曾子曰：“仁以为己任，任重道远。”不得谓致良知之近且易也。

良知即明德，是为德性；致之有事，必由问学。尊德性而道问学，致良知焉尽之矣。故谓象山为尊德性，而堕于禅学之空虚，非尊德性也；谓晦庵为道问学，而失于俗学之支离，非道问学也。非存心无以致知，后人自分，而晦庵、象山自合耳。顾晦庵之学，已皎然如日月之丽天。先生欲表章象山，以救词章帖括之习，使人知立本、求自得，故其言曰：“朱、陆二贤者天姿颇异，途径微分，而同底于圣道则一。其在夫子之门，视如由、赐之殊科焉可矣。而遂摈放废斥，若碔砆之于美玉，奚为也？”

至于“四无”之说，流失在龙溪。而天泉夜论，其师不以为不然，故滋后人口实，然其中正有可详求者。阳明之所为“四无”，固异于龙溪之所为“四无”。龙溪之所谓“四无”，以无为无者也，荡而失归，恍惚者托之矣。故其后为海门、为石梁，而密云悟之禅入焉。阳明之所谓“四无”，以无为有、以有为无者也。前乎此者，濂溪之“无极而太极”；后乎此者，蕺山之“无善而至善”。“上天之载，无声无臭”，“形而上者谓之道”，是不可名者也。故知善知恶是良知，为善去恶是格物。统中人以上、中人以下，循循焉俱由此二言入。教人有序，虽卓立唶叹之颜子不能出其范围，固当以绪山之所守为正矣。致良知实功唯为善去恶，故曰：“致知在格物。”其小异于朱子者，正心

128

诚意之事并摄入格致中，举存心、致知不分为二，是固《中庸》"尊德性"、"道问学"之本旨也。

善乎，郑端简之言曰："王公才高学邃，兼资文武，近世名卿，鲜能及之。特以讲学故，众口交訾。盖公功名昭揭，不可盖覆。唯学术邪正，未易铨测。以是指斥，则谗说易行，媚心称快尔。"今人咸谓公异端陆子静之流。嗟乎，子静岂异端乎！以异端视子静，则游、夏纯于颜、曾，而思、孟劣于雄、况矣！公所论叙《古本大学》、《则言》、《传习录》诸书具在，学者虚心平气，反复融玩，久当见之。宁庶人反时，又能不顾九族，身任其事，不逾旬朔，卒平大难。宣德乐安之变有如公者，景陵无羁靮之劳矣。

万历十二年十月，大学士申时行等疏曰：

前御史詹事建白先臣王守仁、陈献章从祀学宫，下九卿、科道官议。诸臣不能深唯德意，杂举多端，或且诋訾守仁。奉旨："王守仁学术原与宋儒朱熹互相发明，何尝因此废彼。"大哉王言！亦既明示之矣。而议者纷纷，迄无定论，又命廷议归一具奏。

仰唯皇上重道崇儒，德旨屡下，深切著明。今覆议乃请独祀布衣胡居仁，臣等窃以为未尽也。彼诋訾守仁、献章者，谓之"伪学"、"伯术"，原未知守仁，不足深辨。

其谓各立门户者，必离经叛圣，如老、佛、庄、列之徒而后可。若守仁，言"致知"出于《大学》，言"良知"本于《孟子》。献章言"主静"，沿于宋儒周敦颐、程颢。皆阐述经训，羽翼圣真，岂其自创一门户耶？事理浩繁，茫无下手，必于其中提示切要以启关钥，在宋儒已然。故其为教，曰"仁"曰"敬"，亦各有主。独守仁、献章为有门户哉！

其谓禅家宗旨者，必外伦理、遗世务而后可。今孝友如献章，出处如献章，而谓之禅，可乎？

气节如守仁，文章如守仁，功业如守仁，而谓之禅，可乎？

其谓无功圣门者，岂必著述而后为功耶？盖孔子尝删述《六经》矣，然又曰"予欲无言"，曰"吾无行而不与二三子"。门人颜渊最称好学矣，然于道有以身发明者，比于以言发明，功尤大也。

其谓崇王则废朱者，不知道固相成，并行不悖。盖在朱时，朱与陆辩，盛气相攻，两家弟子有如仇敌；今并祀学宫。朱氏之学，昔既不以陆废，今独以王废乎？

大抵近世儒臣，褒衣博带以为容，而究其日用，往往病于拘曲而无所建树；博览洽闻以为学，而究其实得，往往狃于见闻而无所体验。习俗之沉锢，久矣！今诚祀守仁、献章，一以明真儒之有用，而不安于拘曲；一以明实学之自得，而不专于见闻。斯于圣化，岂不大有裨乎！若居仁之纯心笃行，众议所归，亦宜并祀。我国家二百余年，理学名臣，后先辈出，不减宋朝。至于从祀，乃止薛瑄一人，殊为阙典。昔人有云："众言淆乱，折诸圣。"伏唯圣明裁断，益此三贤，列于薛瑄之次，以昭熙代文运之隆。

制曰："可"。

康熙某年，汤斌答陆陇其书曰：

手教："孔、孟之道，至朱子而大明。学者但患其不行，不患其不明；但当求入其堂奥，不当又自辟门户。"再读《学术辨》云："天下有立教之弊，有末学之辨。"又云"泾阳、景逸未能尽脱姚江之藩篱"，圣人复起，不能易也。独谓弟不欲学者诋毁先儒，是诚有之，然有说焉。

弟少无师承，长而荒废，茫然无所知。窃尝泛滥诸家，妄有论说。其后学稍进，心稍细，甚悔之。反复审择，知程、朱为吾儒正宗，欲求孔、孟之道而不由程、朱，犹航断港绝潢，而望至于海也。

若夫姚江之学，嘉、隆以来，几遍天下矣。近有一二巨公昌言排之不遗余力，姚江之学遂衰，可谓有功圣道。然海内学术，浇漓日甚，其故何欤？盖天下相尚以伪久矣。今天下深明理学者固众，随声附和者实多。更有沉溺利欲之场、毁弃坊隅、节行亏丧者，亦皆著书镂板，肆口讥弹，曰"吾以趋时局"也。亦有心未究程、朱之理，目不见姚江之书，连篇累牍无一字发明学术，但抉摘其居乡居家隐微之私，以自居卫道闲邪之功。夫讦以为直，圣贤恶之。唯学术所关，不容不辨，如孟子所谓"不得已"者可也。今舍其学术而毁其功业，更舍其功业而讦其隐私，岂非以学术精微未尝深讨，功业昭著未易诋诬，而发隐微无据之私，可以自快其笔舌？此其用心亦未光明矣。在当年，桂文襄之流不过同时忌其功名，今何为也？责人者，贵服人之心。自古讲学，未有如今日之专以嫚骂为能者也。

或曰："孟子尝辟杨、墨矣，杨、墨何至'无父无君'？孟子必究其流弊而极言之。此圣贤卫道之苦心也，何怪今之君子欤？"

窃以为不然。孟子得孔子之心传者，以其知言、养气、性善、尽心之学，为能发明圣人之蕴也。盖有所以为孟子者，而后能辟杨、墨，息邪说，闲先圣之道；若学术不足继孔子，而徒日告于人曰："杨、墨无父无君也"，"率兽食人也"，恐无以服杨、墨之心而熄其方张之焰矣。孟子曰："今之与杨、墨辩者，如追放豚，既入其苙，又从而招之。"则知当日之与杨、墨辩者亦不乏人矣，今无片言只字之存，则其不足为轻重可知也。然则杨、墨之道不传于今者，独赖有孟子耳。今不务为孟子之知言、养气、崇仁义、贱功利，而但与"如追放豚"之流相颉颃焉，其亦不自重也已。

台谕云："阳明尝比朱子于洪水猛兽，是诋毁先儒莫阳明若也。今亦黜夫诋毁先儒者耳，庸何伤！"

窃谓阳明之诋朱子也，阳明之大罪过也，于朱子何损？今人功业文章未能望阳明之万一，而止效法其罪过，如两口角骂，何益之有？恐朱子亦不乐有此报复矣。故弟之不敢诋斥阳明者，非笃信阳明之学也，非博长厚之誉也，以为欲明程、朱之道者，当心程、朱之心，学程、朱之学，穷理必极其精，居敬必极其至，喜怒哀乐必求中节，视听言动必求合礼，子臣弟友必求尽分。久之，人心咸孚，声应自众。即笃信阳明者，亦晓然知圣学之有真也而翻然从之。若曰能谩骂者即程、朱之徒，则毁弃坊隅、节行亏丧者皆将俎豆洙、泗之堂矣，非弟之所敢信也。

弟年已衰暮而学不加进，唯愿自体勘求，不愧先贤。或天稍假以年，果有所见，然后徐出数言就正海内君子未晚。此时正未敢漫然附和也。

斌号潜庵，睢州人，孙征君钟元门人。

论曰：道固一贯，其流则万析焉。既精，支离是患。

儒者之学，固以经世务为验也。昔孔子作《春秋》，空文当行事；孟子游事梁、齐，阔其言弗用；汉董、贾，宋周、程、张、邵、朱诸贤，未得大展所为；阳明遭际运会，值昏乱之朝，而能以勋名完立，卓然为一代安国家、定社稷元臣。即其初谪龙场，亦有一纸书剪安之烈，使天下见儒者经纶无施不可，盖皆其学之厚积有以发之。忌者顾从而指为伪，甚矣。石斋黄公称先生气象类孟子、明道，而出处建功之迹近于伊尹，知人知言哉！

新建伯文成王先生世家
耿定向

先生有言曰："豪杰而不圣贤者有之，未有圣贤而不豪杰者。"盖尝上下古今，三代以还，不具论孔孟后负豪杰才者，类溺于质矣。优入圣域者诚尠。迺潜心学圣，以名理著称者，原本才质足拟古豪杰士，固不数数然也。惟我昭代文成王先生，亶乎豪杰之才，而圣贤学者，孟子以后鲜与匹矣。顾其受才英迈，驺宕不羁，少乏狗齐之誉，而人伦所遭又多不幸，且逢世艰危，任肩重钜，其应用施措，有难以绳矩律者。以此世之婍修莊士，或泥其迹，不欲深究其学，而一二及门承传者，识及质淆，见超至麤，只窃其绪言而张皇之，行多不掩，因缘饰以异说，致使先生学竟湮郁不彰。忧世卫道者，至谓先生借寇兵，赍盗粮，岂不悲哉？愚本据先生生平所历，著世家，中特述其经尝险阻，为明怆惩悟人之因，而尤详其晚年省悔克治之切，以著其修證之实。世豪杰士，勿徒眤耳，而直反之躬，不自咎往，而亟图更其新。先生我师哉？维时见知闻知者，多在豫章举所知，述邹罗二先生传外，述泰州心斋传者，陆子静有言："可使不识一字凡夫，立地作圣。"玩心斋先生良知旨，信立地作圣诀也。

先生姓王氏，讳守仁，字伯安，其先晋右军羲之裔也。右军传二十三世，迪功郎寿，始自山阴徙余姚。传五世，曰纲字性常者，具文武才，国初为刘伯温荐，仕至广东参议，遇苗乱死之。参议生彦达，达伤父死难，不仕，号秘湖渔隐。渔隐生与准，是为先生高祖，精礼、易，永乐中辟举，避步坠石崖，伤足得免，因号遁石翁。翁生杰，以明经贡太学，号槐里子。生天叙，号竹轩，以子贵赠礼部右侍郎，后加赠如先生爵，累世载德，见诸名公所著传。赠公生华，是先生父，号海日，亦号龙山，成化辛丑赐进士及第第一人，仕至南京吏部尚书。母郑夫人娠十四月而诞先生，成化壬辰九月丁亥也。

先生生五岁始言，即能诵赠公所恒读书，赠公讶之，封曰："儿往耳而默记之也。"尚书公及第，先生方十龄，赠公携于京师，过金山，饮客命赋诗。先生赋曰："金山一点大如拳，打破淮扬水底天。醉倚妙高台上月，玉箫吹彻洞龙眠。"客惊异，复命赋蔽月山房诗。曰："山近月远觉月小，便道此山大于月。若人有眼大如天，还见山小月更阔。"卓志超识，其凤植耶。比至京就塾，尝闻塾师以科第为第一等事，先生中不然曰："科第上有圣贤事当为者。"赠公闻而奇之。丙午，年十五，游居庸，慨然有经略四方志。是时畿辅、秦、楚患盗，拟上书阙下，尚书公斥之，乃止。弘治改元戊申，年十七，外舅诸公宦豫章，往就甥馆，合卺毕，闲步铁柱宫，见道士静坐，与语，悦之，遂相对终夕。归越过广信，谒娄一斋谅。谅故游聘君康斋门者，为语"圣人为必可至"，深契焉。先生故好谑，自是常端坐省言，同业者未信。先生曰："吾昔放逸，今知遇，当改也。"壬子，年二十一，举乡试入京，为考亭格物学，觉烦苦无得，乃贬为词章。明年下第，时相李文正戏呼为来科状元，且曰："试以吾言作赋。"先生援笔立就，惊羡为"天才天才"云。念疆圉多警，乃留意兵法。寻有疾，复谈养生术。己未，年二十八，成进士，观政工部，与海内名士乔宇、汪俊、李梦阳、何景明、顾璘、徐祯卿、边贡辈学古文词。已差督造王威宁墳，事竣，谢弊不受，受其佩剑，以符所梦也。应诏上边务八事。逾年，授刑部主事，创制《囹圄巡警规》，至今遵之。嗣差视谳江北，便游九华，闻岩洞有异人，历崄访之。异人初不语，徐曰："周茂叔、程伯淳若家好秀才，可归求之。"先生会心焉。壬戌秋，请告归越，年三十二，究心二氏之学，筑洞阳明麓，日夕勤修习，静中内照，形躯如水晶宫，忘己忘物，忘天忘地，混与太虚同体。有欲言而不得者，常思遗弃世累而不能置。念于祖母岑及尚书公，久之，悟此念生自孩提，人之种性，灭绝种性，非正学也。甲子，聘主山东试，识拔多名士，程录尽出其手，士林传诵焉。明年门人始进，与甘泉湛公定交。尝谓"初志此学，几仆而兴，晚得友甘泉，而后吾志益坚，毅然不可遏"云。正德改元丙寅，奄瑾窃柄，恶南台省戴铣、薄彦徽等攻己，逮系诏狱。先生抗疏救之，瑾矫诏收先生，杖谪贵州龙场驿驿丞。既行，瑾使人尾侦之，将甘心焉。先生至钱塘，讬迹投江，附估舫遁，倏遇飓风，飘至闽境。夜奔山径，叩寺求宿，不纳，则之别刹。刹故虎穴，穴僧恒趣旅客于中，而利其遗物于虎口。及先生至，虎绕刹咆哮，不及入。且，僧知先生无恙，异之，乃要至寺，则前铁柱宫所晤道士在焉。因与商远遁意。道士曰："公有亲在，且名满朝野，倘不逞之徒假姓名倡乱，家族危矣。"为筮之，遇《明夷》，遂决策归，由武夷出广信，省尚书公于留都。丁卯夏，徐曰仁、蔡宗衮、朱节受学。是秋三子子同举乡试，别先生。为序，明师友之义，具《文录》。冬，赴龙场。龙故在万山丛棘中，蛇虺魍魉，瘴疠蛊毒之交错。夷人鴃舌，语言不通。无居舍，始教之范土架木为小菴，已就石穴而处。从行三仆，以历险冒瘴，皆病，先生躬析薪汲水，作糜以饲，百方慰解之。目同旅行者，父子主仆骈首死焉。为文瘗之，而自为石椁以待。盖先生于时，因衡动忍，不惟得失荣辱胥已解脱，即死生一念亦为拚置。端居澄默以思，倏若神启，大解从前伎俩见趣，无一可倚，惟此灵昭不昧者，相为终始。不离伦物应感，而是是非非，天则自见。证之《六经》、四子，无不吻合，益信圣人之道，坦若大路，如此著《五经臆说》。与学者尝发格致旨。久之，夷人亦渐亲近，共伐木，为构龙冈书院、何陋轩、玩易窝居之。安宣尉来遗馈，却之。因申朝廷威信令甲，析其减驿之议。又讽之出兵，平阿买、阿扎之叛。盖不特忘在夷狄患难中，且有以行乎夷狄患难者。与贵阳学使席公书，往复质辨朱陆同异。席大省，著《明宽录》，而葺书院居先生，率诸生师事之。庚午，量移庐陵令，时当论知行合一。初于门人徐曰仁发之，谓称："人知孝知弟，必其能孝能弟，即知痛知痒，非本诸身，亦恶乎知？盖欲人反身默议。所以生生者，惟此知，故即知而行在其中，非闻见知解之知也。世儒局于习闻，执以考索为知，以摹拟为行，从来矣。"闻之多骇疑者。过常德、辰州，见冀元亨、蒋信、刘观时，成能卓静坐，后稍有悟，复示书曰："于此着力，方有进步，顾须刊落声华，切己用功，重惩世呕标榜者。"在庐陵仅七月，政务开导人心，不事刑威，稽旧制，选里正三老，坐申明亭，讼者至，使劝解化诲，后几无讼。冬入觐。台州黄宗贤绾来问学，自言"于学有志，未实用功"。先生曰："人患无志，不患无功。"后契良知旨，始纳贽称门人。卒为先生托孤，以女取其胤子。是年，先生升南刑部主事，寻改吏部验封司，会试为同考试官，识邹文庄于糊名卷中，一时人服其精鉴。同寮方叔贤献夫位在先生上，闻先生论学有契，遂肃贽受学。引疾归西樵，以卒其志。先生寻转文选员外郎，升考功司郎中。门人稍益进，谓王司成云凤曰："仁，人心也，体本弘毅，识仁，则弘毅自不容已"云。已升南京太仆少卿，便归省。舟中与徐曰仁论《大学》宗旨。曰："格物是诚意功夫。"曰仁因省"明善是诚身功夫，穷理是尽性功夫，道学问是尊德性功夫，博文是约礼功夫，惟精是惟一功夫"，知行合一旨大洞然。曰仁盖得于反身实体也。逾年至滁。孟源问："静坐中思虑纷杂，奈何？"曰："思虑亦强禁绝不得，就其萌动处省克，到天理精明后，有物各付物意，自然精无杂思矣，所谓知止乃有定也。"

甲戌，升南京鸿胪卿，年三十五。薛尚谦侃、陆原静澄、郭善甫庆辈受业，先生往惩末俗卑污，来学者多就高明一路引掖。时见有流入空虚，为放言高论者，甚悔之。自是教学者存理去欲，为省克实功。谓黄宗贤曰："学须立诚，从心体入微处用功。不然，则平日所谓学者，适以长傲，遂非。彼自谓高明光大，而不知堕于狼戾险嫉矣。"谓陆澄曰："义理无定在，无穷尽，未可少有得即自足。尧舜之上善无尽。今学者于道，若管窥天，少有所见，遂傲然居之不疑。与人言论，不待其终，而先怀轻忽非笑心，訑訑之声音颜色，有道者侧观之，方为之悚息汗颜，而彼且悍然不顾，略无省悔，可哀已。"澄问："论道者往往不同，何如？"曰："道无方体，即天也。人尝言天，实未知天。若解道即天，何莫非道？彼局于一隅之见，以为道止如此。若解向里寻求，见得自己心体，即无处不是此道。亘古亘今，无终无始，更何同异？盖心即道，道即天，知心则知道知天矣。欲见此道，须从心上体忍始得。"澄问："象山云'在人情事变上作工夫'，如何？"曰："除了人情事变，即无事矣。喜怒哀乐，非人情乎？自视听言动，以至富贵贫贱，患难死生，皆事变也。事变惟在人情里，其要在致中和。"谓汪司成俊曰："心统性情，寂感体用一原也。顾用显而易见，体微而难知。彼谓自朝至暮，未有寂然不动时，是惟见其用，未得其体也。善学者，因用识体耳。"又曰："体用一源，有未发之中，即有发而中节之和。今人发不中节，可知其未发之中未全也。一或问"已发未发"。曰："譬之钟声，未扣不可谓无，既扣不可谓有。未扣时，原足惊天动地；既扣时，亦止是寂天寞地。"澄问："出入无时，莫知其乡。"曰："心之本体原是如此，盖论本体，原无出入。若谓思虑运用是出，其主宰常昭昭，在此何出之有？既无所出，何人之有？出入只是动静，动静无端，何乡之有？"又曰："心不可以动静分，体用动静，时也。即体而言用在体，即用而言体在用。谓静可见体，动可见用，则得精神言动，大率以收敛为主，发散是不得已，天地人物皆然。圣人到，位天地，育万物，从喜怒哀乐未发之中养来。后儒不明格物之说，见圣人无不知，无不能，乃于初学入门时，欲讲求得尽，岂有此理。"谓薛尚谦曰："学专涵养者，日见其不足；骛识见者，日见其有余。日不足者，日有余；日有余者，日不足矣。"又曰："不致良知而溺闻见，是不务力，出而惟籴以给朝夕者，愚矣哉。"乙亥，临川陈惟浚九川见先生于龙江，述问答四条，后再见于虔州，述先生十五条，具《传习录》中。

丙子，年四十五，升金都御史，巡抚南、赣、汀、漳等处。南赣当四省之交。漳南象湖、长富诸巢交于闽，贼魁詹师富等据之；其西横水、左溪、桶冈诸巢交于楚，贼魁谢志珊、蓝廷凤等据之；其东南三浰、九连诸巢交于粤，贼魁池中容等据之。不时四出劫掠，为患累年，三省抚臣往相观望，急则议请夹剿。每逾时，兵始集，集则贼已窜匿，徒糜饷费，为居民苦。而时宸濠等业已潜蓄不轨，阴与贼通，为之曲护，以此积至数十万众。前抚臣畏难引疾被论去。先生丁丑春莅任，始至，置二匦行台前，曰："求通民情，原闻己过，念漳患孔棘，甫旬日即出师。"初以粤兵违节制失利，众议济师候秋举，先生不可，躬率诸道进兵，趣上杭，出其不意，直捣象湖，乘胜破长富及水竹等四十余巢，漳南以平。其年九月，疏上本兵，复请改授提督兼巡抚，得便宜行事，意盖微也。十月，成军而出，一鼓而破横水、左溪，再鼓而灭桶冈。三浰贼尤为悍黠，拟官僭号，为恶称矣。时闻各巢破，惧而佯款，阴增机阴窜毒，以虞王师。先生故休士归农，明年正月，计擒其渠魁，遂振旅复举，击其懈，又一鼓而破三浰，再鼓而下九连，其分合先后，算无遗策矣。捷奏，升副都御史，荫子锦衣卫，世袭千户。

先生莅赣，甫逾年，凡三捷皆役，不再籍，兵无挫刃，数十年负固不逞之凶，一旦殄荡，功何伟也。且念其初至，兵乏矣，第选民兵，立兵符，明赏罚以练之，而不征调狼达。土兵食匮矣，第疏通盐法，处商税以足之，而未始加赋编民。申保甲，谕告格于其始；立社学，举乡约，以和厥中；已开县治，置巡司，移邮驿，以图厥终。经略周而垂裕到今矣。先生在事，燕居则挽强习劳，出兵则跃马先驱。即倥偬中，时时朋来问学，挥尘谈道。其任事何勤，而神情又何暇裕耶。志珊就擒，先生讯之曰："汝何策得众若此？"珊曰："平生见世魁杰夫，多方招结，不轻放过也。"先生退谓九川曰："吾侪求友，当如此矣。"其年刻《古本大学》、《朱子晚年定论》、《报太和少宰罗整菴钦顺书》，论格致甚辨。后《报顾华玉磷书》，尤辨。而拔本塞源论，发千古万物同体旨，订砭习相沿锢弊，可俟百世者。二书具《传习录》中。薛侃等刻《传习录》。修濂溪书院，以待四方来学。欧阳崇一德受学。崇一年最少，已举乡试，先生深器之。己卯，邹谦之守益来学，详具《本传》。

其年六月，奉勒勘处福建叛军，至丰城，闻宸濠反，急走小舸返吉安。飞章上变，与知府伍文定等定谋，徵兵各郡，并传檄邻省，扶义勤王。先生于时以兵难卒集，且虞两都之无备也，乃为先声张疑，以逗遛贼兵，而又多方行间，以离其党。宸濠果迁延至七月初，发南昌，攻陷南康、九江，进围安庆。我师既集，金请急救安庆。先生策曰："南昌既已从逆，南康、九江又失守，我师深入与贼交持，如南昌绝我粮道，南康、九江之兵从中夹击，安庆必不能援，是腹背受敌，非策也。不如先举南昌，法所谓'攻所必救'是已。"乃誓师樟树，授伍文定等方略，如期俱至汎地。先生亲鼓之，三军竞奋登城，城遂拔，擒诸从逆居守者。先生入城，籍封府库，抚集居民，时贼攻安庆方急，闻南昌破，大恐。李士实等谋弃南昌，径趋南京，或从蕲黄直犯北阙。濠入前间，不听，悉众还。金谓贼众，盛欲坚壁待援。先生度贼，进不得逞，还无所归，气已消沮，出奇击惰，便遂迎战于椎舍，三战，大破之，执濠并其宫嫔、遗孽、伪相李士实等，捷奏不宣。诸奸佞江彬等导上南巡，下制亲征，遣先锋谕先生纵濠鄱湖，俟驾至，临战执之，为悦，谋叵测矣。先生亟从越道献俘行在，而彬等率兵至南昌，飞语四出。先生道遇近侍张永，谂为珰中之有良者，为语江西隐祸可虞，即以俘属献，止上亲征，而卧病杭城寺中，取进止。久之，勒兼巡抚，还江西。明年，上在留都，诸奸佞百方诪构，屡伪旨召先生，意图之。先生知，不赴。因谮先生有将心，试召之，必逆命。先生因永知其谋，时闻召，即乘小舫，取渔艇数十为卫，星夜破浪趣行在，至上新河，诸奸佞阻之，不得见。退次芜湖，已待命九华山。逾月，上使校觇之，谂先生晏坐草菴中，上始释曰："王守仁学道人也，前言者诬矣。"乃复命还江西。先生过开先寺，刻石纪事，曰："于赫皇威。神武不杀，如霆之震，靡击而折。神器有归，孰敢窥窃。天鉴于宸濠，式昭皇灵，嘉靖我邦国。"

其年夏，复如赣。至则阅兵，简武如常。门人危疑其间，请释兵还省，先生处之泰然，第曰："二三子，何不讲学。"盖是时逆濠未死，诸奸佞素通濠得金钱者，多在上左右，已谮逆志，第以先生在赣，不敢动也。世第知先生擒濠之功之伟，不知先生惟时沉几曲算，内戢凶倖，外防贼党，抚定疮痍，激励将士，盖凛凛乎如持劲敌，如履春冰矣。濠伏诛，咨部院，雪冀元亨冤状。元亨楚人，濠以讲学为名，礼招之。元亨因以学规濠，濠不怿而返。先生卫之归后，构先生者波及之，故先生为雪云。其年秋，还南昌。泰州王银服冠古服，执木简书诗为贽，以宾礼见。先生降阶迎，延上座，问："何冠？"曰："有虞氏冠。""何服？"曰："老莱子服。"曰："学老莱乎？"曰："然。"曰："将止学其服，抑学其上堂诈跌掩面啼哭也。"银色动，坐渐侧，与反覆论格致旨。有省，乃反服执弟子礼。先生为易名艮，汝止。

辛巳，先生年五十，遗谦之书曰："近从百死千难中信得致良知三字，真圣门正法眼藏，无不俱足。譬之操舟得舵，平澜浅濑，无不如意，虽遇颠风逆浪，亦可免于没溺。但恐学者易之，将作光景玩弄，不切实用功，负此知耳。"伦彦式以训来学，问："学无静根，感物易动，处事多悔，奈何？"先生谓："学无间于动静。其静也常觉，而未尝无，故常应；其动也常定，而未尝有，故常寂。动静皆有事焉，是为集义。集义自无祗悔云。"嗣谓聂文蔚曰："集义惟是致良知，实致良知，自勿忘，自无意必固我，自勿助，所谓必有事而勿忘勿助，以此有事非虚也。"尝谓王纯甫曰："心外无善，心外无义，吾心之处，事事物物纯乎理，而无人为之杂，谓之善，非在事物，有定所之可求也。处物为义，是吾心得其宜义，非可袭而取也。格者格此，致者致此。若曰事事物物求至善，是离而二矣。"先生五疏乞省葬，其年始得允，归越。钱洪甫德洪率其同里孙应奎等七十余人受学。时辅臣恶本兵王琼甚，而先生奏捷疏，每归功本兵，盖谓："平贼擒濠，以改提督得便宜，琼本谋也。"辅臣亦忌先生，以此滋不悦，捷奏，久不赏。嘉靖改元，始诏录先生功，封新建伯兼南京兵部尚书，参赞机务，三代赠封，如其爵。遗使迎晏，劳使至门，而海日公卒，先生宅忧，忌者又以锡晏劳费为辞，嗾言官论沮，服阕，竟不召。谗谤益起，虽封爵锡号，竟未与铁券岁米，一时勤王有功诸臣，中伤废斥几尽。先生不自安，累疏辞封，乞录诸勤王者功，竟格不行。

先生忧居在里，四方来学者踵至，署其门曰："孔孟之训昭如日月，诸支离似是而非者，异说也。有志圣学者，归求诸孔、孟之训可矣。"逾年，四方来学者弥众。郡守南元善大吉为先生辛未所录士也，守绍时闻良知旨，尝于先生前自省临政多过，谓先生何无言。先生曰："吾已言之。吾尝言良知，良知固自知也。"自省加密。先生曰："往镜未明，可得藏垢；今镜明矣，一尘难住，此入圣机也，勉之。"元善创稽山书院，以待来学。是年序礼记纂言，谓"礼原于天命之性，老庄外礼言性，故谓礼为道德之衰、仁义之失。世儒外性求礼，纷纭于器数仪文之末，而忘秩序之原云"。进贤舒国裳、国芬来学，先生与论律吕，谓："求元声不在葭灰黍粒中，在此心能致中和。"先生于礼乐，盖深达本原如此。国裳疑敬畏累洒落。曰："洒落生于天理常存，天理常存由戒惧之无间，敬畏固所以为洒落也。"答周道通问学，章凡七，皆发明良知旨。答陆原静问学，章凡十六，读者喜。澄善问，因见先生答问之教云。先生谓："原静止在知解上转，不得已与之分疏耳。若信得良知，在良知上用功，千经万典，无不吻合，异端曲学，一勘尽破矣。"徐昌国谈长生术，尝谓："居有不可超无，滞器非以融道。"先生曰："去有超无，无将奚超？外器融道，道器为偶矣。子固未超未融乎？夫消息盈虚皆命也，纤巨内外皆性也，隐显寂感皆心也，存心尽性，顺命而已。"问："冲举有诸？"曰："尽鸢性者，可冲于天；尽鱼性者，可泳于渊；尽人之性者，可知化育也。"昌国怃然。曰："命愚矣。"萧惠问死生。先生曰："知昼夜，即知死生。"问昼夜。曰："知昼则知夜。"曰："昼有不知乎？"曰："畴知昼哉？懵懵而生，蠢蠢而食，不著不察，终生梦昼也。惟息有养，瞬有存，惺惺不昧，通昼夜之道，而知更何生死。"谓陆澄曰："仙家说虚，圣人岂能于虚上加得一毫实；佛家说无，圣人岂能于无上加得一毫有。但二氏不免义有虚无见在也。惟此良知之虚，便是天之太虚；良知之无，便是太虚之无形。圣人惟顺此良知发用，天地万物皆我良知发用流行中，更无物作障碍也。"语张元冲曰："圣人尽性至命，何物不具？即吾尽性至命，能完养此身谓之仙，能不染世累谓之佛，二氏之用皆我之用，世儒不见圣学之全，故成二见分别耳。"先生于二氏，盖已洞悉其机要而范围之，顾其学自有宗也。尝曰："世儒支离外索，求明物理，而不知吾心即物理。佛老空虚遗伦物，求明心而不知物理即吾心。析心与理，二之蔽也久矣。宋至周、程，始追寻孔、颜之宗，其无极太极，大公顺应之论，庶几精一之旨。象山之纯粹，和平虽若未逮，而直截简易，真有以接孟子之传，要其学之必求诸心，则一也。"尝别湛文简曰："某溺于邪僻者二十年，后赖天启，沿周、程之说求之，始稍有觉。”谓储文懿曰：“世有周、程，吾得就弟子列，诚大幸。此不可得，诚得高弟而私淑焉，亦幸也。”其尊信如此。世窥二氏一斑者，辄掊击周、程，即孔、孟亦辩髦之，何其不怍哉？南元善疑博约先后训，先生著说解之，具《文录》中。

甲申，海宁董萝石云，年六十八，以诗闻江湖。间来见先生，与语有省，强纳贽受学。先生以师友之间礼遇之，为著《从吾道人记》，具《文录》中。士人有疑为学妨举业者。先生曰：“实志圣贤学者，犹治家，力产作业，致富厚宾，至出所有享之，乃自享尤无尽也。今世业举者，如治家不务居积，而惟日假贷以延宾，宾退而终为窭人矣。是求在外者也。”是岁从先生游者，遇比多中式，而钱楩、魏良政发解江、浙两省焉。士绅官司理者，憾为职业所萦，无暇为学，先生曰：“凡学官先事，离事为学，非吾格致旨也。即以听讼言，如因其应对无状而作恶，因其言语圆融而生喜，因其请托而加憎，因其籍援而曲徇，或以冗剧而怠，或以浸潜而淆，皆私蔽也。惟良知自知之细，日省克不少偏枉，方是致知格物也。”一日王汝止出游归，先生问何见。对曰：“见市人皆圣人。”先生曰：“市人但见子是圣人也。”他日董萝石出游归，先生问如前。董对如汝止。先生曰：“此常事，何异也。”汝止时圭角未融，萝石初机乍解，见同答异，一裁之，一实之也。钱洪甫尝谓：“人品易知高者，如泰山在前，孰不知仰？”先生曰：“泰山不如平地也。”黄冈郭善甫挈其徒吴良吉走越受学，途中相与辩论未合，既至，郭属吴质之先生。先生方寓楼餐，不答所问，第目摄良吉者再，指所餐盂，语曰：“此盂中下乃能盛此餐，此案下乃能载此盂，此楼下乃能载此案，地下乃能载此楼，惟下乃大也。”良吉退就舍。善甫问：“先生何语？”良吉涕泗横下，呜咽不能对。已，良吉归而安贫乐道，至老不负师门云。谓黄宗贤曰：“凡人躁浮忿欲，皆缘良知蔽塞，而后有大勇不能制而克也。《中庸》曰：‘知耻近乎勇。’耻已良知蔽塞耳。今人以语言不能屈服人为耻，以意气不能凌轧人为耻，以愤怒嗜欲不得直意任情为耻。耻非可耻，而不知耻所当耻，舛矣。”宗贤时贰秩宗，常与朝议，有戆直风，故进之如此。一日寓寺中，有郡守见过，张燕行酒，在侍诸友弗肃酒，酒罢，先生哨曰：“诸友不用功，麻木可惧也。”友不达，请过。先生曰：“可问王汝止。”友就汝止问。汝止曰：“适太守行酒时，诸君良知安在？”众皆惕然。尝游阳明洞，随行者途中偶歌，先生回顾，歌者觉而止。至洞坐定，徐曰：“吾辈举止少有骇人处，便非曲成万物之心矣。”一友侍，眉间有忧思，先生顾谓他友曰：“良知固彻天彻地，近彻一身。一身不爽，不须许大事。第头上一发下乘，浑身即为不快，此中那容得一物耶？"友因自省。一日，市人阃而诉，甲曰："尔无天理。"乙曰："尔无天理。"甲曰："尔欺心。"先生闻之，呼弟子曰："听之，夫夫谆谆，讲学也。"弟子曰："诉也焉云学？"曰："汝不闻乎，曰天理，曰欺心，非讲学而何？"曰："既为学，又焉诉？"曰："夫夫也，唯知责诸人，不知反诸己。故也致良知者，惟反之自心，不欺此理耳。"先生察迩言，谨细节一语，点缀人锻炼人，类如此。

　　丙戌，大吉南元善被黜，书来问学，惟以得闻学为幸，无一语及升沉得丧间。先生壮之，还书相勖，毕志此学，具《文录》中。欧阳崇一守六安，奏记问学，凡四条，答之，一言"良知非断思虑，良知发用之思，自是明白简易，无憧憧纷扰之患"。三言"致知非绝事，应实致良知，则行止生死，惟求自慊而不为困"。四言"致知非谓逆忆，致良知则知险知阻，自然明觉而人不能罔"。先生居里，谤议日炽，一日谓门弟子曰："吾道非世俗所知"。时在侍者或谓先生功盛位崇，娼嫉者谤；或谓学驳宋儒，混同者谤；或谓有教无类，末保其往，或以身谤。先生曰："莫有之，顾吾自知尤切也。盖吾往名根，未能尽脱，尚有乡愿掩护，意在念一任吾良知，真是真非，罔所覆藏，进于狂矣。"唐虞佐龙劝先生撤讲择交，先生报书，喻为金淘沙，不能舍沙求金云。聂文蔚豹奏记谓："斯学直信于一人，虽不尽信于天下，道固自在，盖明己之能笃信也。"先生报书谓："孔氏欲以其学通之人人者，实其一体之心不容自己，非祈人之信己知己也。"文蔚初见先生，未纳拜，后按闽闻讣，始为位哭称门生云。

　　先是岑猛叛两广，集兵讨猛，死。田州其党卢苏、王受相结复叛，提督姚镆发四省兵讨之，二年不克，岭南大困。言官石金、大臣席书等荐先生代镆。夏，命兼都察院左都御史，征思、田。濒行，王汝止以所契格物旨陈说志远矣。先生曰："俟子他日自明之，引而不发，有以也。"先生又尝语薛尚谦曰："有善无恶者理之静，有善有恶者气之殊。不作好作恶，惟循乎理，不动于气，此圣人之所以能裁成辅相也。佛氏则倚于无善无恶之见，一切不理，不可以治天下矣。"语黄宗贤曰："圣人心如明镜，纤翳自无，不须磨刮。常人心如驳蚀镜，须痛加磨刮，方渐识本体。顾少有所见而任其习气昏蔽，不免流入禅释去也。"其年秋，先生发越，中道吉安，语诸士友曰："尧、舜生知安行，犹兢兢业业用困勉工夫。吾侪以困勉资，而欲坐享性安成功，大误也。"又曰："良知之妙，真是周流太虚，变动不居，顾借以文过饰非，为害大矣。"先生若预知承学之弊，而叮咛若此，抑先生非徒以言语告戒也，盖身之矣。初第，上《安边八策》，世绝称为訏谟者。晚自省曰："语中多抗励气，此气未除，而欲任天下事，其何能济？"筮仕刑曹，首禁狱吏取饭囚之余豢豕，世亦传为美谈。晚亦自省曰："善归己矣，于人何？此不学之过也。"寓京，以书尽规门弟，至相牴有违言，自省曰："不能积诚反躬，而徒腾口说，吾罪也。"在留都，人传谤书，心动，自讼曰："终是名根消煞未尽，愧矣。"平赣贼后，语门弟曰："吾每登堂行事，心体未能如朋友相对时，则不安。"或问宁藩事，曰："当时只合如此，觉来尚有挥霍微动于气所在，使今日处之，更别也。"其反己之深切，而用功之密，类如此。比入粤，沿途咨询，悉猛反叛之因由，往当事者处之未当。念二酋既已授首，其遗孽亿万生灵，可格而抚者。惟是断藤峡及八寨诸贼，盘据反侧，久犷毒岭表，岭表为患苦耳。既至梧，乃开示恩信，苏受等遂自缚来归，降七万一千人。先生薄示惩，遣归农。逾年春，遂班师，改田州为田宁府，立土官，散土目，设流镇制，为交趾蔽。刻石云："爰告思、田，毋忘帝德。爰勒山石，昭此赫赫。文武神圣，率士之滨。凡有血气，莫不尊亲。"田州府勒石云："田石平，田州宁；田水萦，田山迎；府治新，千万世，巩皇明。嘉靖岁，戊子春，新建伯王守仁，勒此石。勒此石，告后人。"遣苏受时，先生谕之曰："朝廷育尔，宜有以报。"众皆顿首，愿效死。盖欲借其力，剪除断藤峡及八寨也。乃姑令归农，以候征发，约期日。至七月，先是召讨思、田。永顺、保靖土兵，还道出八寨，密与领兵官约束，乘其不备袭之，而檄苏受等兵相犄角，或遏其前，或截其后，或张左右翼夹击，诛斩剧贼以万计，悉定其地。《亲行相度夷险疏》，诸经略甚悉。霍文敏，广人也，言于上谓："思州之乱，往兵连四省，糜费百万，止得五十日小宁。而守仁此举，不杀一卒，不费斗粟，遂使顽叛稽颡来服，雅舜格有苗不过也。至于八寨、断藤之举，尤有八善云。"捷奏，勒使赏奖至，而先生病矣，恳疏乞归，遂班师至南安，薨，时年五十七，嘉靖戊子十一月丁卯也。妒忌先生者，从中潜于上，抑其赏请，削夺官爵，赖肃皇明圣，怜先生功，以封爵本先朝信命，不允，但停卹典，子不得嗣封。

隆庆改元，上谕言官请赠新建侯，谥文成，制曰："竭忠尽瘁，固人臣职分之常；崇德报功，实国家激劝之典。矧通侯班爵，崇亚上公，而节惠易名，荣逾华、衮。事必待乎论定，恩岂容以久虚。尔故原任新建伯、南京兵部尚书兼都察院左都御史王守仁，维狱降灵，自天佑命。爰从弱冠，屹为宇宙人豪：甫拜省郎，独奋乾坤正论。身濒危而志愈壮，道处困而造弥深。绍尧、孔之心传，微言式阐；倡周、程之道术，来学攸宗。蕴畜既宏，猷为丕著；遗艰投大，随试皆宜；戡乱解纷，无施勿效。闽、粤之菁巢尽扫，而擒纵如神；东南之黎庶举安，而文武足宪。爰及逆藩称乱，尤资仗钺渊谋。旋凯奏功，速于吴、楚之三月；出奇决胜，迈彼淮、蔡之中宵。是嘉社稷之伟勋，申盟带砺之异数。暨复抚夷两广，旋至格苗七旬。谤起功高，赏移罚重。爰遵遗诏，兼采公评。续相国之生对，时庸旌伐；追曲江之殊卹，庶以酬劳。兹特赠为新建侯，谥文成，锡之诰命。于戏。锺鼎勒铭，嗣美东征之烈；券纶昭锡，世登南国之功。永为一代之宗臣，实耀千年之史册。冥灵不昧，宠命其承。"明年，子正億嗣封伯，某年卒。億子承勋嗣。越万历十二年，今上俞廷臣议，从祀孔广朝。

楚黄天台耿生曰：先生少禀殊质，受才卓荦，于学无所不窥，尝泛览于词章，驰骋于孙吴，英迈不羁，虽其志有在，亦才所纵也。筮仕立朝，则以风节著；炳文，则以文章显；展采错事，则以政治称。平赣贼，讨藩逆，戡粤乱，树鸿猷，建茂勋，昭然烈矣。先生金不以自多，而惟以明此绝学为己任。先生之学，故以致良知为宗也。罗文恭谓其学凡三变，其教亦三变，繄岂于此旨外别为转换加增哉？盖知之量，原无止极。先生之志宏且远，故于此学，惟一曰精，惟精曰一，其精进亦自无已，而教亦因之也。缅怀先生习静阳明洞中时，若已有见矣。俾世浅薄者，觑斯光景，其不玩弄狂恣者几希，乃先生顾不自慊也，而精进焉。逮龙场，处困之极，豁然大悟，所谓有无、内外、动静、寂感，已能一之，不为二见矣，而犹不自已，所为求友资切者，何殷殷也。于时教人，尝提知行合一指，而学者局于习闻，难入焉，教之默坐澄心，体认此理，而高明者，或乐简便而忘积累。先生虑之，故自涤留垢，时以存理去欲，省克立诚为教，盖即所体认者，而实体之非二见也。比当宸濠、张、许之难，军旅危疑中，自分呼吸俄顷，社稷安危，百万生灵，生死攸系，非直一身之休戚已者，于时第恃此知照察运用，倚著散，缓一毫不得，乃益信此知神感神应，圆机妙用，本来具足如是。以是自信，亦以此公之人人，自是为教，尚提致良知三字，盖默不假坐，而成心不待澄而定矣。尝迹先生生平，无论其辨析疑义，极深入微，发所未发，即谐俗谑谈，皆精义妙道也；无论其立言敷训，金为世则，即发教公移，其睿智仁让，贯彻于孺孩奸宄矣；无论其宣猷策敌，机智若神，即陶铸英贤，所以裁成诱掖者，其盼睐指顾，一洪冶钳锤也。唯先生浑身彻体，亶一囊良知，朗炳焜爝，照耀千古哉。彼侈彼向上一机者，吾不知之矣。聆其谈，若空花海蜃；视其履，若燕适粤驰；厝之用，若涂饭尘羹；輓近以此学为诟病，无惑也。噫。人之所以寓形而生者，实惟此知；人之所以异于禽兽者，惟致此知。先生揭此旨示人，岂直为学者增嫩标声哉。实起死而还之生，挈人伦而俾勿沦于异类也。吾侪诚不甘枉死，而求无忝所生；不安于异类，而思所以为人，奈何过惩乎。世之诟病者，而不反躬一默识乎哉。

新建伯文成王先生守仁
耿定向

今制刑部有提牢厅，置狱吏若干员，典守狱囚，月更一主政总其事。凡囚自大辟以下系狱中者，日给粮饭之。往狱吏相沿，取囚饭余豢豕，豕肥则屠之分食。先是堂卿或未之知，故亦无禁也。先生筮仕刑曹，适轮提牢，睹诸吏豢豕，恻然患曰："夫囚以罪系者，犹然饭之，此朝廷好生浩荡恩也。若曹乃取以豢豕，是率兽食人食矣。如朝廷德意，何欲督遇之？"群吏跪伏请宽，且诿曰："相沿例之，亦堂卿所知。"先生曰："岂有是哉？汝曹援堂卿以自文耳。"即日白堂卿，堂卿是其议。先生遂令屠豕，割以分给诸囚。狱吏到今不复豢豕云。

先生晚年在告家居，同里有官刑部主政管姓者，习其事。一日侍先生，喟然咨欷曰："先生平生经世事功，亡论掀揭之大，即筮仕刑部地屠豕一事，至今脍炙人口云。"先生闻已蹙蹙曰："此余少年不学，作此欺天罔人事也，兹闻之尚有余惭，子乃以为美谈，诶我耶。"管不达曰："上宣朝廷之德惠，下轸囹圄之罪人，本至德事也。先生顾深悔之，以为罪过，何也？"先生复蹙然曰："比时凭一时意见揭揭然，为此置堂卿于何地耶？只此便不仁矣。"嗣余贰刑曹时，举以语同志。友符卿孟秋氏问曰："然则豕当终不屠耶？"余曰："藉令先生知学后处此，必微婉默运，令发自堂卿，不使善归己，过归人矣。"先生家居时，里人有求鬻其产者，先生辞却已。一日先生偕董从吾、王汝止诸门弟游山，偶经其处，睹其风景佳胜，衷默悔前之未收也。忽惕然内讼曰："是何心哉？有贪心，便无恕心矣。"且悔且讼，两念交战膺中，行里许始化。徐告从行诸弟曰："克己之难如此云。"

仆同陋，平生笃信文成良知之学者，类此粗浅事耳。窃谓：由前创悔屠豕一事推之，实自致其知，则进之立朝，必不忍为钓奇买名事矣。由后省讼鬻产一事推之，实自致其知，则退之居乡，必不忍为侵人自殖事矣。只此修持，虽不能为出世佛、住世仙，庶亦不为世蠹也，自分如而已。

附论：尝闻先生教指，有曰"无善无恶者心之体，有善有恶者意之勤，知善知恶是良知，为善去恶是格物"云。由是以观，先生初与诸弟偕游也，载歌载咏，熙然陶然，维时心体，何善何恶也。见景而意动，曰"贪"曰"恕"，善恶分矣。省而克，克而化，先生之致知格物如此。此即颜子之有不有善，未尝不知，知之未尝复行也。彼意动不知省，竟成其贪者，此下流冥顽，无论已。即贤而砥修者，或亦知讼而改，顾意未动之前，既化之后，此间光景不知能体取否？于此错过，终无归根处，止在名义上检察耳，非不远之复也。乃今有勋传先生宗旨者，曰"心无善恶，意亦无善恶，知亦无善恶，物亦无善恶"云云，是上乘法，至谓见景即动，既动即为者为见性，而以讼悔为轮回，以迁改为拙钝。此则淫诐之极，伤风败教尤甚，有世道之责者，谓何？

余里中郭孝廉庆，字善甫者，敦朴笃行人也，从先生游最久，既归，则以其闻诸先生者，接引里中后生。里有茂才吴良吉，字仲修，性资视孝廉颇高明，因发志鬻产为资，附孝廉舟，偕往越中谒先生。行将抵越，孝廉一夕大愤悱，中夜呼吴生，语曰："吾夜来自省，胞中尚有俗念如许。如此夹杂心，安能领受先生教耶？"拊心痛自刻责不已。徐质吴生曰："子时自省如何？"吴对曰："此来一志，惟求教益，更何俗念？"孝廉呵曰："汝胞中犹螯贼窝巢，多少藏匿在，未能细自省察，便漫谓无耳。"吴生曰："但此志一真，便杂念自消，何须防检至此？"孝廉曰："不然，必搜涤诸杂念尽净廓清后，此志乃有树也。"昕夕争论如是。既至越，谒先生，已各就馆。先生故深居简出，出应四方来学者，就质有常期。一日值先生出应来学期，孝廉趣吴以前论辩语往质正。先生时燕居楼上餐饘，聆吴生语已，不答，第目摄而指示之曰："子视此盂中下便能载此饘，此楼下便能载此盂，地下又便能载此楼。人贵能下，下乃大语。"已更目摄吴生者，再竟无他语。吴生退就舍。孝廉问曰："先生时何言？"吴生咽哽不能应，第潸然涕数行下也。孝廉后仕为邑令，以循廉著。吴生年八十，力学不倦，屡空，终身晏如也。皆无愧师门云。

愚按：先生之铲绠人也，不在言论辩析，而在神情衡宇间，即于吴生，可类知己。虽然，迹郭、吴二君之舟中，省愤若此，即来初已得师矣。岂若世之漫然系籍者哉？有一属官，因久听讲先生之学，曰："此学甚好，只是簿书讼狱繁难，不得为学。"先生闻之曰："我何尝教尔离了簿书讼狱，悬空去讲学？尔既有官司之事，便从官司的事上为学，才是真格物。如问一词讼，不可因其应对无状，起个怒心；不可因他言语圆转，生个喜心；不可恶其嘱托，加意治之；不可因其请求，屈意从之；不可因自己事务繁冗，随意苟且断之；不可因旁人谮毁罗织，任人意思处之。这许多意思皆私，只尔自己须精细省察克治，惟恐此心有一毫偏倚，枉人是非，这便是格物致知。簿书讼狱之间，无非实学；若离了事物为学，却是着空。凡人言语正到快意时，便截然能忍默得：意气正到发扬时，便翕然能收敛得；忿怒嗜欲正到沸腾时，便廓然能消化得。此非天下之大勇者不能也。然见得良知亲切时，其工夫又自不难。缘此数病，良知之所本无，只因良知昏昧蔽塞而后有。若良知一提醒时，即如白日一出，而魑魅自消矣。""变化气质，居常无所见。惟当利害，经变故，遭屈辱，平时忿怒者，到此能不忿怒；忧惶失措者，到此能不忧惶失措，始是能有得力处，亦便是用力处。"

先生养疴阳明微时，与一布衣许璋者相朝夕，取其资益云。璋，上虞人，淳质苦行，潜心性命之学，其于世味泊如也。尝蹑屩走岭南，访白沙陈先生，其友王司舆以诗送之，曰"去岁逢黄石，今年访白沙"云。璋故精于天文、地理、兵法、奇门九遁之学。先生后擒逆濠，多得其力。成功归，赠以金帛，不受。先生每乘筍舆访之山中，菜羹麦饭，信宿不厌。没后，先生题其墓曰"处士许璋之墓"，属知县杨绍芳立石焉。往谓先生学无师承。据璋曾经事白沙，而先生与之深交，谅亦私淑之者。夫先生天授之资，犹然取于人者如此，吾侪顾独学而不藉师友，望其有成也难哉。

嘉靖初，绍兴有三尚书，韩公邦问、王公鉴之及先生也。韩公与先生父海日翁同辈，先生事之甚谨。一日冬至节，皆赴公所称贺，先生自谓勋臣，貂蝉朝服，乘马而趋。俄从人报韩尚书在后，先生亟下马，执笏立道左。韩公至，不下舆，第拱手曰："伯安行矣，予先往。"遂行。先生俟其过，乃上马。当是时，韩公偃然以前辈自居，先生欿然不以伯爵自重，古道两足徵云。

新建伯文成王公守仁传
王世贞

王守仁字伯安，绍兴之余姚人。父华，举进士第一，侍日讲修国史会典，累官南京吏部尚书，有良者称。母曰郑夫人，当娠，而王母岑媪梦神人衮冕乘五色云下，抱一儿授之，惊寤，闻啼声，则已生守仁。岑媪以语上父天叙，名之曰云。五岁尚不能言。一日出，从群儿戏，有僧见而抚之曰："是非凡儿，奈何名泄之耶？"王父悟，因为更今名，即能言，而读书复即过目诵。十一岁尝从父华北上，过金山，试之时，得二绝句，皆奕奕神令，华以是奇之，然为儿戏犹故。一日之市所，与鬻雀者争，游客熟视之，出箧钱市雀而送守仁归塾。曰"少年贵当极人爵，立非常功名，且偏阅它弟子"，语其寿夭贫贱，后皆验。而守仁自是稍受经术。工属文，一日谓其师曰："读书欲何焉？"

师曰：“取甲第耳。”守仁曰：“读书乃仅取甲第耶，如圣贤何？”父华闻而叹曰：“异哉。乃欲令我愧见之。”然已负其材气。十五访客于居庸山海关，时阑，出塞与诸属国夷角射，因纵观山川形胜，慨然有勒碑燕然志。逾冠，举乡试，其经术艺文益大进，而益好为兵。凡三举而为会试第二人，遂登甲榜。使治前威宁伯王越葬。守仁少则梦威宁伯贻之宝剑，既葬，而其子出威宁伯所佩剑为谢，则宛然若觌矣，益沾沾自喜。还，而朝议方急西北边，守仁为夹得八事上之，其言皆警剀，报闻，寻授刑部云南司主事，当直狱。岁行尽，而故尚书侍郎家畜猪，饲以囚食，甚腴。守仁悉杀以享狱卒及囚，莫能诘也。出决江北，囚事竣，游九华诸山，有所遇，遂好神仙之术，明年引疾请告。前是，守仁与诸所善太原乔宇、广信汪俊、泰州储巏、河南李梦阳、何景明、山东边贡相切劘，为古文辞，名籍籍，已而厌之曰：“滑我精，耗我神，我且为之役耶。”因筑室于阳明洞中，颇习导引，习之久而有若先知者，众哗且以为仙，而守仁遂游南屏、虎跑诸刹，与诸禅衲偕，往往有所发明。久之，乃北上道山东，而巡按御史陆偁聘之主试，程式文皆出其手，遂为诸省冠，而所得亦多显名士。补兵部武选司主事。

明年，中贵人齐瑾等导上为狎游，南省台臣戴铣等争之力，瑾矫旨捕置诏狱，守仁上疏谓：“君仁则臣直，铣等以言为责，如其善，自宜嘉纳，即不善，亦宜包容，以开忠谠之路。乃今赫然下令，缇骑旁午，拘挐载道，即陛下非有意怒绝之，而下民无知，妄生猜惧，自今而后，虽有上关宗社危疑不制之事，孰从而闻之？幸寝前言，俾各供职如故，适足以广大公无我之仁，明改过不吝之勇。”瑾衔其言切，下之诏狱，廷杖四十，死而复苏，谪贵州龙场驿丞。守仁至钱塘，欲缓行，而瑾使人尾之急。守仁惧不免，乃讬投江，而轻舟自海至闽，入武夷山中，归又逾年，始之驿。诸苗夷相率伐木为室以居守仁。守仁乃益讲学，所治经，往往取心得，不必与前训诂比矣。提学副使席书与守仁谈而伏，创书院，命诸生师事之。又明年，瑾伏诛，擢知庐陵县。至则选里正、三老，委之词讼，而总其凡。囹圄空虚。他若立保甲，清驿供，杜巫赛，定水次，兑绝缜守横敛，至今守之为甲令云。

入觐，迁南京刑部主事，觐事成，留为吏部验封司主事。已同考会试，始讲知行合一之学，与增城湛原明友，而朝贤有师事之者矣。遂超为文选员外郎。明年，进考功司郎中。是时杨一清为吏部，器守仁而骤用之。其年进南京太仆寺少卿，分署滁州，从游者日众。始教人静坐，以存天理、去人欲为实功。缙绅之士，非笃信其说，则怪之以为迂僻不堪用。而是时王琼为兵部尚书用事，独奇守仁才，以为不世出。会南赣汀漳等处俱有山寇凭险阻为乱，郡邑苦之，乃擢守仁都察院右佥都御史，巡抚其地。守仁至，则先行十家甲法，务使奸无所容，又以高皇帝训敕其父老子弟。贼闻而易之，弗焉虑也。而守仁左右及麾下将校至郡邑奥僮之类又多为之耳目。守仁微得老隶最黠者，致密室而协之曰："尔自知当死不？肯为极言贼情实，吾贳汝。"隶迫，则尽吐贼情实。守仁笑而贳之。乃故为不可测，意在此则示以彼，或更在彼则示以此。每令形家者择吉日出师，则复止之。或将发，复不果。以多方误贼，而阴勒诸兵备道募选郡邑材官力士，以三之一赴军门，使与旧兵参，而身教之击射，明赏罚以励之。时初战破贼于长富村，追之至象湖山。会闽广兵至且合，贼迫，溃围而出，指挥覃桓、县丞纪镛战死。诸将惧，请俟狼兵至而后大举。守仁怒责之曰："战小挫何损？且兵岂不足耶，而需狼兵？"乃亲率所选士进屯上杭，祥谕诸道，姑以牛酒犒师，使小息，俟秋而再举。谍贼懈，即分兵为三路，约以同夕衔枚进。中军夺象湖之隘，方大战，而奇兵乘间发，遂大破之。闽广兵亦尽破其巢四十三所，斩获大酋詹师富等七千有奇，贼属牛马辎重无算。捷上，因请立崇义县治，尽得贼之要害地而耕之，报可。加岁俸一秩，赐银币。而前是守仁谓巡抚权轻，不足以控厌诸道，因上奏云："古者赏不逾时，罚不后事。过时而赏，与无赏同；后事而罚，与不罚同。况过时而不赏，后事而不罚，其何以整齐众心，鼓舞士气？诚得以大军诛赏之法，责而行之于平时，假臣等令旗令牌，便宜行事，如是而兵不精，贼不平，臣无所逃死。"王琼读而叹曰："不与此人权，将谁与也？"覆奉改提督军务，兵马粮饷，悉听便宜区划，用兵进止，不必奏闻。文武官逗遛不用命者，听以军法从事。于是守仁益得展材用。立兵符，申约事，且为文抚诸贼，词旨悱恻恳至，而贼酋黄金巢、卢珂、郑志高等，相率畈命矣。已遂运兵破横水贼，擒其大酋谢志珊等五十六卤，斩从贼二千一百余级，俘贼属二千三百余人。因使使谕桶贼，方狐疑未决，乘其懈袭击，复破之。擒大酋蓝大凤等三十四卤，斩从贼千一百级，俘贼属数如横水时。浰头贼尚强，而其酋池大鬓等尤黠桀，故与降贼卢珂等雠。守仁使使以牛酒谕降之。乃报曰："大鬓等欲归死，而卢珂等将乘隙而掩我家室，今者不解甲，以自保耳。"守仁乃阳移文责珂、志高等，而珂、志高等急上变，谓大鬓等实挟诈以老我王师，且列其寇乱状。守仁复阳怒，杖责卢珂等，下之狱，而谕之情。复以新历给大鬓等，且谕使来见。大鬓乃语其腹心曰："欲得伸，必先屈。赣州伎俩，我亦欲先勘之。"遂以其疏勇九十二人里甲来见。守仁为慰谕宴犒之，馆于祥符宫，使更新衣，习礼供张，储饩甚

147

设。大鬓等喜过望。至正元之次日，守仁张乐大宴，伏士以待，引大鬓等鱼贯入，即僇之庭，无一脱者。遂出卢珂等于狱，使之归，发兵为乡导。夜半，守仁出师与之会，遂破浰头、石门，覆其巢三十余，擒大贼五十八卤，斩从贼二千余，余奔九连山。守仁以九连深险不易攻，乃使精卒七百，衣贼衣，佯若奔溃者。贼从崖上招呼，与相应，久而贼觉之，则师已度险，贼狼狈失据，大军蹙之，皆就缚。守仁既已尽得贼地，相险要，增设和平县，治如初。捷上，进右副都御史，予世官锦衣卫百户，再进副千户。守仁念非王琼精心任之，毋与成功名者，每疏捷，辄归本琼不容口。而内阁首臣与琼交恶，因而訾及守仁矣。守仁虽旦夕军旅，而不废与诸儒生讲学。最后乃为致良知之说，直指本心自然，最简易痛切。其始颇推鹅湖，谓其能绍孟子。所重周、程，而所诋在朱氏。自致良知之说行天下，高明之士乐于顿，而恶检束者喜其便，直推以上接孔子；而拘方者不能无呪訾矣。

时宁王宸濠谋不轨，素浮慕守仁，而畏其拥强兵上游，使腹心刘养正往探之。养正故善守仁，好讲学吊诡，而守仁亦使其门人冀元亨应宸濠聘，欲窥其为人，语两不合而罢。时福建军人进贵杀官吏以叛，闻诏遣守仁往勘处，寻事已平，于是守仁取道南昌，图归省。抵丰城而宸濠反，杀都御史孙燧、按察副使许逵，劫府库署，置将相刘养正、李士实等。守仁闻变，即返，而宸濠已遣兵千人逆之。守仁入于渔舟得免。是夕抵临江，又三日抵吉安。吉安知府伍文定邀守仁举兵讨宸濠，守仁然之。乃与文定计，上疏告变，而移檄列郡，暴宸濠罪，俾各率吏士勤王。时巡按御史谢源、伍希儒自岭外复命，道吉安，守仁留之纪功。守仁兵未集而宸濠之兵速出。曰："南京空城耳，而实无备，宸濠至则下矣。南京下，事未可知也。"乃为檄檄诸郡邑，使备饷，云准兵部咨题请都督许泰、却未以边兵四万由陆取凤阳道。都督刘晖、桂勇以京边兵四万由水取淮扬道。督臣王守仁以兵二万自南赣发，杨旦以兵八万自广西发，秦金以兵六万自湖广发，皆会趣南昌，所经由阙供者，以军兴法从事。又为蜡书贻李士实、刘养正，云得密示，具为国至意，第徒臾，使早出，足一离省，大事济矣。而故系宸濠之谍，示将斩，而令黠校监者，伪若与宸濠款泄而纵之。宸濠徼得书檄，傍徨未决，而与士实、养正谋，则皆劝之疾趣南京即大位，宸濠益内疑。十余日而探知中外兵不至，乃悟守仁绐之。留少兵守城，而劫其众六万人，号十万，袭九江、南康，皆下之。进围安庆，不下。守仁兵已集，又谍知宸濠离南昌，乃大喜。整众至樟树镇，使精卒四百袭破其伏兵之在新旧厂者，蹑之至暮，士蚁附而上，遂破，擒其宜春王拱樤、中涓万锐等千余人，宫人多

148

焚死。守仁犹在后军，质明而始知之。建大将旗鼓入城，申约束，拊循其协从吏士，然已不能无所伤杀矣。守仁留二日，即发兵蹑宸濠。宸濠时为安庆所抗，气稍沮，而骤闻南昌失守，解围自救。守仁使伍文定等以四郡精卒三千分道逆击之。都指挥余恩以游兵四百往来为疑兵，而陈槐等复以兵二千分为十余军，张疑设伏，与文定等密相应，与其前锋遇于黄家渡。文定等佯北以致之，贼争利兢进而乱。邢珣以所部衡击，断其中坚，文定、恩等乘之，伏群起，贼遂大败，退保八字脑。宸濠惧，尽南康、九江之城守者以自益。守仁乃分兵袭取之。明日，复大战。我兵小卻，守仁急命取先却者头，益争奋，贼大败，擒斩二千余，溺水死者以万计。宸濠益大惧，乃联舟为方阵，尽出其金银以赏士，而诘责败者，将斩之，未决，而我兵四面至，炮火碎其副舟，遂奔溃，妃嫔皆与宸濠泣别沉水死。遂擒宸濠与其世子眷属、李士实、刘养正等数十人，斩首三千级，溺水死者二万余，浮尸衣甲器物亘十余里。寻分道搜捕其余党殆尽。捷闻，寝不下。前是，守仁上宸濠伪檄，末谓："陛下在位一十四年，屡经变难，民情驿骚，尚尔巡幸不已，以致宗室黠者谋动干戈，冀窃大宝。且今天下之觊觎，何特一宁王？天下之奸雄，岂直在宗室？兴言及此，悚骨寒心。昔汉武帝有输台之悔，而晚节奠安；唐德宗下奉天之诏，而士民感泣。皇上宜痛自克责，易辙改弦。罢绌奸谀，以回天下豪杰之心；绝迹巡游，以杜天下奸雄之望。则太平尚有可图，臣民不胜幸甚。"左右多弗悦，以守仁方起义师，不能难也。而上则自称威武大将军镇国公，总督军务，率京边骁卒数万南下。使太监张忠、安边伯许泰、都督刘晖为提督，以数千人由江而上抵南昌。守仁乃俘宸濠，取内道以献。忠、泰等使人要之于广信，守仁弗听。抵钱塘而遇太监张永，永时称提督，赞书机密军务，在忠、泰辈上，而故与杨一清善，除刘瑾，天下称之。守仁夜见永，颂其贤，永悦。守仁乃极言江西遭祸乱，民困已极，不堪六师之扰。永深然之，乃曰："吾出为群小在君侧，欲左右调护圣躬耳，非为功来也。第事不可直致耳。先生功吾自知之。"守仁乃悉以宸濠等付永，而身至京口，欲谒驾，不果。会有巡抚江西命，乃还南昌。而忠、泰等前已驻师南昌，卫守仁不待，故纵其卒傲守仁，欲以为争端。守仁厚加恩礼抚慰，卒皆悦，乃不能有所加于守仁。而归复谮之上，谓守仁且反，独张永保持之。于是守仁请赈卹其士民，且以大水自劾。语极恳切，皆报闻。

世宗初召守仁入受封，而中有沮者，请国甫大丧，不宜举宴赏，中道止之。特拜南京兵部尚书参赞机务。遂归省父华于越。寻谕封奉天翊卫推诚宣力守正文臣，特进光禄大夫柱国新建伯。父华亦得封如之，时人以为荣。华寻

149

卒，守仁忧居，而从游者益众，相与推隆之。又以功高文臣，预五等爵，忌者蜂起。有目为伪学者，有以下南昌纵士卤掠，及得宁邸之金宝子女者，至有谓初通宸濠谋，筴其不胜而背之者，言绝丑不可闻。而所封独守仁与吉安守文定，至大官当上赏，其它皆名示迁而阴抑绌之。守仁不胜愤，乃上疏再辞爵，且极论白诸有功者。温旨慰谕，不听。会守仁之所善席书与门人方献夫、黄绾皆以议礼得幸上，力称守仁贤，而复为言之。张聪、霍韬等，皆有所推毂。然江西辅臣故衔守仁不能特荐，犹持前论。而其乡人之忌者，至诬之史。以故推兵部若三边若团营，皆弗果用。而最后田州土守岑猛骄不用命，纵兵躏其邻郡，右都御史姚谟讨而诛之，其二子跳、别将卢苏、王受各拥众以叛。兵骤进，不利，时谋易帅，乃召守仁起家，以故官兼都察院左都御史，总督二广及江西、湖广四镇军务讨之。守仁且至，而徵兵已大集，卢苏等亦素慑守仁威名，窘甚。守仁意不欲多杀，既抵南宁，即上疏请一切抚绥，而以便宜悉散其众，而仅留楚兵数十自卫。使使招谕，卢苏、王受皆大悦，率众扫境叩南宁为四营，而各挟其心膂数百人入见。守仁为谕谕，杖之一百，然听其人为伍伯，取完事而已。因改田州为田宁，赦岑猛之后与卢苏、王受皆弗诛。因苏、受兵以攻断藤峡。断藤峡者，即大藤峡，其中诸猺上连八寨，下通仙台、花相诸峒，通络数十余巢，盘桓三百里，数出流劫郡邑。自韩雍大征之后，无能平者。守仁使卢、苏等为乡导，挟永顺、保靖二宣慰土兵分道深入，大破之，斩敌者三千余级，卤其男女牛马资械以万计。守仁方欲移府治，建卫所，增兵设官，次第上疏，而病矣。始报平卢、苏等，诏赐金币，遣行人奉玺书奖谕。而及是平断藤捷上，则上以手诏问内阁臣杨一清等，谓守仁自誇大，且及其生平学术。一清等不知何所对。

守仁之起，由张聪、桂萼荐。萼故不能善守仁，以聪强之，而后萼长吏部，聪入内阁，积不相下。萼暴贵，喜功名，风守仁以取安南。守仁辞不应。杨一清者，雅知守仁，而会黄绾尝上疏称守仁贤，谓当入辅，而又有他疏阴指一清，辞甚厉，一清亦不能无移憾也。守仁既病益甚，上疏乞骸骨，因北归。度大庾而革，卒于南安舟中，年五十八。桂萼觇上意不悦守仁，因奏参其擅离职，并处置田州事宜失当。下公卿议，仅不夺其爵而已。停世袭，且尽停其他卹典。守仁有一子曰正亿，久之，上怒解，使得袭锦衣卫副千户。隆庆初，用谏官言，赠守仁、新建侯，谥文成，赐葬与祭，及赠告词，推明为元勋圣学。正亿得嗣爵。正亿卒，子承勋嗣。守仁天资颖敏绝世，少而好古文辞，爽朗多奇，晚取词达，不能工也。既以气节名世，又建不世勋。迨有志圣学，一切尽扫去之，而识者不谓尽然。又其慕好之者，亦挟以两相重。其御乌合，笼豪俊，待宵人，蹈险出危，俶傥权谲，种种变幻。孔子有云："作《易》者，其有忧患乎？"抑中古以后，不能不尔。守仁之语门人云："无善无恶者心之体，有善有恶者心之用，知善知恶者良知，为善去恶者格物。"以此为一切宗旨云。

弇州外史曰："见长者言与守仁辨，不能不心折也，即不心折，亦不能有胜。退而读其书，则平平耳。今天下之好称守仁，十七八也，间有疑之者，以其学故。若乃起义旅，擒叛王，不使九重之尊，轻与匹夫角，而大事定其功，孰能难之？"

祭文

奠王阳明先生文
湛若水

维嘉靖八年，岁在己丑，三月某日朔，越某日甲子，友人南京吏部右侍郎湛若水，谨以牲醴束帛之奠，寓告于故新建伯兵部尚书、左都御史阳明王先生之灵曰：

於乎！哀乎！戚乎！而遽至于是乎！而止于是乎！前有南来，报兄病瘘，及传二诗，题敝止予，曰"小恙未足为异"。开岁以来，凶问叠至。予心警悍，疑信未已。黄中绍兴，讣来的矣。於乎！戚乎！哀乎！而止于是乎！而遽至于是乎！

嗟惟往昔，岁在丙寅。与兄邂逅，会意交神。同驱大道，期以终身。浑然一体，程称"识仁"。我则是崇，兄亦谓然。既以言去，龙场之滨。我赠《九章》，致我殷勤。聚首长安，辛壬之春。兄复吏曹，于我卜邻。自公退食，坐膳相以。存养心神，剖析疑义。我云圣学，"体认天理"。"天理"问何，曰廓然尔。兄时心领，不曰非是。言圣枝叶，老聃、释氏。予曰同枝，必一根柢。同根得枝，伊尹、夷、惠；佛于我孔，根株咸二。

奉使安南，我行兄止。兄迁太仆，我南兄北。一晤滁阳，斯理究极。兄言迦、聃，道德高博，焉与圣异，子言莫错。我谓高广，在圣范围；佛无我有，《中庸》精微；同体异根，大小公私；敬叙彝伦，一夏一夷。夜分就寝，晨兴兄嘻。夜谈子是，吾亦一疑。分呼南北，我还京圻。遭母大故，扶枢南归。讶吊金陵，我戚兄悲。及逾岭南，兄抚赣师。我病墓庐，方子来同，谓兄有言：学竟是空；求同讲异，责在今公。予曰岂敢，不尽愚衷！莫空匪实，天理流行。兄不谓然，校勘仙佛。天理二字，岂由此出？予谓学者，莫先择术，孰生孰杀，须辨食物。我居西樵，格致辨析。兄不我答，遂尔成默。

壬午暮春，予吊兄戚。云致良知，奚必故籍？如我之言，可行厮役。乙丙南雍，遗我书尺，谓我训规，实为圣则。兄抚两广，我书三役；兄则杳然，不还一墨。及得病状，我疑乃释。遥闻风旨，开讲穗石；但致良知，可造圣域；体认天理，乃谓义袭；勿忘勿助，言非学的。离合异同，抚怀今昔。切嗟长已，幽明永隔。於乎！凌高厉空之勇，强立力胜之雄，武定文戡之才，与大化者同寂矣！使吾伥伥而无侣，欲语而默默，俯仰大道，畴与共适，安得不动？予数千里嗟恻而望，方恸哭以哀以戚哉！既返其真，万有皆息，卧而不忘，岂谢人力？兄其有知，可以默识。尚飨。

祭阳明先生文
黄绾

於乎斯道，原于民彝，本诸物则，无人不全，无物不得，亘古长存，无时或息。惟人有情，情有公私，故心有邪正，而道有通塞。斯道既塞，此政教所已多讹，生人所已不蒙至治之泽也。

惟我先生，负绝人之识，挺豪杰之资，哀斯道之溺，忧斯道之疵；指良知以阐人心之要，揭亲民以启大道之方；笃躬允蹈，信知行之合一；人十己千，并诚明而两至；续往圣不传之宗，救末代已迷之失；孝弟可通神明，忠诚每贯日月；试之武备，既足以戡乱；用之文字，必将以匡时。幸文明之协运，式濬哲之遭逢，何勤劳仅死于瘴岭，勋勚徒存于社稷？慨风云之难际，悼膏泽之未施。言之伤心，竟莫之究。悠悠苍天，卒知无哉！尚赖斯道之明，如日中天，勉之惟在于人，责之敢辞后死！冀竭吾才，庶几先生千古而如在也。呜呼哀哉！尚享。

祭阳明先生文
邹守益

某自己卯受学虔台，受再造之德，四十有二年矣。自辛卯卧病浙水，展拜兰亭，三十年矣。自辛丑南雍归田，骏奔于天真，又二十年矣。光阴迅速，旧学无成。上之不能修德凝道，以身发良知之教，协于帝则；次之不能述功勒

152

伐，以阐诛乱讨贼之迹，彰于国典。而学术异同，意见犹淆；勋烈掩黯，抔土尚荒。此皆后死之责，其何以逭？兹幸当道表章祠宇，辑定地方，某与同志始得瞻依明德，以温旧学。敬采蘋藻，祇荐松楸，惟公于昭之灵，尚无鄙弃，俾克有成，无胎师门羞。谨告。

祭阳明先生文
谢　迁

呜呼。阳明而止于斯乎？天生异才非偶然也。固将以为桢于国，胡为啬其年而不使之究厥乎？夫名高毁来自古已然，阳明不理于多口亦甚矣，岂平素之所自立毋乃大，奇矣乎。然戡定乱逆之勋，表表在人耳目者，九重固深知之矣，又安得泯遗于鼎彝乎？吾之所以悼阳明者，为国惜才故尔，岂直区区交亲之私乎？呜呼阳明。九原茫茫，其亦知予之悲乎。

祭阳明先生文
董　沄

昔日歌耶水，今晨哭浙江。死生知不异，忧乐竟无常。远道惊归梓，衰迟临驿航。尚思求指示，哪意服心丧。犬马季何久，龙蛇数卻富。哲人成萎逝，斯道堕微茫。夷服初疆理，皇风始振扬。大星悲子夜，铜柱折南荒。览胜心犹在，从游兴未央。云门摩石刻，禹庙访梅梁。梦月朱华麓，松泉道士莊。东山同酾集，南镇几徜徉。惜我攀云树，多时候石泷。璧湖看戴笠，曲水命浮觞。除夕□□伴，中秋玉尘傍。欣然威风在，震矣巨钟□。□□时瞻狱，吁嗟每望洋。仁希三阅月，馆授五经霜。未去迷疑病，空传博约方。诲人真不倦，言志晒余狂。实愧山林质，虚叨弟子行。教言深□□，□泪下残阳。

祭阳明先生文
薛　侃

呜呼。世有一长一善，皆足以自章明，而吾夫子学继往圣，功在生民，顾不能安于有位，以大其与人为善之心，岂非浅近易知，精微难悟，劣己者容，而胜己者难为让耶。且自精一之传，歧而为二，学者沦无滞，有见小遗大，茫无所入。吾夫子发明良知之说，真切简易，广大悉备。漫汗者，疑其约而不知随遇，功成无施不可，非枯寂也。拘曲者，疑其泛而不知方圆，无滞动出规矩，非率略也。袭古者，疑其背经，考之孔孟，质之周程，盖无一字一意之弗合。尚同者，疑其立异，然即乎人情，通乎物理，未尝有一事一言或迕，是大有功于世教圣门之宗旨也。盖其求之也，备尝艰难，故其得之也，资之深若渊泉之莫测，应之妙若鬼神之不可知。教之有序，若时雨之施，弗先弗后。而言之易入，若春凰煦物，一沾一长，其平居收敛若山林之叟，了无闻识。其发大论，临大难，断大事，则沛然若河海之倾，确然若蓍龟之信，而莫知其以也。世之议夫子者，非晏婴之知，则彭更之疑；非互乡之惑，则子路之不悦；非沮溺荷蒉之讥，则武叔、淳于髡之诋。用是纷纭，非夫子之不幸，世之不幸也已。侃也不肖，久立门墙而无闻。顷年以来，知切淬励。夫子逝矣，慨依归之。无从虑身，世之弗立。郁郁如癡，奄奄在告。盖一年于兹矣，方将矢证。同志期奉遗训，尚赖在天之灵。昭鉴牖，使斯道大明于天下，传之来世，以永芘于无穷，是固夫子未尽之志也。灵輀将驾，薄奠一觞，衷怀耿耿，启天高地长，于乎哀哉。

祭阳明先生文
王 畿

呜呼。道之在天下也，如脉理之在人身，脉调而身泰，脉病而身屯，兹关系诚匪鲜矣，胡察脉而真见者之难其人？三五之代，政穆风淳，上有轩农之主，下皆仓扁之臣，宜其颐摄参于玄化，蒸蒸乎翊斯世而咸春。太和既降，札厉相循，异端众岐，蛙噪簧鼓，使愚者懵懵其莫之知者，又沉醉没溺于怪陷之妄，斯道之不绝也炭乎。若千钧之系于一纶。于是，孔氏则诛乱贼矣，孟氏则诇杨墨矣，韩退之氏则辟佛老矣，二程、晦翁尤峻闲崇伟，而悉力以芟刈乎荆榛。彼数圣贤之于道，孰不谓其疗良心于既死，续正脉于将湮，而诇知先觉不作，滔邪渐煽，大中至正之矩，日以圮塞而渊沦。卓哉。先生英颖绝伦，解脱株局，顿悟本真，指良知以立教，揭日月于苍旻。嗟嗟。良知谁不具之？孟氏已先陈之，胡先生再发其旨而举世嚣嚣，咸訾以为异闻？盖以功利之害深入于吾人，沦肌浃髓，良知蔽昏。譬之病脉者，容色体肤、起居饮食，虽无变常度，而岐黄仓扁独远望而忧呻，彼不惟讳之不吐也，反忌良医之忧之过，至于诋訾而相嗔。嗟嗟。先生蒿目而视，洞照厥因，吃紧反复，宁拂众议而不忍斯世之粃尘。故畿尝以为，孔氏诛乱贼，孟氏诇杨墨，韩与程朱相继辟佛老，而先生之教，则毅然以遏绝功利，砭剂乎斯民。今读其书、味其言，大旨昭昭可睹。而议者乃以先生为异端玄寂，既不觉其所见之天壤，至徒以文章事业观先生者，又何异乎井鲋而望此海之津？呜呼。先生往矣。功利之障日盛月新，安得解良知之旨者，揭之以医斯世之沉痼，庶几三五复作，直与之寿域而同臻？畿幼虽向学，长而无闻，间有论说，祇取笑于效颦。惟倾仰止以斯文，肃庇院宇，敬妥灵神，闻风而起，实赖我多士之彬彬。

祭阳明先生文
欧阳德

呜呼。夫子何为而来？何遽而不作也？良知（阙文）反身自成，闻者皆获，如彼中宵，照之皎月。彼迷其蒙，指之归辙，天下后世，卓矣先觉。谓天以夫子为木铎也，非耶？然而风教未尽被，愤悱未尽发，群疑未尽亡，纷纷者未尽协于一。道大莫容，哲人早萎，天耶？其不可度也耶？呜呼哀哉。呜呼哀哉。某早岁及门，晦惑忽荒。夫子诱掖开导，前却抑扬，或巽而启，或直而匡。譬之父母，病子倡狂，治不余力，而药不留良。若夫四海一体，万物一腔，盖学贵深造，道本自得，而困穷拂韲，追琢其章。其大者，蛮荒播迁，十死一生，而奸凶谗妒，利害勋勋，莫非磨砻锻炼，笃实辉光。故其建功业，作俊乂化奸顽，洽黎氓者，真诚恻怛，不显而彰。而阴惨阳舒，风散雷动，渐被沦浃，心醉而难忘。顾真疾未瘳，夺之桂姜；巨川弗济，臭厥舟航。呜呼。天乎。胡不以倥倥者代夫子身，旁烛无疆？胡智周万物，道利天下，曾不得试其百一千一万一，忍不尽伤也哉。先皇南征，献俘军门。群奸蔽之，咫尺不瞻。嘉靖更化，遵养丘园。每慨然曰：

天子圣哲，谁与同理？可为流涕，知无益耳。又曰粉身莫报，圣恩高厚，瞻望阙廷，夙夜自疚。呜呼。夫子无己之志，人或未之究也。起定南蛮，蒉苡在车。病伏奄奄，虑不及家。惟曰圣学绝响，赖天之灵，不能自效。深负圣明，乃草遗表，潸潸涕上。其遗文付二三子，曾未浃日，而属纩俟矣。呜呼哀哉。呜呼哀哉。志士闻之，当为抚膺，而况亲炙厥风，窃窥其心者哉。遗训炳炳，子欲无说，哀此瘝人，其何能默？我二三子曷敢自逸？庶几夙夜，率履无越。呜呼。夫子有灵，其启其翼，其觉我后，以俟百世而不惑。

祭阳明先生文
陈九川

呜呼。夫子如斯而已耶。夫子道觉万世之迷，统传千圣之秘，文洗六经之诬，武定四海之沸，业广周程而势益难，德贯思孟而功则异，精神气魄，盖孔子之后一人而已。其始志斯道也，错综诸儒，出入二氏，未获所安，而反求诸己，精之于患难，而妙悟默契，始沛然若决江河，而确然建诸天地。于是解学术之积毒，救人心于将死，发良知之秘诀，出方圆于规矩。海内之士，始骇而訾，中疑以俟，卒乃靡然向风，心服而师事，虽高明辨博，或私门第未能会归于有极要，皆闻风而兴起者也。而况先生恻怛岂弟，其视斯人之陷蔽若焦溺之子弟急于救援，虽至于匍匐颠踬，亦惟致其一体之良知，而又何暇恤夫俗议也。而况及门之士谆谆循循，又乌有不用其至者哉？顾夫子之道，高广密邃，固宫墙之限亢，亦江河之饮赐，灸之虽益兮其若春，探之则渊乎其无际也。应万变而无为，出百虑于一致，定犹豫如蓍龟，知险阻以简易；旁行而不流，中立而不倚。将略兵机，莫非仁义，行权剪凶，神功盖世，而嫉于群奸，奚啻虎尾？夫子方劳谦不居，赤舄凡凡，卒使谗邪冰消，渊衷天启，以施于今，德泽四被，非夫子之至诚，其孰能与于此？乃征西粤，格此狼子，全万民之命，而建万世之利，非大德好生，神武不杀，其孰能与于此？乃卒劳于军旅，毒于瘴疠，不得归死于二三子之手，而野死驿邸。呜呼痛哉。天何降此背戾也。岂所以章夫子中国一家、万物一体之学耶？岂以舜崩苍梧、禹终会稽之迹示之耶？

祭阳明先生文
方献夫

　　呜呼。惟先生英姿颖质，高出一世，精诣自得，独契千古。其先辈之所谓不由师传，所谓天挺人豪者耶。是以卓然而有立。然而蚤岁博学六籍皆通，尝历仙释，而后沛然一归于正，自谓得于龙场之谪。某二十年前幸忝同官，得于先生之启发者为多。今犹跃然而在目。先生之心，洞洞然应物无滞；先生之诚，恳恳然与人惟一。异己者或忌嫉，而达识者每屈服。呜呼。先生江西之功在社稷，田宁之功在吾广，可谓鞠躬尽瘁，死而后已者，而犹不免于訾议。人心谓何，而亦岂足为先生之损益？先生以道德为富贵，以仁义为窟宅；节气文章皆其绪余，而何有乎事功之烜赫。呜呼。先生之学，刊落陈言，直造本原，其读书悟道，多由中出，不逐逐于章句之末。如以《中庸》"戒慎恐惧"为修道事，"中和"自"慎独"来，以《孟子》"尽心、知性、知天"为圣人，而"存心养性"以至之，皆轶后儒而直追乎先觉。惟"格物""博文"之说似为贤智者之过。某尝屡有辩论，先生亦不以为非，而其意惟急于今之学者救病之药。先生之志，终始在道，讲学一念，至死不懈。呜呼。先生之苦心，谁则知之而谁信之？使天假之以年，其当底于纯粹安成之地，而士论终翕然而弗惑。

虽然，自古贤人君子皆不免于当时而论定于身后，先生之灵吾亦知其泰然于冥漠。呜呼。先生已矣，吾道落落，临风挥泪，寄此衷悃。

祭阳明先生文
钟　芳

嗟乎。道之不易明也，濯旧致新则本源莹焉，由中制外则节文详焉，故学有定本，教有成法，自孔氏以来莫之能易也。先生资禀超绝，名重一时，才猷事业，复出流匹。又悯俗学支离，驰骛乎外，欲使学者，求言自近，实践精思，力排多闻，专务守约。遂于程朱之说，每多龃龉，群言沸兴，挺然弗顾，可谓果于自信，瞠视千古者矣。昔子贡方人而夫子警之，欲其反求诸己也。先生之教，警策学者反己之功为多，要自宋儒理学大明之后，此等议论在天下决不可无，校之辞章绮靡之习，奚啻径庭。空谷足音，良足自慰。说者徒以其贰于程朱少之，而不知"存诚涵养"正惟孔氏家法，要其指归固不出程朱范围内也。某岭海末学，忝在交游，宦辙所经，每亲绪论，退而取其大旨，略其异同，循其所可循，而不辨其所不必辨，盖其过激处于圣教未尝损，而鞭辟近里处于学者则有益也。呜呼。先生已矣，是是非非，久将自定。九原有觉，鉴此哀悃。

祭阳明先生文
季　本

先生之学，将以继往开来；先生之志，将以尊主善俗。乾乾自强，益大所畜。有本之学，无施不足。勋业文章，既昭众目。辅佐太平，人望所属。然而道未大遇于时，天也，夺之太速，斯文无依，苍生惄福。岂惟一时知己者之所悲哀，诚亦万世有志者之所痛哭。呜呼。道之行废，在先生固已豫识其机缄，而忧世乐天，虽君子或未尽知其衷曲。夫良知之训，惟在谨独，由此推之，可致位育。若得闻不失其本真，则论说何有于烦渎？开明人心，辨别理欲。统承孔、孟之宗，治踵唐、虞之躅。吾知先生之在九泉，如是而后可以瞑目也。某立门墙，沾教惟沃，义则师生，恩同骨肉。兹者官职所羁，趋时匍匐奔走未申，中心思服。寄哀于觞，鉴此诚朴。

祭阳明先生文
罗钦顺

惟公才周万务，学本一心，气盖古今，量包湖海。绍斯文之坠绪，跻斯世于平康，岂惟众所同期，诚亦公之自任。遭逢昌运，服在大僚，属时望之方隆，胡仙游之遽尔，固有光于建立，曾未究夫经纶。伟矣。希文天章遼邈；劳哉。诸葛渭曲凄凉。愚也弟兄，夙钦风义，交游以世，气味攸同。宦邸论文，不在盈尊之酒；归途讲学，犹存隔岁之书。约信顿乖，尽伤何已。素帏伊迩，薄奠斯陈。有炯精灵，鉴此诚意。呜呼哀哉。

祭阳明先生文
周汝登

万历已亥九月丁未朔十一日丁巳，后学周汝登等敢昭告于阳明夫子之灵；越有夫子，即鲁有仲尼，徐、王、钱先生及门于前，如回如伋，请事足发，以启后人。登等居幸同里，世未百年，私淑有资，愿学良切，敬联同志，凡数十人，月会夫子之堂，用体夫子之教。呜呼。夫子之教，首揭良知。良知非口耳，敢蹈支离；良知无始终，永无作辍。共期心领，务以身明，夫子在上，其默相之。尚飨。

祭阳明先生文
陈效古

维嘉靖叁拾肆年岁在乙卯，叁月丙申朔，越贰拾日乙卯，巡按贵州监察御史陈效古，谨以牲帛庶馐之仪，致奠于明兵部尚书阳明王夫子老先生之祠曰：

天地有正气，斯文有统宗，惟秉此气以维持三纲，续此统以开发群蒙，斯固不囿于类，而慨然以斯世斯道为己任者也。于唯夫子挺生越服，海毓山钟，筮仕清朝，言听谏行。嗟余生晚，未卉躬逢，剽闻先达，殊切式矜，故夫标炳显著，孰非经术之要？苟数其事，亦浅乎其论公。宸濠酿乱，南国汹汹，夫子一来，论议从容，元恶被魄，振落发蒙。呜呼。是气也，在地为河洛，在天为日星，在夫子为不朽之忠。造化夫子，同体而异形，驱邪翊正，孰非明道之实？惟即其大，乃所以知公，未学争尚，各筑墙宫，夫子惧焉。极力排攻，良知之致，启聩提声。呜呼。是道也，惟尧舜为能发，惟孔孟为能明，惟夫子为能独得其宗。夫子圣贤，时异而心同。噫。正气苟存矣，其没也宁，道统苟续矣，虽死犹生。顾彼无益于世教，无补于败成者，又恶得为重轻？效古叨承上命，观风贵境。升夫子堂，凛乎如瞻夫子之德容；入夫子室，依然如袭夫子之德馨。精神意气，实相感通，式陈薄奠，聊慰生平，伏惟英灵鉴之。尚飨。

祭阳明先生文

魏良弼

　　呜呼先生，英肤天挺，高视千古，精一正传，心领神悟，亲民之谊，格致之训，扩先儒之未发，指后人之迷路，真所谓俟后圣而不惑，考前王而不谬者也。然而，世之人徒见先生文与道俱，音协风雅，驾出汉唐，争趋而慕，不知先生矢口皆格言，而自为律为度，非若有所袭于外而假以为助者也。人徒见先生三征不庭，仓卒注措，声色不大，功业焰富，非学者所能企及而究其故，不知先生日与二三子相讲习者，莫非此理之著，其所谓不战而屈人之兵，不杀以神其武者，寔先生经世宰物之素有，非若所谓权谋术数。呜呼先生，道高毁积，功成逸妒，在孔孟计所不免，而于先生复何怨何恶。呜呼先生，某兄弟良政、良器，少不知师，学不知务，幸赖先生发蒙聋瞽切切焉，明善为诚身之工夫，格物乃致知之实下手处，呜呼先生，父母全而生之，欲报罔极，苟得全而归之，先生与生我者，又复何如何如？呜呼。先生往矣，二弟俱逝，某也孱弱，焉所依附。呜呼先生，道有废兴，命也奈何，山颓木坏，哲人者磨，斯道不彰，负罪愆多，临风披奠，血泪滂沱，呜呼痛哉。

祭阳明先生文

王宗沐

　　惟道学之敷阐，实立人之大纪。方极隆如三代，并紬绎于斯旨。自微言之既绝，乃杂兴于群氏。老者虚而佛者空，权家数而俗学支。纷苗莠之同畎，咸角立而倡辞。当斯时而叩扃，靡一钥而奚持。譬稗童之适市，襍百戏而具宜。方眩观以漫顾，何妍媸之与知。惟时天佑斯文，人依先觉，指迷途以启径，救肓瞽而剔癏。非挺生之信灵，孰遄睹而如廓。伊宋鼎之既易，明绍统以继天，惟文明之遭会，学几绝而复传。然植以大而或蠹，檽以久而间牙。谅至精之尚在，哀门径之或迁。功利为途以襍沓，章句阘靡而兢先。惟持循之靡要，迄探讨以穷年。卒心身之奚补，亦沉痼而未痊。先生学究鲁余，秀钟越服。少徽特起，长益拔俗。自遭摈于龙场，益艰贞而精熟。揭良知以为柄，秉慎独以为轴。原切当于当人，胡有闻而弗兴。如痛痒之独觉，岂外益以强绳。顾习俗之方旧，忽疑起而转惊。尚力任而独引，羌受嗤以靡更。忆鹅湖之立辨，分朱陆而肇争。陆岂禅兮朱岂俗，顾方相攻而加之名。夫言求有当于吾心，又何必问所从来而为晦明。且功有渐而源本径，惟在辨其志而察之。精虽疑似，偶同

159

于外，道固不得，故避其说以讳其情。矧儒昙之断断乎，其不相涉，云胡啜其醨而猎其英？盖先生之神悟，曾不挂乎一缕。既兰径以直捷，亦空洞而无滓。故或介胄而树勋，辄勒券而震主。以缀藻而敷文，抑滔滔而千里。出余绪于素缣，锥处囊而雷在耳。世番持此而见推，譬之指波以为水施，未竟于枢轴。痛梁木之遽萎，念兹土之遰燠。郁人文于未昌，顷文旌之既届，南吾道而破荒。惟后生之忝窃，亦藉赖以播扬。监肖像之如见，俨俎豆于空堂。闵予生之不偶，曾不得望先生于门墙，幸闻风而私淑，亦未能继踵而躅芳。抱此衷之耿耿，跽陈词而荐觞。惟明神之未厌，尚分照于未光。

祭阳明先生文
林希元

维公英资盖世，雄智出群，涉猎三教，迄自成家，文武通才，功成乃武。若公者，可谓一世非常之士矣。公之功业，固当世不敢望而及焉者。然西藩既挫之锋，思田已穷之弩，皆不足尽公之妙用，必遇汉七国，宋元昊，公之功始可见耳。孳孳谋国，老目飞鸢，万里捐躯，天寒归鹤，公之劳诚可录而志诚可哀也。曰予小子，承事此方，军国民谋，叨从末议，念幽明之永隔，悲再晤之无期。瓣香杯酒，聊荐心知。公神如在，尚其鉴之。

为请复新建伯封爵疏
徐 渭

为请复功臣封爵，以崇厚道作人心事。

臣本菲薄，赖陛下圣仁，令臣提督浙江学校，臣愚不敏，以为学校首务在敦实行，敦实行在先士风。于是作为条约，首令提调官以四孟月采士民之行，而臣岁一按临，以观其风。凡忠臣义士，孝子顺孙，烈女节妇，臣悉咨访，以备旌举。时臣至绍兴府，则见乡大夫士及故老庶民争来言："故新建伯兵部尚书兼都察院左都御史王守仁，始以倡义擒逆濠，受封前爵，迨后奉命平思、田，讨八寨、断藤诸贼，其抚剿处置，功烈尤著。既以勤事病困，乃就巡历属地，冀得便道待乞休之报，遂死南安。当时廷臣过从吏议，谓守仁倒施恩威，擅离职役。身死未寒，而削夺旋及，使功臣之骸，藁葬原野，子孙微贱，下同编民，非所以广圣意劝忠良也。"臣既得闻斯言，复检按诸呈递，前御史臣裴绅所行绍兴府山阴、余姚等县学生员秦倪等呈词，及先后诸臣大学士方献夫、詹事霍韬、御史闻人诠等论列之稿，守仁生时历年章疏文移处置施行之实，参之臣畴昔所闻缙绅道路传诵之言，则知守仁平定逆藩之大功，与陛下之所以嘉守仁之懋赏，举的然后定议矣。至其往处思、田，不血一刃，不费斗粟，遂定两府之地，活四省之生灵，呼吸之间，降椎结者以七万。至其往征八寨、断藤诸巢，则以数千散归之卒，不两月而荡平二千里根连之窟，破百年以来不拔之坚，为两广除腹心之蠹。卒以蒙犯瘴疬，客死南安，实亦在其所制境上。夫功烈之高如彼，死事之情如此，而当时廷臣抑使不扬，后来诸臣复请之奏屡上，陛下亦竟留不下何也？

臣虽至愚，亦窃有以知其故矣。盖其故或在于言事者之尚未悉其情也。夫思、田二酋向化，而当抚剿，断藤峡诸贼稔恶而当剿，惟守仁则亲见其事而熟筹之，其他在廷之臣未必知也。兼总四省，则江西本其属地，毕事而巡历，病困而乞休，驻便道以待报，私不害公，此亦人情之常。至于终不获命以死，尤可痛悼，此在守仁宜自谅其无他，其他在廷之臣未必知也。故守仁求随宜剿抚之实，以副明旨，而廷臣据专意二酋之名，谓宜必剿；守仁以巡历地方，幸冀其返还之便，而廷臣因谓其一意返还，徒假借于巡历之公。则守仁之所谓抚剿尽是矣，而廷臣之所谓倒置似未尽非也；守仁之所谓待命尽忠矣，而廷臣之所谓擅离似亦未尽伪也。以未尽非、未尽伪之言，而陈于陛下之前，陛下安得不信之乎？故臣愚不敏，妄意陛下果终夺守仁之爵于始者，此也。夫陛下既已信廷臣矣，后之进言者又徒彼此求胜，既不白廷臣未尽非、尽伪之意，以缓其责，遂亦不能指守仁尽忠尽是之故，以互形其短长而破其两可之疑，则陛下亦安所取信而遂改易其前议乎？

故臣愚不敏，又妄意陛下不欲复守仁之爵于终者，此也。如其不然，以陛下圣明，往年尝复刘基之后矣，复王骥之后矣，此又复郭子兴之后矣，岂其独忘情于守仁哉？录其功而封之，人告其罪而夺之，审其无罪而复收之，惟是之求而循环不已，此陛下之所为至公也。不能深明其故，以启陛下之聪明，此臣之所以有憾于言事者之未悉其情也。不然，陛下何惮一改议之烦，争千古之粟，使功臣之绩，骨未朽而名实尽泯哉？臣有以知陛下决不为也。且守仁经略两广，功烈无比，天下所共闻知，谓宜有加爵之赏，姑无论也。遂使其倒恩威，离职役，诚如群臣言，犹不足以掩其擒逆濠、卫社稷之功，况乎以所谓廷臣未必知之说，而遂欲尽弃其平生，譬如以铢称镒，其低卬亦甚枉矣。臣闻式鼓气之蛙，则士卒尚勇，买死马之首，则骏骨旋至。方今海上告警，士气不振，思效知能之徒，每以前事为鉴。守仁实生其乡，闻乡人每一聚谈，知与不知，皆为扼腕太息。夫泯没劳苦，使闾巷得以藉口，甚非所以作豪杰使奋起也。

说者又以为守仁聚生徒盈海内，名为道德而实伪学，为可遗弃。臣窃意不然。学术之与事功无有殊二，此自学士自修之说也。若朝廷赏罚当功罪，非以学术也，椎埋屠贩，恣睢不逞，亡人伦、鲜行谊之徒犹得裂土而封，世世勿失，此岂以学真伪哉？守仁之于学，其真与伪，臣姑勿论，纵其伪也，尽其死力于艰难，索其罪遣于讲说，朝以劳而封之，暮以其学而夺之，无乃大相缪乎？且人各有心，难可洞视，徒以猜量之虚，而遂亡其舍生倡义、定一大难之实，使不得托于椎埋屠贩之流，其亦去人情远矣。

臣职专学校，首教化，遂以采民风，得知守仁之事，至熟且悉。又且兵革之役，方兴未已，而掩抑戎勋，非所以观视远迩。臣闻之古语曰："宠女不敝席，宠臣不敝轩。"盖悲恩爱之难终也。周公曰："故旧无大故，则不弃也。"盖恐恩礼之易夺也。臣诚愚昧，谓宜念守仁之劳苦，察先臣之过举以深味夫古语周公之意，复守仁旧所封新建伯爵，俾子孙世世承袭，以彰国家报施之厚，作臣下之心，诸所宜葬祭赠谥之礼，悉从故事。

新建伯从祀疏
邹德涵

工部办事进士臣邹德涵谨奏：为崇祀大儒以章正学以正人心事。臣比者伏睹言官建白，要将先臣新建伯王守仁从祀孔朝，蒙皇上特下廷臣集议。臣末学新进，安敢出位妄言。窃闻野老食芹而甘，曝背而适，且欲自献于君，念臣祖原任南京国子监祭酒臣守益受学守仁。臣三世守其学，窃闻绪余，而不一摅其愚，上裨圣聪，以事主则不忠，以承家则不孝，臣罪滋大。臣是以冒昧披沥出位一言。臣观皇上践祚之初，首谕群工曰：理道之要，在正人心。夫不曰正纪纲、正法度，独曰正人心，大哉。王言盖已握尧舜正天下之要，而大乎可几睹矣。臣愚以为：欲正人心，非可家喻，宜有以风之。欲有以风之，则莫若表章大儒，以示之的。我明号称大儒可承孔子之统者，盖莫有过于守仁。孔子有云：众人之命儒也。妄常以儒相诟病，则自春秋以来，儒品不白矣。臣请陈儒品。夫儒品有三，有大儒，有曲儒，有世儒。明明德于天下，长育人材，辅翼皇化，为国家当大任，树大勋，措天下于泰山而众庶不见其迹，其遗言流布，犹足以醒瘝后觉，使天下回心而向道，是谓大儒。左规矩，右准绳，言信而行，果畏先圣贤之法，不敢踰尺寸，然而可以镇俗，不可以作人，是谓曲儒。鑽研名义，考较异同，仿先圣学之遗言，撰述篇章，傲然持以继往开来，然而反之身心无当，是谓世儒。夫世儒易知也，曲儒尤易知也，惟大儒为难知。故非大儒，不足以知之。孔子万世所谓大儒也，晨门荷蒉微生晏婴之徒，尽春秋之贤智，乃相与诮而沮之，大儒果不易知也。孟轲氏崛起战国，独推尊焉，侪之尧、舜、禹、汤、文、武之列，信惟大儒能知大儒矣。臣尝粗睹守仁之迹，盖亦可疑，其直契本心似禅，其辩驳先儒之言似讪，其汲汲觉世真若天下之饥溺似激，其惜爱同类似党，其倦倦接引漫无拣择似愚，其在军旅中聚徒讲学似迂。夫此数者，信可疑矣。然原其心，则欲明明德于天下，冀以正天下之人心也。盖其心在天下，视天下之人心未正，若疾痛在身，不愈不已，故不得不以兴起斯文为任。欲兴起斯文，而不自人心之本明者觉之，则或从事于见闻形迹之间以为是，而人心终不可正也，故不得不挈良知以示之趋。况当其时，又不获掌握钧轴，日以其意默转朝宇，故又不得不哓哓然费于辞说，是岂守仁之得已哉？其欲正人心以承往圣者，则固可谅耳。方今正学彰明，大儒辈出，君臣合德，千载一时。臣愚以为知守仁者，宜莫逾于今日。然而，议论纷然，徐徐未决，岂亦谓从祀重典非众允不可？臣窃谓之不然。夫事有千百人是之而不为多，一人是之而不为少者，特究其是何如耳。当弘正间，欲祀薛瑄，议者少其著述，至以瑄饬励不愧屋漏者，反品之汉儒之下。赖先皇帝灼知其贤，排群议而祀之，而瑄之品始定。天下以此颂先皇帝之明。今日守仁之祀，非赖皇上英明独断，恐亦如弘正间之议瑄无定时矣。若必欲求天下无一诋訾之人而后议祀，则众心之同悦者，莫甚于乡愿；春秋之最诋訾者，莫甚于孔子，祀当首乡愿而次孔子矣。臣恐天下人心，日以不正，是以汲汲请祀，非阿其人，为天下计耳。夫祀一守仁，可以转移天下，皇上又何所爱而不为也。臣狂野不知忌讳，干冒天严，不胜战傈悚惧之至。

新建伯从祀议

邹德涵

皇上身作君师，隆重儒臣，特允言官建白，欲以先臣王守仁从祀孔庙。岂紧彰显潜德，实欲鼓舞来学。臣承乏造士，敢以自默。夫守仁之为人，先穆宗皇帝品之当矣。曰绍尧、孔之心传，曰倡周、程之道术。守仁之当祀，两言而决。今者议论纷纭，致疑祀典，岂谓先皇帝之报守仁者既厚，可且缓其祀与？然观先皇帝所品守仁者，岂徒以其勋伐已哉？勋伐不足以尽守仁，则铭鼎锡券不足以尽先皇帝褒德之心。然先皇帝未即登祀，留待今日耳。臣谓皇上欲继先志，祀守仁最急。今之议守仁者，谓异于朱熹氏，臣不知其异也。夫熹与守仁之志，其欲继往圣则同，其欲开来学则同，其欲立心立命则同，此人人信之也。熹与守仁之学，其忠君则同，真孝亲则同，其仁民爱物则同，此人人信之也。熹之格物可以致知，守仁之格物亦可以致知；熹之言新民可以明明德，守仁之言亲民亦可明明德。譬吴越人赴阙下者，或经河洛，或经齐鲁，车辙马迹，隔越千里，然皆可以赴阙下。今不谅其言之皆可以入圣，漫是熹而非守仁，是经河洛者笑齐鲁也，岂不异哉？且自古圣贤立言，何可尽同？孔子言仁，孟子兼言义；孔子言志，孟子兼言气；达者不以此异孔孟。周敦颐言太极，程颢言天理，程颐又专言敬，此其口相授受者，犹矛盾若是，达者亦不以此异周程。以守仁之言与熹异，遂以此短守仁，此臣愚所未解也。且今世所以高守仁者，徒谓其勋伐足称云耳。审如所云，则古今斩将搴旗、谋王断国者，何可胜数？诚不必进之从祀之烈。然臣观守仁之勋伐，皆自其道德所成，区区立功之臣，未可同日语也。守仁之硕树昭昭耳目者，臣不暇论，试举一二轶事，为皇上陈之。臣闻守仁总督南赣时，武宗皇帝南巡，奸贼在君侧交计谤之，祸且不测。属吏请勿处用兵之地，以坚奸人之疑，守仁谢不听，处之泰然，竟能出危去险，坐收成功。庶几哉赤舄几几之度，非涵养深厚何以致此？又闻守仁督抚江西时，勤勤教民为善，如父母之于子弟，虽军旅仓皇，歌诗习礼，不辍于时，弦诵成俗，盗亦格心，迄今颂之，尚有泫然涕者，此岂声音笑貌所能为哉？又闻守仁勘事福建时，行次丰城，适宸濠反，亟还吉安，檄兵征讨。方出师时，置妻子官舍中，环以薪蒯，令守者曰：万一事不测，即举火，勿为宸濠所污。此其身与妻子一不系念，古所称致身者非与？又闻守仁承命征思田。先是，议征议勤，负固愈急。守仁一闻召，即于辞疏中极陈思田激变之由，情非得已，请上广好生德意。思田人闻之，无不欲得守仁来抚者，故守仁一至其境，不遗半矢，即缚首受罪。夫守仁伏山陬中，即能为国家筹万全策，上成当宁舞干之绩，下全数百万生灵之命，固非朴邀儒者所能办也。凡此数事，皆古先哲人所难，本之蕴蓄不凡，故猷为丕懋，此臣益信守仁之当祀为无疑也。臣伏考周礼大司乐有曰：凡有德者有道者使教焉，没则以为乐祖，祭于瞽宗。守仁之道德，足为师表，又合于乐祖瞽宗之义。臣谓宜进守仁从祀，庶足以兴起斯文，培植风教，且可慰先皇帝褒德之心。谨具议以闻伏候敕旨。

九华山阳明书院记
邹守益

青阳九华山之胜，与匡庐、武夷竞爽，至李太白始发其奇，嗣是诗人、隐士、仙、释之流，相与经营其间，而未有以圣贤之学倡而振之者。弘治壬戌，阳明王先生以恤刑至池，爱其胜而游焉。至正德庚辰，以献俘江上，复携邑之诸生江学曾、施宗道、柯乔以游，尽蒐山川之秘，凡越月而去。尝宴坐东严，作诗曰："淳气日凋薄各，邹鲁亡真承。各勉希圣志，毋为尘所萦。"慨然欲建书屋于化成寺之西，以资诸生藏修，而未果也。嘉靖戊子，金台祝君增令兹邑，诹俗稽典，始克成其志。中建正堂，大书曰"勉志"，东西有廊室，而亭其后，曰"仰止"；合而门之，曰"阳明书院"。池守韩君楷、二守张君邦教，视而嘉之，更议置田以膳学者。而九华之名，将与白鹿、云谷焕然昭方策矣。诸生乐其绩之成也，不远南都，以来徵言。守益窃闻绪言之教矣。先生之教，以希圣为志，而希圣之功，以致良知为则。良知也者，非自外至也。天命之性，灵昭不昧，自涂之人至于圣人同也，特在不为尘所萦而已矣。二三子亦知尘之害乎？目之本体，至精至明，妍媸皂白，卑高大小，无能遁形者也，一尘萦之，则泰山秋毫，莫之别矣。良知之精明也，奚啻于目？而物欲之杂然前陈，投间而抵隙，皆尘也。故戒慎恐惧之功，如临深渊，如履薄冰，所以保其精明，不使纤尘之或萦之也。纤尘不萦，则无所好乐忿懥，而精明之凝，定廓然大公矣。亲爱贱恶无所辟，而精明之运用，物来顺应矣。大公之谓中，顺应之谓和；中以立天下之大本，而天德纯矣；和以行天下之达道，而王道备矣。此邹鲁之真承也。古先圣王兢兢业业，克勤克俭，不迩不殖，亦临亦保，率是道也。故尧、舜、禹、汤以是道君天下，而孔、颜、曾、孟以是道为天下师。后之学者，见圣贤之君师天下，其成功文章，巍巍若登天然，而遂以为不可阶。譬诸入明堂清朝之中，见其重门层阁，千方万员，前瞻后盼，眩然以骇矣，而不知所以创造图回，规矩之外，无他术也。二三子其将求之规矩乎？将求之方圆乎？良知之教，操规矩以出方圆也。而摹方效圆者，复阒然以禅疑之。呜呼。爱敬亲长，吾良知也；亲亲长长以达天下，将非致吾之良知乎？恻隐羞恶，吾良知也；扩而充之，以保四海，将非致吾之良知乎？孰为礼，孰为非礼，吾良知也；非礼勿视听言动，而天下归仁，将非致吾之良知乎？是邹鲁之真承也，而何禅之疑？禅之学，外人伦，弃事物，遗肝胆耳目，而要之不可以治天下国家，其可以同年而语乎？书院之建，群多士而育之，固将使之脱末学之支离，辟异端之空寂，而进之以圣贤之归也。二三子之朝夕于斯也，其务各致其良知，勿使萦于尘而已矣。处则以是求其志，达则以是行其义，毁誉不能摇，利害不能屈，妖寿不能二，使尚论道术者，按名责实，炳炳有征焉，则良有司鼓舞之典，其于圣代作人之助，规模宏集远矣。岂繄山水严壑之

165

遇而已乎？

阳明先生书院记
邹守益

阳明先生官滁阳，学者自远而至。时孟友源伯生，偕弟津伯通，预切磋焉。逾四十年，而伯通令黄州之黄冈，以所闻师友者，与两庠来学及诸缙绅宣畅之。良知之同，远迩翕然，每月三会，每会率数百人，默坐澄心，共明学脉。或质疑问业，期以改过迁善为实际。少间，则考钟击鼓，歌咏情性。少长咸秩，怡怡充适而归。两庠来学议建书院，以永藏修，而中丞方近沙任，旧学于予也，谋于诸缙绅曰："阳明公归自贵阳，诸生郭庆、吴良吉辈及门受学，请尸祝公为矜式。"孟尹以闻于当道，抚按监司咸韪之。而督学刘初泉亟允以垂永久。乃市安国寺左隙地及僧房二重，廓而新之，于听讼中酌助其役。曰讲堂，曰祠堂，曰书屋，曰大门；缭以周垣。而先师图像之刻，祀典之备，门役之守，以次而具。孟君入觐于京，属予儿善以征言，且曰："愿阐师门同然之蕴，以波于江汉。"某拜手复曰：夫同然之蕴，子孟子发之矣。二三子亦知其有时而异乎？口之悦刍豢也，而恶寒发热，则异矣；心之悦理义也，而遗亲后君，则异矣。故同者，本体也；异者，病症也。良师胜友，冠弁一堂，法语必说，异言必从，是上帝降衷，灵明弗昧，无知愚，一也。能绎能改，则如灵明杲日，为美为大，以达诸圣神；弗绎弗改，则灵明如闪电，为暴为弃，以浍诸禽鸟。嘻，其几微矣。昔者孔圣之南游于楚也，歌衰凤则避之矣，封书社则沮之矣，问津则耰而弗告矣。彼皆一时高流名卿，而意见一滞，灵明遂壅障。今黄之耆旧俊髦，超于齐民，欣聆正学，如茹橡采蕨，获饫膏粱，意见可谓融脱矣；其亦有鼓舞于意气、黜检于格套、担当于闻见者乎？悦子之道，中心诚服矣而诿诸力，则终于自画；克伐不行，笃于践履矣，而观所由，犹不得谓之仁。见礼闻乐，智足以知圣矣，而博学而识，终与一以贯之殊科。在圣门犹患之，而况吾侪乎？圣学之得其宗者，曰弘以任重，毅以道远，战战兢兢，临渊履冰，以研皭皭一脉。平日见称为鲁，而超然文学威仪之上，二三子其亦念之乎？以江汉，地相迩也；以秋阳，时相遇也。自濯自暴，而不为三蠹所障，即其同以辨异，则纤瑕除；反其异，趋其同，则明命莹矣。由是而智及之，曰入门；由是而仁守之，曰升堂；由是而勇终之，曰入室；将质鬼神，俟后圣，举幽明古今，更无二矩，是谓致良知之蕴。顾与二三子交儆之。

166

虔州报功祠配享记
邹守益

报功祠者，报先师阳明王公功也；配享者，举三湖邢侯珣以配公而与享之也。先师之功在宗社，教在士类，泽在黎庶，尝生祠于濂溪祠，后政者谓弗虔也，徙于郡邑学官之右。益偕同门俞尹大本，祗谒遗像，议隆报祀。会晴江喻中丞莅虔台，慨然图缵公之绪，修厥废坠，以秩祀典。复念赞襄成功，邢侯预有劳，而祀弗及，以询于士民，士民协其议，而林郡守功懋赞其决，方宪副任核其实，遂列祀名宦，而设像以配于公之侧。伻来征言山房，曰："维公之学，与邢侯之政，皆司成氏所素濡染也。其昭明贶，以信于后。"益也有慨于中，逾三十年矣。往岁受学于虔，时方剿横水、破桶冈、平浰头，郊野乐业，商贾四集，而成人小子，横经讲学，歌诗习礼，雍雍文物之盛。暇日以通家谒三湖于郡斋，历询亲冒矢石，规画章程，众誉归重焉。逆濠之变，益复在军门，樟树誓师，西山捣伏，豫章复城，黄石俘馘，公扶疾冒暑，鞠躬尽瘁，以靖巨憝。而邢侯与松月伍侯，赤然为称首，吉兵将北，侯麾义勇陷阵以往，岁斩贼帅，以裰逆魄，其绩尤伟焉。功高谤兴，群憎反构，权奸势阉，朵颐封拜，将陷公于不测，而嗾以焚掠大多，为同事诸君罪。圣明御极，爵赏始及公，而侯竟参藩，陟左辖，致其事。公辞爵力争之，至有"虚受升职，实畀退闲，阻忠义而快谗嫉，反不若观望引避可以安享富贵，无众口之诽。诚不忍叨天功，掠众美，独受殊赏，以靦颜面"，听者为之汗背，而竟无所济。未几，而公之爵亦弗世矣及矣。益尝告执政曰："死忠死孝，自是臣子降衷，岂以赏不赏为加损？而国家砺世磨钝，亦使乘风云，附竹帛，赏延于世，以为鼓舞之具。试评江西功次，何啻安化？而赏罚黯暗，豪杰疑沮，异时南征北伐，奚以为军旅法程？此事自关国体，非一家恩浑计。"执政善其言而未改，岂待时而发耶？肆兹中丞，阐幽振郁，顺物情以劝有功，而监司至于郡守、县令，敦古举义，应若桴响。充是操也，秉钧轴，斡化机，别淑慝，树风声，罔俾黯暗疑沮以蔽懿德，将式克休前政，钦成烈以闻于无穷，其兆足权舆矣。益不敏，尚执笔以竢。

天真书院改建仰止祠记
邹守益

嘉靖丙辰，钱子德洪聚青原、连山之间，议修阳明先师年谱，且曰："仰止之祠，规摹耸旧观矣。宜早至，一记之。"益未果趋也，乃具颠末以告。天真书院，本天真、天龙、净明三方地。岁庚寅，同门王子臣、薛子侃、王子幾暨德洪，改建书院，以祀先师新建伯。中为祠堂，后焉文明阁、藏书室、望海亭，左为嘉会堂、游艺所、传经楼，右为明德堂、日新馆，傍为翼室。置田，以供春秋祭祀。甲寅，今总制司马梅林胡公宗宪按浙，今中丞阮公鹗视学，谋于同门黄子弘纲，改祠于天真上院，距书院半里许，以薛子侃、欧阳子德、王子臣祔。左为叙勋堂，右为斋室，后崖为云泉楼，前为祠门；门之左通慈云岭，磴道横空若虹。立石牌于岭上，曰"仰止"；下接书院，百步一亭，曰"见畴"，曰"泻云"，曰"环海"；右拓基为净香庵，以居守僧；外为大门；合而题之曰"阳明先生祠"。门外泮璧池，跨池而桥，曰"登云桥"。外印龟田，亭其上，曰"大极"云。岁丁巳春，总制胡公平海夷而归，思敷文教，以戢武事，命同门杭贰守唐尧臣重刻先师文录、传习录于书院，以嘉惠诸生。增修祠宇，加丹垩，搜泉石之胜，辟"凝霞"、"玄明"二洞，梯上真，穴蟠窟，径三峡，采十真，以临四睡；湘烟越峤，纵足万状，穷岛怒涛，坐收樽俎之间。四方游者，愕然以为造物千年所秘也。文明有象，先师尝咏之，而一旦尽发于郡公，鬼神其听之矣。

益拜手而复之曰：真之动以天也，微矣。果畴而仰之？又畴而止之？先师之训曰："有而未尝有，是真有也；无而未尝无，是真无也；见而未尝见，是真见也。"而反复慨歎于颜氏知几之传。故其诗，曰"无声无臭"而"乾坤万有基"焉，是无而未尝无也；又曰"不离日用"而"直造先天未画"焉，是有而未尝有也。无而未尝无，故视听言动一于天，欲罢而不能；有而未尝有，故天则穆然无方体，欲从而末由。兹颜氏之所以为真见也。吾侪之说，服师门众矣，饬励事为而未达行著习察之蕴，则倚于象；研精性命而不屑人伦庶物之实，则倚于凌虚。是自迩而远，自卑而高，犹未免于歧也。而入门升堂，奚所仰而止乎？独知一脉，天德所由立而王道所由四达也。慎之为义，从心从真，不可以人力加损。稍涉加损，便入人为而伪矣。古之人受命如舜，无忧如文，继志述事如武王、周公，格帝享庙，运天下于掌，举由孝弟以达神明，无二涂辙。故曰：无微之显，诚不可掩，指真之动以天也。先师历艰履险，磨瑕去垢，从直谏远谪，九死一生，沛然有悟于千圣相传之诀，折支离于众淆，融阙漏于二氏，独揭良知以醒群梦，故惠流于穷，威詟于剧，功昭于宗社，而教思垂于善类。虽罹谗迻媚，欲掩而弥章，身殁三十年矣，干戈倥偬中，表扬日力。此岂声音笑貌可袭取哉？维梅林子尝受学于金台，取师门学术勋烈相与研之，暨令余姚，谠谏淬砺，荐拜简命，神谋鬼谋，出入下古，旁观骇汗，而竟以成功，若于先师有默解者。继自今，督我同游，暨于来学，骏奔咏歌，务合斋明盛服之实，将三千三百，盎然仁体，罔俾支离阙漏杂之。其望也若跂，其至也若休，以古所称忠信笃敬，参前倚衡，蛮貊无异于州里；省刑薄敛，亲上死长，持挺可挞于秦楚。于以发先师未展之秘。圣代中和位育之休，达为赤舄，隐为陋巷，俾熙熙光天化日中，是为仰止之真。

龙冈书院祭田记

邹守益

　　龙场驿距贵阳州西七十里，水西安宣慰地，在古夷蔡之外。正德间，先师阳明王公以直言忤逆瑾，谪丞于驿，尝作何陋轩、君子亭、玩易窝及宾阳堂，咸自记于石。瑾怒未解，濒于死屡矣。动心忍性，磨瑕去垢，沛然有悟于洙、泗、濂、洛之脉，融释众淆，折衷二氏，揭良知以醒群醒。嗣是历卿寺，开督阃，翦剧寇，靖逆藩，炳然膺封爵矣。复焉媢者所出，而有志于学者翕然宗之。嘉靖某甲子，宪副焦君维章，即其地，凿一池如泮，而奉主以祠。壬子，侍御麟阳赵君锦，增堂饰像，缭以周垣，守以驿卒，焕然新矣。中丞须野张君某率藩臬拜跽奠爵帛，颁胙群寮，而祀仪未有常典。丙辰，侍御白厓王君绍元，受学南野宗伯，思崇遗教，以风士民，乃谋于中丞玉华高君翀，曰："祭而无田，弗可以永也。敛于夷则或扰，派于官则或惰，莫若以罚缓之羡，置田，以簿正之，庶明德以飨乎。"藩臬之长杨君守约、陈君尧，咸尚德乐善，协力而成之。计岁入可供二祀，而积余以备修理。复惧其久而湮也，遣俜千里，以纪于石，俾嗣政者稽而勿废。且曰："顾宣畅师门之蕴，俾任学遐荒者，因有兴起焉。"某也不类，尝侍教于先觉矣。谨述所传以就正。

　　往者尝疑大学、中庸一派授受，而判知行，析动静，几若分门以立。及接温听厉，反覆诘难，始信好恶之真，戒惧之严，不外慎独一脉。独也者，独知也。独知之良，无声无臭，而乾坤万有基焉。知微之显，其神矣乎。于穆不已，而四时行，万物育，故大始之知，独归乾；自强不息，而三德义，五典敦，故通乎画夜之知，独归诸乾乾。七十子之在圣门，中心悦而诚服也。莫我知之歎，举而诿诸天，盖慨夫能行能习而弗著察也。治任失声，何等爱慕，非江汉秋阳侃侃数语，几不免疑有若于夫子。故莫不饮食而鲜知味，岂独愚不肖当之？吾侪之悦服师门，众矣。检点事为而未达不睹不闻之蕴，是忽恂栗也；研精性命而不屑人伦庶物之实，是略威仪也；知二者之偏矣，而以自然

169

为极则，以戒惧为加一物，是废切磋琢磨也。于皥皥肫肫之教，得无犹有所倚而有可尚乎？在易之乾，以龙取象，刚健中正，纯粹以精，始为聪明睿智达天德之智。卧龙之冈，弦诵言游，奏咸英以破乘间，遗韵未泯焉。凡百君子，骏奔咏歌于斯也，诚诸身，徵诸民，对越诸神明，将为潜、为见、为跃，以觐天子之耿光。进退得丧而不失其正，于龙冈其永有休闻。百世之下，尚有斐勿谖，又何忧于祠？何患于祠田？祠田在龙场之东公雞壩，去祠二里许。计租米一百四十四秤，民人路大贵所售也。经理之劳，则贵前二卫指挥刘镗、胡恩、杨凤鸣，千户胡杰。法得附书。其田段界至，具勒诸碑阴。

化城寺奠阳明先师祠
邹守益

昔授学师门，纵言及于山水，曰："平生之游，九华为胜。"每歌诗章，览国籍，慨然欲一造焉。光阴迅速，晚景侵寻，始决策泛鄱湖，蹑齐云，谒紫阳书院，聚讲于斗山、水西之间，以趋祠下。天柱凌霄，双华耸秀，千峰璀璨，如群仙披羽裳、骖霞軿以朝太清，恍然非人间境，然后知向者浅之为游也。积雪崚增，同云弥漫，冲泥途，历峻阪，如泛瀛海中，咫尺莫辨。瞻正祠宇，杲日当空，宿雾尽扫，万象罗列，是夫子于昭之灵，斡旋化枢，示诸生以良知皥皥真体，而俾之去昏复明之机也。忆书院初成，执笔以纪成绩，脱俗学之支离，辟异端之空寂，亦自以为勉志希圣，不紊于尘，可以抚愧师门矣，而切己内省，不免摹拟于见闻，倚靠于思索，包漫于世情，与不睹不闻真体，判然弗能凝也。方与同志猛自怨艾，取善四方，不遑宁处，期以洗刷旧习，深造天真，而道之云远，欲从末由，中夜耿耿，无以报罔极之德。肆兹同游，不期而集，骏奔门墙，胥出矢言，各立真志，各修实行，从日用常行之际，以直造先天未画之前。不忍以卑迩自安，不敢以虚玄自骛，务以自别于禽鸟，而全归于天地。惟夫子之神，洋洋格思。胥诱其衷，俾克有成，无为兹山羞。谨告。

九华山阳明书院记
欧阳德

九华山东去池阳且百里，殿青阳南境，峦嶂廻复，奇秀盘郁，称江南名胜。先师阳明王公每蹑履兹山，幽探遐览，动弥旬月，欲结精舍化城寺西，偏与诸生讲业其中。前御史柯君乔始从乡赋，告诸县令祝君，即其处成讲堂三间，堂后辟剃榛莽，夷阜为原，构亭曰"仰止"。公薨，巡按御史虞君守愚督学，御史闻人君诠奉木主于亭，痹隘弗称，处恭弗展，乃檄同知池州府任君柱改作为祠，其间架视讲堂，而闳丽有加，庑序门垣，罔不完美；唐陈阶阤，罔不廉饬；赡祭有田，奠献有仪，以为公所卜地神或眷。兹且使受学于公若感而兴者藏焉修焉，庶几严奉遗矩，罔有失坠，甚盛厚也。公倡道南服，本良知为教，所谓是非之心不由外铄者，盖自善继而性成，诚立而神发。知也者，神之所焉，性命之灵，德性之则也。虽淫邪无忌之尤者，其掩恶饰善，若或见其肺肝而无所容。神明内融，潜伏孔昭。若此，精一执中，造端于兹矣。而五性感动，牯之反复，迷真丧本，沦胥以溺，匪知弗良，弗能致其知者也。在昔孔门传心之要，必慎其独。迨夫孟子示乍见之怵惕，嚄蹴之惭忿，孩提之爱敬，平旦之好恶，达之足以保四海，亡之不远于禽兽。周子称"静虚动直，明通公溥"，程子论"明觉自然，大公顺应"，其揆一也。公之教，原人心天命之真，足以质往圣俟来学，然予犹惧其暗郁弗章，而无以消天下之疑沮者。夫良农之子，卤莽灭裂，田卒污莱，而父受其訾。大贾有宝，贫惵楼而沽诸市，则日号而不售。凡吾党道扬师训，罔有深造自得之实，则有异于是者乎？故讲学以崇德，或谓立异；尊师以广道，或谓树私。孔、孟、周、程相传之学，因拒而弗信，无怪也。故某以为修公堂宇，贵修其道；依公宫墙，贵依其教。阐之以言，贵先之以身，慎自欺自慊之几，默而成之，遁世不见知而不悔，然后德孚于人，而师训益尊，瞻堂起敬，闻风知慕，学者益笃，兴者益众，岂曰小补之哉。嗟夫。由前之说，诚可惧；由后之说，吾党其可为也。讲堂成于嘉靖戊子秋，改亭为祠，成于甲午夏，先后相协者池州守侯君缄、陆君冈、通守徐君子宜、闻人君、柯君、任君，皆公门人。明年乙未冬十月，门人南京尚宝司卿、泰和欧阳某记祭田祭器，识诸碑阴。

龙场阳明祠记
罗洪先

  阳明王先生揭良知之学倡于天下，天下之人师其说而鼓舞不怠者，所在祠之，无问曾至其地与否。龙场，故谪宦处，当时所居，皆手自筑树，其栖迟咏歌之迹，至今宛然，能无思乎？葺何陋轩、君子亭之腐挠，复亭其北，龛主以奉之者，始于宪副雪山某公。某撤亭北壁，夷坎剔秽，中堂三楹，旁翼两序，前为门，题曰"龙冈书院"。周垣缭之，守以传人者，侍御麟阳赵公绵。赵为先生乡人，有气节而又嗜学，故其勤若此。祠成，致侍御之命索余记者，为宪使仰斋胡公尧。时增饎未备，亲视其役，复自为文以祀，且遣使速记者，今巡

171

撰都御史须野张公鹗翼与宪使龙山张公尧年、参政枫潭万公虞恺、学宪高泉谢公东山也。

余尝考龙场之事，于先生之学有大辨焉。夫所谓良知云者，本之孩童固有而不假于学虑，虽匹夫匹妇之愚，固与圣人无异也。乃先生自叙，则谓困于龙场三年而后得之，固有甚不易者，则又何哉？今夫发育之功，天地之所固有也。然天地不常有其功。一气之敛闭而成冬，风露之撼薄，霜霰之严凝，阴获摧败，生意萧然，其可谓寂寞而枯槁矣。郁极而轧，雷霆奋焉，百蛰启，群卉茁，氤氲动荡于宇宙之间者，则向之风霰为之也。是故藏不深则化不速，蓄不固则致不远，屈伸剥复之际，天地且不能违，而况人乎？先生以豪杰之才，迈往之志，振迅雄伟，脱屣于故常，于是一变而为文章，再变而为气节。当其倡言于逆瑾蛊政之时，挞之朝而不悔，其忧思恳欸，意气激烈，议论铿訇，真足以凌驾一时而讬名后世，岂不快哉。及其摈斥流离于万里绝域，荒烟深箐，狸魖豹虎之区，形影孑立，朝夕惴惴，既无一可骋者，而且疾病之与居，瘴疠之与亲。情迫于中，忘之有不能；势限于外，去之有不可。辗转烦督，以成动忍之益。盖吾之一身已非吾有，而又何有于吾身之外？至于是而后如大梦之醒，强者柔，浮者实，凡平日所挟以自快者，不惟不可以常恃，而实足以增吾之机械，盗吾之聪明，其块然而生，块然而死，与吾独存而未始加损者，则固有之良知也。然则先生之学，出之而愈长，晦之而愈光，鼓舞天下之人，至于今日不怠者，非雷霆之震？前日之龙场，其风霰也哉。嗟乎。今之言良知者，莫不曰"固有固有"，问其致知之功，亦莫不曰"任其固有"焉耳。亦尝于枯槁寂寞而求之矣乎？所谓盗聪明、增机械者，亦尝有辨于中否乎？夫良知虚寂无体，其速发而善应，不啻雷霆之鼓其机，而人之忧愉恐喜、咈顺拘肆之态，磊礧出没于胸中，日不知其凡几，又不啻一龙场也。然未有知之而动忍者，彼其根株蔓引之潜滋，而勉强格禁于既发，此虽困顿扼抑之极，将亦何益于进退？生于忧患，死于安乐，岂亦有待其人乎？盖忧悔吝，而后可以言补过；齐夭寿，而后可以言修身。大受而不惧者，内无所系者也；苦难而不入者，近有所安者也。龙场固传舍也，先生遇之，一以为风霰，一以为雷霆。非先生其人，荒烟深箐，狸魖豹虎故区而已矣，谁为过之？谁为祠之？世之势位，加于龙场何限？考其所至，犹传舍然，而人之遇之者，亦如逆旅之过目。吾又未尝不有感于贤愚相远，而歉先生厚自贻也。先生去龙场四十有三年，而后有祠。又三年，而余始为记。须野公持节来镇，夷獠底定，群公当藩维之寄，庶政修和，顾乃出榛莽，履幽巇，徘徊其地，信宿不能舍去。复走一介索鄙言于数千里

172

外，果何所慕也哉？后之观风者试思之。

移置阳明先生石刻记
罗洪先

昔阳明王先生督兵于赣也，与学士大夫切劘于圣贤之学，自缙绅至于闾阎，以及四方之过宾，皆得受业问道。盖濂、洛之传，至是再明。而先生治兵料敌，卒有以平奸宄者，皆原于切劘之力。于是深信人心本善，无不可复，其不然者，由倡之不力，辅之不周，而为学之志未立故也。既以责志为教，肆习其子弟，复取大学、中庸古本，序其大端，与濂溪太极图说联书石于郁孤山之上，使登览而游息于此者，出埃壒之表，动高明旷远之思，庶几见所书而兴起其志，不使至于懈惰，盖所以为倡而辅之之虑至切也。先生去赣二十余年，石为风雨之所摧剥者，日就缺坏，而是山复为公廨所拘，观者出入不便。嘉靖壬寅，宪副江阴薛君应登，备兵之暇访先生故迹，睹斯石，悲嘅焉。既移置于先生祠中，复求揭本之善者，补刻其缺坏，而讬记于予。予尝观先生所书，恨其学之不俱传也，自孔孟以后，明其学者濂溪耳。故图说原天所以生人者，本于无极，而求复其原，则以无欲为主，舍无欲而言中正仁义，皆不可以合德而反终。故大学言致知，中庸言慎独。独知之地，欲所由辨，求其寡而无焉，此至易而难者也。先生生数百年之下，处困而后自得，恍然悔既往之非，真若脱涸淖而御冷风。故既自以切劘而尤不敢隐于天下。于是择其辞书之石，冀来者之自得，犹夫已也。今先生之言遍天下，天下之人多易其言而不知其处困之功与责志之教。故深于解悟者，每不屑于持守，而意见所至，即皆自是而不疑，哓哓然方且以门户相持兢譬，则石已缺坏，而犹不蔽风雨，顾以为崇护之严，贸焉莫知，其所出入，岂不失哉。夫欲之易炽，速于风雨，而志之难立，有甚于石其积习之久，非一日可移置也。然使精神凝聚，即独知之地以从事焉，则又不易地不由人，而足以自反，譬则石之摧剥于风雨者，复庇之以厦屋，虽失于昔，亦犹可以保其终乎。今石存，则升先生之堂者，宜有待矣。薛君有志于学，其完此石，盖亦辅世之意，而余之困而不学，则有愧于切劘之助也。书之石阴，亦以为久。要云。

题阳明先生祠
钱士完

先生由铨曹来佐闽，论学最著。荆溪吴安节视闽修谒，新其祠宇，谓先生门墙士多遗议者，今其余风日波，夫亦有以致之乎？余未能对，深加考订。当时与滁士谭，见其躁动，且教其静坐，谓将补小学收放心一段工夫。比入江右，又恐喜静厌动，流入枯槁，单提致良知。其说曰："良知本体昭明洞彻，莫非天则，不论有事无事，精察克治，俱归一路，方是格致实功。"盖先生既惧滞口耳者之粗而言良，又恐骛枯寂者之幻而言致，要使精察克治，悉合天则。汝中序先生之录，亦曰："有触发之义，有栽培之义，二者合而致良知教旨始全揭矣。"此其用意未始不精密也。读《传习录》，一友问："欲于静坐时将好名、好色、好货等根逐一搜寻，扫除廓清，恐是剜肉做疮否？"先生正色曰："这是我医人的方子，真是去得人病根，更有大本事人。过了十数年，还用得着你，如不用，且放起，不要坏了我的方子。"其严毅如此。读与舒国用书曰："才谓敬畏之增，不能不为洒落之累。又谓敬畏为有心，如何可以无心而出于自然？凡此皆欲速助长之病也。动容周旋而中礼，从心所欲而不逾，所谓真洒落，是洒落生于天理之常存，天理常存生于戒慎恐惧之无闻，孰谓为洒落之累？尧舜之兢业，文王之小心，皆出于心体之自然。出乎心体，非有所为而为之，自然之谓也。"其透切如此。与黄宗贤："凡人言语正到快意时，便截然能忍默得；意气正到发扬时，便翕然能收敛得；愤怒嗜欲正到腾沸时便廓然能消化得。"非天下之大勇者，不能其近里如此，成言具在，脉路最真，然孔孟之教，引而不发，以待深思自得。先生"致良知"三字，一句道破，学者往往以口语承之。彼玩弄天机，享用见成良知者，渐流入于虚圆而鲜真诣，甚则检押大逾，以身为谤，犹然藉口良知，视先生前数条训言何如也？可猛省矣。余因葺先生祠宇，特拈出之，以复吴先生九原可作，或亦首肯否？祠由先生弟子闻人诠允诸生请，建于丰乐、紫微间，余椒戚贤为之记，今始再葺云。

王文成公祠碑
吴桂芳

阳明先生王文成公，以正德己卯来平我南昌逆濠之变。南昌之民赖先生义师得脱水火，即祆席，思所以俎豆先生以报祀功德于无敦者，亿万人一心也。顾先生道大望尊，功成疏爵，身没之后，忌者稍起，郡民盖贸贸焉。嘉靖己亥，前少师华亭存斋徐公视学江右，始狥士民之请，即射圃旧址，肖先生像祠之。丙辰，前司徒晋江可泉蔡公来抚我邦，议捐赎金葺之。乙丑，徐公复捐赐金再葺之。自是南昌父老始得岁时伏腊拜瞻祠下，歆戏低回，久之而后去。二公复即祠之左右，建号舍若干楹，集郡诸生俊者，读书讲学其中，祠彬彬称盛矣。隆庆改元，穆宗皇帝修举先庙佚政，时华亭徐公方柄国，天子允诸廷臣之议，诏复先生新建伯，世其爵，遣官谕祭造年，赐谥文成。盖先生应得彝典，兹焉始备。时南昌之民相与举手加额，称明圣云。今葬春，侍御巡察云门任公澄清之暇，睹先生庙宇恢宏，而祠额未称，爰谋于抚台风竹徐公，檄太守云皋周公竖坊其前，扁以今諡。更檄太守议所未备者，属邦人记之。太守议曰：先生之祠，记之者既再矣，顾皆陈述先生学术大端，而未及先生戡定之伟绩。夫江汉告成，吉甫作诵；淮蔡既乂，昌黎述碑。先生平逆濠之难，社稷之功也，祀之宜也，其功在南昌，则南昌之专祀之，又宜也。祠先生以崇德，抑以报功记先生之祠者，可独废哉。请以属司马氏。司马氏曰：余龆龀时，闻郡长老言正德己卯六月之变甚祥，盖是时豫章之民每饭不忘王公也。大烈哉。仁人哉。其功其德无兢已。顾讵今垂六十年，未有记其事者，岂非郡中之阙典欤？风竹、云门二公之政举其大，太守周公之议协于中，其贤夫。其贤夫。余以所闻于郡父老者著于篇，俾郡子弟暨祠中诸生于俎豆先生时声歌之。其辞曰：

昔在中叶，武皇震业。内蝥外讧，根盘株结。釁宄攸乘，以芽以蘖。蠢兹宁濠，王我大邦。德否志修，睥睨匪常。招逋纳叛，逆谋用张。帝念亲藩，削其护卫。爰遣近臣，往诘其罪。逆濠闻之，反形斯炽。戕我抚使，及于宪臣。天地以黯，日星为昏。贼旗纷指，虐焰如焚。遂破南康，以迄九江。舳舻绵绎，其锋莫当。远近大耸，望风迎降。桓桓王公，开府于赣。有诏赴闽，抚处军叛。既次剑江，仓卒闻变。扁舟宵遡，驻缮吉安。虎符遄发，四徵材官。洒涕临戎，不共戴天。义师之兴，有严有翼。亦有吉守，同心戮力。暨于列郡，奉期成集。公有劲卒，日维新民。感公神武，赴义如奔。曾不逾旬，亦集辕门。兵既萃止，我武维扬。元戎万艘，以先启行。公曰咨汝，文武将吏。贼帆既远，予追曷企。维是南昌，贼巢在焉。我往克之，贼必内牵。归而擒之，易若燎原。将吏曰都，兹维胜算。先人夺人，贼将焉窜。旌帜蔽江，士志兢劝。豫章之野，其墉言言。贼之宗盟，城守甚坚。公亲誓师，一鼓应弦。公亟下令，叛者独夫。若军若氓，皆我发肤。有妄杀者，立抵厥辜。城下之日，市不改肆。老稚胥庆，壶浆箪食。于时逆濠，盛兵在皖。攻其外郛，画夜靡缓。我捷既闻，贼丧厥魄。乃解皖围，星言返国。归次黄溪，我师逆之。贼锋甚锐，我气小摧。公再誓师，戮彼北者。凡厥效尤，必杀无赦。时维盛秋，西风方飏。公曰时哉，火攻为上。乃集轻舟，乃苇乃膏。揭帆顺流，直捣贼艄。濠急挥金，躬擐督战。火燎其舟，贼是溃乱。大兵乘之，遂执渠魁。或俘或馘，余孽尽夷。凯声雷动，欢徽九衢。父老有言，我为贼穴，匪公来疾，贼且反巘。

虎而负嵎，厥未易驱。将协吾众，以抗王师。哀此无罪，匪屠则诛。公之德矣，何日忘之。父老再言，濠逆始传，武皇赫怒，亲征而南。匪公擒濠，万乘来狩。我室我家，孰保相守。公之德矣，如山如阜。父老又言，公既平逆，巨珰贪天，拒公奏绩。矫诏提兵，来入公壁。公也御之，不吐不茹。经权竝运，彼珰诚翰。莫敢我噬，亦莫敢我渔。公心独若，公民晏如，公之德矣，曷其斁诸。维公德懋，维公功巍。肃皇锡爵，恭皇世之。金章铁券，与国咸熙。爵以酬功，祠以寄思。成我思者，华亭少师。葺之廓之，少师司徒。且葺且坊，两台之烈。伐石记功，守议之协。司马作碑，以告来哲。

阳明先生祠堂记
焦　竑

孔孟之学，至近世而大明，如日之中天，非无目者未尝不知而仰之，则阳明先生力也。先生自谓"其学凡数变，盖从万死一生中得之"，是岂可以易易言哉。今先生之说盛行于世，而尸祝之者几扁宇内。独金陵师首善之地，先生为太仆、鸿胪卿于此者且六年，都人士沐浴膏泽，沾丐芬香者不少矣，而顾无专祠以祀之，非缺事欤？顷岁绍兴周海门公以符卿摄兆，士大夫抠衣问学者无虚日，其所推明阐绎，率先生意也。爰念居游无所，而瞻响靡从，非所以兴学。乃择高敞燕闲之处，畚壤测臬而大葺之，经体面势，言言谹谹，不大变徙而祠适成。当是时，京兆黄公继至，尤嘉公意，而相其所营。于是斲削，丹腹之饰，焕然完富，而士以得学其中为乐，相约而诣余请记。

《易》曰："形而上者谓之道，形而下者谓之器。"余观先生之始也，其为虑深。尝示人以器，而略于道，俾守其矩矱而不为深微之所眩。然使终于此而已，学者将苦其无所从入，而道隐矣。乃遴二一俊人，时以其上者开之，如所谓"无善无恶"者是已。至今昧者未隐于心，而大以为先生病。孔子不云乎："我则异于是，无可无不可。""可不可"者，即善与恶之云也。究且举"意、必、固、我"而绝之，则空洞之中，纤微不立，而何善之可言乎？无美者，天下之真美也；无善者，天下之至善也。是非都捐，泯绝无寄，而变化兆焉。此道之系繠系而名曰"大本"者也。不此之求，而呹呹然枝业之辨，譬于执糟粕而弃醇醪，恶足以与于道哉？夫为学而致道，犹掘井而及泉。泉之弗及，郎九仞何为也。先生起于学绝道废之余，处困居夷，矢志必得，以彼磨礲锻鍊，如木生嵌严奇寒之限，欲透复缩，而非干霄摩云则弗止，宜乎明既晦而续不传，其所成之伟如此也。学者有志于先生之为人，不可不求诸学。有志于先生之学，不可不求诸道。苟其以语上为讳，而安于日用不知之民，甚非先生之意，而亦非符卿所望于诸君子者矣。余故备论共事，令学者究先生之微言，而不为咻者，辍庶斯道之明，日伸月引，而载符卿之美于后世，其亦将亡穷也哉。

王文成公祠记
葛寅亮

昔阳明先生之谪龙场也，由间道浮海入闽，因游武夷，有"险夷原不滞胸中，何异浮云过太空"之句。故兹山有先生故迹焉。夫武夷为神仙之居，遗蜕犹在，儒者以为怪诞不道，而讵知通天地人曰儒，造化鬼神，应无不了彻，而岂得隔见自封，骇所不经见以为怪。若先生入室禅宗，开坛儒学，世出世法，几于一之，而《浮海》一咏，聊以露同得丧齐死生之概焉耳。予每读先生书，徘徊向往，愿为执鞭而无从兹。武夷诸生以予天游之生祠改祀纯阳也，后另建祠于接笋峰下，予仍为撤去，改建文成祠。嗟乎。丹山碧水，多为俗士驾所点，惟先生险夷一视，有若仙踪之蝉蜕焉者，以先生居此，诸十三仙侣必翩翩携手入林，而不为北山之移矣。

重建王文成公祠记
王　梓

自古寇乱之作，天必生一奇伟特达之士，平定而安辑之。上以利社稷，下以福苍黎。事虽出于一时，功实敷于奕世。固未尝蕲人之感而感之者，千百载如一日，亿万人有同心，此天理民彝之不容已也。崇安武夷山之一曲，旧有王文成公祠。嘉靖戊午，本郡董司马白之、刘使君创建。游山仰止者咸谓：公初斥权阉，谪龙场，间道过此。后人表其经历，或又曰：公尝次壁间韵，有"肩舆飞度万峰云，回首沧波月下闻"之作，故因诗祀之，而不知皆非也。此崇德报功之举耳。公提督南、赣、汀、漳，尝剿漳寇，破长富村等巢三十余所、水竹大重坑等巢一十三所。选丁壮，立兵符，通商贾，足军需，不调狼达，不加赋敛，居民安堵，而数十年逋寇悉平，又奏设县治，移巡司，以为久长计。至于今，地称易治，此功德在汀、漳者，今两郡皆有特祠是矣。后又奉敕勘处福建叛军，虽中道平宸濠还，然为闽上游经画者甚悉，其与王晋溪司马书云：闽中之变，皆由积渐所致。始于延平，继于邵武，又发于建宁及沿海诸卫所。论者以为，寇盗要领，公诚得之，后人奉其指授，卒以成功。然则八闽之中，被泽者五。其于本郡，功德何似而可勿祠以祀之乎。旧祠圮废六十余年矣，梓承乏兹土，怒焉心伤，每过其地，辄思重构。戊子夏，公六世裔草堂名复礼者，以制抚两台聘请至闽，白之督学观察，欲复是祠。而巡宪泽州陈公，又以阐扬先哲为己任，捐俸首倡。梓因得敬承趋事，数年积愿，一旦获伸，宁非快欤。顾旧基在观西溪口，蔓绝荒凉，不堪经久，今更择望仙桥右建之。山空鸟怨，忽而晕飞：迹晦烟消，倏然云构。是会也，窃有五善焉：崇德报功，勿忘遗爱，一也；地以人传，名山增重，二也；刘公创于前，梓幸踵其后，天运一周而复，三也；梓复以余力，选公文集刊之，四也；武夷为文公讲学地，历五百余年阒其无人，祠成而草堂不忍弃去，结茅隐此，以继往躅，五也。工既竣，谨祥次其事而记之。

重修阳明先生祠记

邹元标

庚寅秋，予赴铨曹，舟过池阳，望群峰昂霄耸壑，郁郁青青，问之则九华峰。予乃蹑蹻而登，僧来亨指山隈为阳明先生祠，导予游。予至祠前，荆棘莽薉，堂户倾圮，不可为礼。予赋诗寄慨，属秦令君新之。令君唯唯，会以迁去，留金俟后来者。而继秦者为蔡君，君履其地，慨然曰：“毋论先生勋贤弥宇宙，即吾里先哲流风，讵可令澌灭草莽间为！”遂捐俸大加修葺，堂额门庑仍旧，而祭有田，田有志，备矣。复遣僧来亨者问记邹子，以邹子故窃闻先生绪余。

予执笔茫然者累日。忆余幼从乡先生游，言必曰先生，心窃疑之，而实嗜文清所为《读书录》也者，故日必有录，然于先生学未尝置念也。及戍贵竹，留心格物之学，语人人殊，独于先生“致良知”、“事事物物之间，格其不正以归于正”之语有入，因叹曰：“往儒博物理于外，先生约物理于内。夫博约不同趋，内外不相谋已久，约而反求诸身者，端本之学也。”然盘桓日久，知与事相持，正与不正相敌。因读先生“戒慎恐惧”语曰：“戒慎恐惧是功夫，不睹不闻是本体。”又曰：“不睹不闻是功夫，戒慎恐惧是本体。”曰：“合得本体是功夫，做得功夫是本体。”恍然曰：“功夫即本体，本体即功夫，离本体而言功夫者，是妄凿垣墙而殖蓬蒿。”然心虽自信，而于所谓本体者，若犹有端倪可即，于心未有当也。年华浸盛，至道无闻，每一念及，潸然泪落，遂时时反观自讼，一旦有契于先生所谓“无善无恶心之体”者，遂跃如曰：“先生盖已上达天德，非腐儒所能窥测。”然元标从事先生之学盖三变矣。

盖尝论先生之倡道当时，如清风披拂。诸君之齐心服刑，如群鼠饮河，各得其性之所近而已。有谓"知必锻炼而后良"者，则"不虑而知"之说非乎？有谓"必揭良能始足该括"者，则"孩提知爱知敬"之说非乎？夫知爱知敬者，知也；能爱能敬者，即良能也。有谓"必归寂而之感"者，不知良知之体无寂感、无内外，而分内外寂感者，是二见也。有窥生机盎然，日以畅愉为得力者，不知"战战兢兢，小心翼翼"，未必非生机也。夫此于先生之学者皆具一体，然于世亦各有补。予独怪夫"万物一体"、"圆融无碍"之说倡，而学浸以伪也。夫良知，理一也，而分则殊；体圆也，而用则方。先儒之一体也，合天下以成其身；后儒之一体也，借天下以济其私。先儒之圆，神也，本之方以知；后儒之圆，神也，流于诡与随。藉口"交道接礼"之说，无论宋薛齐七十、五十、百镒皆可受矣；藉口"委曲行道"之说，辙环列国，栖栖依依，为是不脱冕而行非矣；藉口"猎较犹可"之说，和光同尘，为是先簿正祭器非矣；藉口"中庸"之说，乡愿德贼，味道模棱，皆所不计矣；借口"泛爱众"之说，孔子不必瞰亡于阳货，孟子不必示默于王驩矣。神出鬼没，朝更夕易，夫岂先生之教端使之然哉？

说者曰："良知醒而荡，非良知荡也。赝儒荡也。荡非良知也。"或曰："圣贤立教，各因其时，当时注疏训诂，牿我性灵。学者昧反身之学，孳孳矻矻，老而无成。先生一破俗学，如洪钟之醒群寐，其群而趋之也，如百川之赴壑。今流弊若兹，司世道者，宜易其涂辙，以新学者心志。"予曰："此非予所能测也。孔、孟不尝言仁义哉？流弊至于'为我'、'兼爱'，则仁义亦可废耶？圣贤言语，无非欲人识其本心耳。本心既明，即良知亦虚谭也，而何必复为更端。"

曰："然则先生之教卒不明耶！"予曰："先生所谓良知者，通天地，亘古今，彻昼夜，一死生，贤愚同共，非推测影响之知也。先生以全体为知，而世儒以推测影响为知，其去先生之教益远矣。良知本庸，勿厌常而喜新；良知本淡，勿吊诡以博名；良知本实，勿慕虚而谭高。子臣弟友慆慆皓皓，即圣人复起，能易先生教哉！《大学》曰'先致其知'，宋儒曰'进学在致知'，是知非自先生倡之，圣贤已先诏之矣。先生之祠所至增修，而先生之旨不明，则谁之忧乎？子等与有责矣。"

祠始议于予师大中丞鉴塘朱公、同年操江元冲张公，二公皆当时名臣。赞成于下，则予同年兵宪玉峰侯君、都谏文台吴君、太守沧南何君。蔡君下车未几，首先兹典，可谓知所重矣。是为记。

重修阳明先生祠碑记

陶望龄

　　物必有职，得职而后物举。农职耕，工职器，胥职簿领，商职贸迁。耕、器、簿领、贸迁者，所以为农、工、胥、商者也。性者，人之所以为人，故人之职在乎知性。农不知耕，工不知器，胥不知簿领，商不知贸迁，是谓失职，失职则无以为农工胥商。魁然命为人，而不知性何状，此亦失人职矣。群职坠一则一事旷，人职失则人旷，古先贤哲，皆毕世以研之，群居以辨之，黾黾亟亟，若甚饥祁寒之不可解，几以修人职而忧其旷耳。吾无远引，维我阳明先生，天授超颖，平生所建立，尺节寸膏，分丐数辈，皆足凭睨而介立，荣名而润身，而先生视若秋云绚空，不足有也。自登朝莅官，至穷愁窜逐之乡，锋驰刃接之地，岩□□□之时，靡不集侪侣，正衣冠，征诘讲明于此学。虽处群姗，涉至险，而不变不疑，盖明此之谓人，悖则禽，迷则鬼矣。人旷而入于鬼与禽，此至痛也，至哀也，先生忧之，故拳拳思与天下共举其人职，无使旷佚，而标指二字，以立判乎人禽鬼之关，所谓良知者是也。

　　夫自私用智，生民之通蔽也。自私者，存乎形累；用智者，纷乎心害；此未达于良知之妙也。混同万有，昭察天地，灵然而独运之谓知；离闻泯睹，超绝思虑，寂然而万应之谓良；明乎知而形累捐矣，明乎良而心害遣矣，良知者所以为人而远禽与鬼之路也。诚举人职，则先生之学不可一日而不明，其功亦不容一日而泯。道衰教湮，良知为铃说，末谷侮圣，耳敜心訾，反指为浮浪之谈，迂缓不切之务，词章声利，汩汩滔滔，终身于氛雾醉眠之境，而犹自居为实修庸履。嘻！其亦惑矣！

　　先生祠堂肇建于嘉靖十六年，时御史周公汝员实成之，有司以岁时庀俎豆，门人自汝中先生以降，尝率其乡人讲会于中。岁既久，像设榱桷，丹青弗严，阶城陵夷，垣圮庭秽。御史皖鲁岳方公以醨使者省方会稽，祇谒祠下，爰檄山阴令余君以赎金若干两，鸠工饬新之。再阅旬，夷者圭，败者坚，黯者焕，登先生堂，为之改观易虑，若懦起仆植而暗破也。方公尊人谈道江、淮之间，蔚为儒宗，人称本庵先生。公绍明庭闻，超然自得于良知之传，独契微奥，嘉与越人士修举绝学，作新之旨，寓诸庙貌。工甫竣，会巡抚都御史赣紫亭甘公视师海上，道越，乃用牲于祠，大鸠其郡缙绅文学之士，登坛讲道，为言良知在日用，非阔迂虚远之谓，闻者洒然。盖祠之兴七十余祀，而二公始以宪节之重式临之，褒崇阐绎，相贲于一时，甚盛事也。山阴令过予，请镂文牲

180

石，以纪其盛。

予维古者仕而归，则教于其里，没以配社，谓之瞽宗，是学校之始也。孔子、孟氏之道足以师天下万世，故秩祀遍于郡国，然邹鲁之乡，彬彬如也，学士大夫咸宗之。先生于越所称乡先生，其祠盖古者瞽宗之义，而越于天下，所谓邹鲁也。地近势亲，守其道为甚易，其士之贤不肖，学之明晦，足以系四方。观视其责，甚重且艰。夫不图其所艰，而屑越于所易，诞嫚无信，浮谈不重，以负其上之人，所以章教厉俗之意，此《易》所谓"匪人溺其职而弗举"者也。意者，予亦未免欤。嘻！可惧也哉！可惧也哉！

王文成公碑
黄道周

予观于礼乐，盖积百年未备也。夫亦待人迟久，乃起其经制功德，相为近远也。我太祖定天下，既百五十年，吾漳郡邑，始有定制。而平和一县，为文成建置之始，去文成数十年，始为特祠丽学宫。又且百年，而黎献思之，参政施公、大令王公始议于东郊别崇庙貌。所议别庙者，以祖功德，且正复祠礼也。呜呼！夫岂其经始隐括不遽迨此乎！亦各待人，智不必身出，力不必自己。方文成初破贼，从上杭分道衔枚趋象湖时，我漳西鄙，实为发轫之阿；既再用师，破横水，划九连山，东至河头，从民情设兹治，则公声名已烂然照于穷壑。故公之殊猷伟绩，盛于虔、吉，收于南昌，迎刃破竹，则皆于是始也。公既治虔中，不数至岭左，然以漳西不治，则岭左右皆不得治，故其精魄所注，在岭左不下虔中。今自平和设县以来，百二十年，弦诵文物，著于郡治，在崇义、和平，遽敢望者，岂独其山川雄骏苞郁使然？亦以为名贤巨掌高跬之所专导，灵宰实护之。呜呼！士君子谆谆讲道德理义命，无大显贵，人为之屏屏前后，则峨冠侧岸者翻卷姗笑之；及际风云、逢特达，大者跨素臣享所未有，小者顺民情别地利，为苍赤数万，食报无穷，虽大君子名贤亦皆不能自知也。文成之初涉江，从武夷出龙场，樵苏自给，蛇豕与居，召仆自誓，此时即得山城斗大，南面鸣琴，其中岂下于中都之宰？然文成廓然不以此贰念，独于文字散落之余，豁然神悟，以为声华刊落，灵晃自出。今其学被于天下，高者嗣鹅湖，卑者溷鹿苑，天下争辨又四五十年，要于文成原本所以得此未之或知也。

吾漳自紫阳莅治以来，垂五百年，人为诗书，家成邹鲁，然已久浸淫佛、老之径。平和独以偏处敦朴，无诐邪相靡，其士夫笃于经论，尊师取友，坊

181

肆贸书，不过举业传注而已，是岂《庚桑》所谓“建德之国”，抑若昌黎所云“民醇易于道古”者乎？忆余舞象时尝游邑中，时时出黉西过瞻旧祠，疑其庭径湫侧，意世有达人溯源嶓岷，必有起而更事者，距今五十余年，而当道伟识，果为更卜奕起。呜呼！人学与治，亦何常各致所应致、治所应治者，皆治矣。即使山川效灵，以其雄骏苞郁者畅其清淑，令誉髦来彦溯文成之业，以上正鹅湖，下鉏鹿苑，使天下之小慧闻说者无以自托。是则文成之发轫，藉为收实也，于紫阳祖祢又何间焉？

于时主县治者，为天台王公，讳立准，莅任甫数月，举百废，以保甲治诸盗有声。而四明施公莅吾漳八九年矣，漳郡之于四明，犹虔、吉之于姚江也。王公既选胜东郊，负郭临流，为堂宇甚壮。施公从姚江得文成像，遂貌之并为祠，费具备，属余纪事。余以文成祀在两庑，可奏诸雅，其别庙者，宜自为风，因为迎送神之曲，其辞曰：

折瑶枝兮捣琼糜，思君兮中阻饥；扬灵鼍兮播灵旗，矫欲来兮何期？大江横兮大岭绝，射朝曦兮马当发。招余弓兮云中，遗予佩兮木末；虽无德兮心所知，昔曾来兮安足辞！露所生兮雨膏之，菊有芳兮兰与吹。追鄹车兮抗峄马，上天兮下土；不同时兮安得游？登君堂兮不得语，耿徘徊兮中夜。

令诸生歌之，得毋以为楚声乎！

和平县重修王文成公祠碑记

邵廷采

明儒从祀孔子者有四，而新建伯文成王公实集孔、孟以后诸儒之成。公之以兵底定南土也，曰抚赣，曰擒濠，曰征思、田，曰讨断藤。而抚赣之功则平浰头为最。其赣时新设之县有三，曰漳之平和，韶之崇义，惠之和平。而和平处四邑之中，当三省之会，其规模措置为尤大。文庙之祀公以道，而和邑之祀公以功以恩，道与功与恩同，宜百世祀矣。

自池仲容据和峒、三浰，僭王号，假官属，江、广、闽为不宁者二十余年。公一旦设方略，羁仲容于帐下，而督兵四面齐进，兽角而草薙之。乃疆乃亩，乃城乃濠，乃集流亡，乃立室家，乃兴学校，矜其劳费，舍征弛禁，使狼奔豕突之俗，一变为敦时讲艺之乡。后之守者感公斯意，爱吾民如赤子，保护斯土如护元气。更百数十年，风俗日以益登，虽由循吏之勤、民性之易与为善，要皆公之遗教有以及之也。

叔祖恕庵先生为和平宰，初至，即构新文成祠堂而使属采曰：“此和人所欲。君三世守阳明书，知其政迹，其为我勒兹碑。"采惟祀典，法施于民，以劳定国，有其举之，俱莫敢废。公始设和平，仿古者殊并授廛、移郊兴学诸法，为万世虑，非秦、汉以下苟简小利苴补之谋。昔箕子封朝鲜，能以文明开绝徼；近世沐氏嗣守滇南，六诏荒陋，浸淫齐于中夏。和平之事，比之昔贤又何多让？而经生者流不求论公持身经世本末，猥沿桂蕚诐说，訾其学术不已，至并议其事功。夫公之事功，如日月之丽天，容光皆照。和平经岁久远，野老童竖罔不呕吟思慕文成，岁时奔走祠下，喟然瞻拜，非得旭气之先者欤？夫庶民之心淳古，经生之见雕薄。庶民兴，斯邪慝息。处士横议，致有坑儒焚书之祸。吾乌知今日之所流？而以和人士之庙公碑公，正举世之为经生者，虽未获造公斯祠，窃喜为之记述先人所闻，敢自谓知公之学耶？

先生姓邵，名大成，号恕庵，余姚人。尝粤属旱，听民盐米贸迁，须全活。已饬公祠，别为堂，祀前令有功泽者。和人慕今令君，并请建贤侯书院于祠之右，意以风劝后来，广公之道于天下。吾知兹地教化蒸蒸日进，将有起而发阳明之学者于是焉。在先生特修斯祠以待其人，非徒为闾阎申春秋祷祀报赛之义已也。

高则之曰：是论祀典，不是论学术，是和平庙碑，不是他处庙碑。

黄主一曰：南宋以后，学术苦支离。文成倡明易简，然后人人知有作圣之路，盖振古重开日月手也。彼訾议之者如蚍蜉撼大树，岂足与辩乎！允兄深深原本，反覆证议，而词旨无失和平。使人竞心冰释，粹然儒者之文。

卷三十九（下）　序跋增补

传习录序
南大吉

天地之间，道而已矣。道也者，人物之所由以生者也。是故人之生也，得其秀而最灵，以言乎性则中矣，以言乎情则和矣，以言乎万物则备矣，由圣人至于途人一也。故曰："人者，天地之德，阴阳之交，鬼神之会，五行之秀气也。"又曰："致中和，天地位焉，万物育焉。"是故古者大道之于天下也，天下之人相忘于道化之中，而无复所谓邪慝者焉。率性以由之，修道以诚之，皞皞乎而不知为之者，是故大顺之所积也，以天则不爱其道也，以地则不爱其宝也，以人则不爱其情也，以物则不爱其灵也。圣人于此，夫何言哉？恭己无为而已矣。至其后也，道不明于天下，天下之人相交于物化之中，而邪慝兴焉。失其性而不知求，舍其道而不知修。斯人也，日入于禽兽之归而莫之知也。是故万物弗序而天地弗官矣。圣人，生而知道者也；贤人，学而知道者也。其视天地万物，无一而非我。而斯人之不知道也，若已推而入之鸟兽之群也。理有所不可隐，心有所不容忍，恶能已于言哉？故孟子曰："予岂好辩哉？予不得已也。"故夫圣贤之言，将以明斯道示诸人，使天下之人晓然知道之在是，庶民兴焉。庶民兴，则邪慝息；邪慝息，则万物序而天地官矣，夫然后圣贤之心始安而其言始已也。是故其言也，求其是则已矣，非以为闻见之高也；求其明则已矣，非以为门户之高也。而后之为圣贤之学者，其初也，执闻见以自是，而不知圣人之所是者，天下之公是也；立门户以自明，而不知圣人之所明者，天下之同明也。故其后也，言愈多而愈支，支则不可行矣；门愈高而愈小，小则不可通。皆意也，己也，胜心之为也。而世之号为豪杰者，方皆溺于其中而莫之知也。其亦可哀已矣！

夫天之命于我而我之具于心者，自有真是真非，至明而不容有蔽者也。故天下之言道者，至不一也。苟以平心观之，易气玩之，则其是是非非，自不能遁吾心之真知也。唯夫闻见已执于未观之先，而门户又高于既玩之际，则其言虽是也，蔽于闻见之私，而不知其是；指虽明也，隔于门户之异，而不通其明。道之不明于天下，治之所以不能追复前古者，其所由来远矣！

是《录》也，门弟子录阳明先生问答之辞、讨论之书，而刻以示诸天下者也。吉也从游宫墙之下，其于是《录》也，朝观而夕玩，口诵而心求，盖亦自信之笃而窃见夫所谓道者，置之而塞乎天地，溥之而横乎四海，施诸后世，无朝夕人心之所同然者也。故命逢吉弟校续而重刻之，以传诸天下。天下之于是《录》也，但勿以闻见梏之，而平心以观其意；勿以门户隔之，而易气以玩其辞。勿以《录》求《录》也，而以我求《录》也，则吾心之本体自见，而凡斯《录》之言，皆其心之所固有，而无复可疑者矣。则夫大道之明于天下，而天下之所以平者，将亦可俟也已。嘉靖三年冬十月十有八日，赐进士出身中顺大夫绍兴府知府、门人渭北南大吉谨序。

阳明先生存稿序
黄 绾

古人之文，实理而已。理散两间，韫诸人心，无迹可见，必俟言行而彰。言行，人之枢机，君子慎之，而实理形焉。

古者左史记言，右史记事，此其载籍之初，文之权舆乎？故文之为用，以之撰天地而天地为昭，以之体万物而万物为备，以之明人纪而人纪为明，以之阐鬼神而鬼神为显，以之理庶民而庶民为从，以之考三王而三王为归，以之俟后圣而后圣为存；所以经纬天地，肇率人纪，纲维万物，探索阴阳，统贯古今，变通幽明，而不可废者也。

阳明先生夙负豪杰之资，始随世俗学文，出入儒、老、释之间，中更窜谪流离之变，乃笃志为学，久之深有省于孟子"良知"之说，《大学》"亲民"之旨，反身而求于道，充乎其自得也。故其发于言行也，日见其宏廓深潜，中和信直，无少偏庾。故其见于文也，亦日见其浩博渊邃，清明精切，皆足以达其志而无遗。或告之君父，或质之朋友，或迪之门生，或施之政事，或试之军旅，以至登临之地、燕处之时，虽一声一咳之微，亦无往而非实理之形。由此不息，造其精以极于诚，是故其用之也，天地可以经纬，人纪可以肇率，万物可以纲维，阴阳可以探索，古今可以统贯，幽明可以变通。

惜乎！天不慭，遗不获，尽见行事，大被斯世，其仅存者唯《文录》、《传习录》、《居夷集》而已，其余或散亡及传写讹错。抚卷泣然，岂胜斯文之慨！及与欧阳崇一、钱洪甫、黄正之率一二子侄，检粹而编订之，曰《阳明

185

先生存稿》。洪甫携之吴中，与黄勉之重为厘类，曰《文录》、曰《别录》，刻梓以行，庶传之四方，垂之来世，使有志之士知所用心，则先生之学之道为不亡矣。

贺大中丞阳明王公讨逆成功序
费 宏

古之君子，能为国家弭非常之变，立非常之功。勒之鼎彝，著之竹帛，垂之百世而不朽者，岂特其才智大过于人而不可及哉？惟其天资高明，器局宏远，而学术之正又超出乎流俗，以故向往图回，卓有定见，虽当事变勌勤、众志惶惑之际，忠义奋发，弗以成败利钝芥蒂于其中。而天之所佑，人之所助，固于是乎在。宜其所立之奇伟卓绝，非常人所能及，兹所谓杰出之材，而世不可多得也。

大中丞阳明王公，学究太原，体兼众器，早以忠直负天下之望。方逆瑾之擅权也，疏陈时弊，言极剀切，甘受摈斥，处远恶而不辞。赖天子圣明，旋复召用。惟其所在，必竭诚图报，而委任亦日益以隆。宏尝谓其操存正大，可拟诸葛亮、范仲淹；言议剀达，可拟贾谊、陆贽。盖古之君子，可当大事而不负其所学者。至于公阃授钺，运筹制胜，则又赵充国、裴度之流，而吾侪咸自叹以为弗及也。顷缘闽卒弗靖，特命公往正厥罪。公自南赣而东，六月既望至丰城，闻逆藩之变作矣。时江右抚巡、方岳诸官，或戕或执，列郡无所禀承。贼众号数十万，舟楫蔽江，声言欲犯留都。且分兵北上，而万里告急又不可遽达于九重。公慨然叹曰："事有急于君父之难者乎？贼顺流东下，我苟不为牵制之图，沿江诸郡万有一失焉，旬月之间必且动摇京辅。如此则胜负之算未有所归，此诚天下安危之大机，义不可舍之而去也。"遂徇太守伍君文定之请，暂驻吉安，以镇抚其军民。且礼至乡宦王公与时、刘公时让、邹公谦之、王君宜学、张君汝立、李君子庸辈，与之筹画机宜，待衅而动。会侍御谢君士吉、伍君汝玙，以使归自两广，皆锐意勤王，乃相与移檄远近，号召义勇，期必成讨贼之绩。旬浃赣守邢君珣、袁守徐君琏、临江守戴君德孺、瑞州通守胡君尧元，率僚属各以其兵至矣。又旬浃，则抚州守陈君槐、信州守周君朝佐、饶州守林君城、建昌守曾君玙，率僚属又各以其兵至矣。时贼已破南康，陷九江，方围安庆，其东侵之焰甚炽。公议先取其巢，然后引兵追蹑，使之退无所据，而进不得前。庶几其气自沮，而殄灭为易。七月望日，集旁郡先至之兵会于樟树。越五日辛亥，进克省城，贼遂解安庆之围，率兵归援。公曰："吾固料贼且归，归则成擒必矣。"众方洶惧，公设方略，督伍守等严兵待之。又分遣抚、建、饶、信之兵往复南康、九江，以成犄角之势。乙卯，败之于樵舍。丙辰，与战，复大败之。丁巳，用火攻之策，遂擒首恶。逆党若干，前后俘斩无算，其纪诸功载者，实一万一千有奇。首恶累击入城，军民聚观，感泣叹声动地，皆曰："天赐公活吾一方万姓命，微公，吾其如何？"其君子则曰："惟天纯佑我国家，实生公以拨其变，兹惟宗社之庆，独一方云乎哉？"盖此贼之恶，百倍淮南。其睥睨神器已非一日，中外之人皆劫于积威，恐其阴中，而莫之敢发。其称兵而起也，吾党之庸懦，类佐吾朱，骄如者犹以为十事九成。四方智勇，即有功名之念，欲与一决，而窃计利害，迟回观望者，又十人而九也。公出于危途，首倡义旅，知道义之当徇，而不知功利之可图；知乱贼之当诛，而不知身家之可虑。师以顺动，豪杰响应，甫旬月而大难遂平，不啻如摧枯振落。非忠诚一念，上下孚格，其成功能如是之神速耶？传曰："为人臣而不通春秋之义君，遭变事而不知权。"则以今日之所处观之，语分地则无专责，语奉使则有成命。而忘身赴义，不恤其他，虽其资禀器局向与人殊，然非学有定力，达于权变者，亦未必能如此其勇也。

宏昔忝词林，尝从公之尊翁、太宰龙山先生后，因辱公知最深。自愧局量未弘，动与时忤，逆贼再请护卫，尝却其赂遗而力沮之。或以为贼兄弟之归，及归而屡受群凶之侮，皆出于其阴中也。勤王之举，未及荷戈前驱，有遗恨焉。故公之英声茂实，震耀铿轰，虽无俟于区区之赞颂，然不世之仇，赖公一旦除之，则其欣幸宜百倍于他人，乌能已于言耶？故具论公之树立，可方驾古之君子者，以为天下贺，而亦因以致吾私焉。

贺总制军务新建伯南京兵部尚书兼都察院左都御史阳明王公平寇序
蒋 冕

皇上嗣大历服之初，吾二广搢绅士之仕于朝者，旅谈旅议，以二广寇乱相仍，近数年尤甚，非得奇特环伟不群之才、忠诚体国而不苟目前之安者拯之，莫克有济。若新建伯南京兵部尚书阳明，□□□人也，联名具疏，恳乞起公于家。疏将上，念于内阁□部，诸执政大臣佥谓：公纯孝人也。两三年前公之太母夫人没，公尚连章求归卒丧事。今公之父太宰实菴先生年垂八袤，方以疾卧家，公跬步未肯离膝下也，顾肯远去数千里以莅尔二广乎？莫若待公终养后起之未晚。疏遂不果上。未数月，先生捐馆舍，公既免丧，吾二广寇乱相仍，尤有甚于前日。中外臣工疏请起公者，踵相接于廷。皇上俯从佥议，命公

187

兼都察院左都御史，总制两广、江西、湖广等处军务，暂兼巡抚，以平田州、思恩寇乱。敕旨再三，丁宁郑重，公辞不获命，兼程西迈，节钺驻苍梧，未数日，即躬至古邑以临思田边境。散冗兵数千人，各还本土；省冗费冗食，无虑万计。又创立敷文书院，日与诸生讲明义理，以示闲暇，将无事于用武。书院名敷文，盖取《虞廷》"诞敷文德，舞干而苗格"之意，人皆知公意向所在。无机何，两府之民相率求归，公乃亲诣其地，抚绥辑定，为之改建官属，易置公署。民之归耕趋市者滋众，而两府以次渐平。又以獐贼之在两江者，恃其险阻，不时出没，公肆劫掠，莫如之何，乃檄汪参议必东、吴金事天廷、湖广汪金事凑、张参将□□水顺□□□六□人往莅断藤峡之仙台、花相、古陶、龙尾诸巢峒。未几，斩首数百级。寻檄林布政富、翁副使素、张副总兵祐，帅思、田二府兵八千人往莅八寨。未几，斩首级百级，而两江以次渐平。寇之在两府者因其可抚而抚之；寇之在两江者，因其可击而击之；或张或弛，不泥故常，而惟主于弭祸乱以安生灵也。若公者，所谓奇特环伟不群之才非邪？不然，何足以办此？布政既陟，都宪抚治于郧阳滨行，谓公抚定削平之功，在吾广右者，不可无纪述，以为圣天子简任得人贺也。酒偕两江藩宪及副总兵、参将、知府诸君，以书备述其事，遣学正石尚实持来征予序。

昔公以都宪巡抚南、赣、汀、漳，尝躬冒矢石，破桶冈诸嵒险剧贼于大帽山，其功甚伟。后值宁庶人之变，遂倡义募兵擒庶人于鄱阳湖，以成奠安宗社之大功。此伯爵所由以锡子孙继承，山河带砺，初不可以世论，而先声所加，则实由于桶冈诸嵒险之破也。公既有功宗社，其名籍籍在天下，虽儿童女妇亦孰不知，有不待予置喙于其间，而芜陋之辞，亦不足为公重也。特以公所抚定削平之地，于予所居，相去仅千里，而近藉公疵荫多矣，况重以诸君之托，故不辞而序其事。因举公平生孝义勋烈之大，士大夫素所饫闻者以复之，且念于公曰：吾二广要害之地，寇之滋蔓于西者，莫若府江及洛容、荔浦诸处；寇之滋蔓于于东者，莫若罗滂、绿水及后山、新宁诸处。今既剿削断藤、八寨，以遏府江上游，而府江实贼所径路，洛容、荔浦又贼所巢穴，其东寇之所径路与其所巢穴，如罗滂、绿水、后山、新宁诸要害地，兵威未加，文德皆犹未洽，公能无意乎？以公竑谟伟略，出奇无穷，傥稍稍迟之以岁月，出其绪余，如昔年处大帽山故事，则吾二广之地，寇盗悉殄而民生其永宁也，可指日竣矣。所谓忠诚体国而不苟目前之安，亦固公平生之素心也，尚何待乎予言之赘哉？公果不鄙予，因予之所已言，而推予之所未及言，触类而长之，以为吾二广生灵立命，则勋烈之在吾二广者，当与前日在江西者等矣。予昔待罪内阁，尝随诸

188

老以公江西勋烈大书之，藏于金匮。今虽老病，顾不能以公勋烈之在吾二广者偕搢绅士歌颂于道路哉？公其念之，勿谓予耄荒烦聒而莫之省也。

阳明先生批武经序
胡宗宪

余诸生时，辄艳慕阳明先生理学勋名，前无古，后无今，恨不得生先生之乡，游先生之门，执鞭弭以相从也。通籍来，幸承乏姚邑，邑故先生桑梓地，因得先生之遗像，与其门下士及子若侄辈游，而夙念少偿可知也。一日购求先生遗书，犹二千石，龙川公出《武经》一编相示，以为此先生手泽存焉。启而视之，丹铅若新，在先生不过一时涉猎以为游艺之资，在我辈可想见先生矣。退食丙夜读之，觉先生之教我者不啻面命而耳提也。敬为什袭，以识不忘。时嘉靖二十有二年岁在癸卯暮春之初，新安梅林山人胡宗宪漫识于舜江公署。

重刊阳明先生文录叙
胡宗宪

阳明先生以致良知立教，天下士靡不翕然响风。自先生没，凡若干年，人愈益仰慕，凡先生生平制作，虽一字一句，皆视如连珠拱璧不忍弃。而绪山钱子复诠次成编，名曰《阳明先生文录》，首刻于姑苏。今闽、越、河东、关中皆有刻本，亦足以征良知之达诸天下矣。

天真书院，为先生崇祀之所，四方士来游于此，求观先生之文者，每病其难得。钱子偕龙溪王子谋于予曰："古人有倚马论道者，兵事虽倥偬，亦不可无此意。愿以姑苏本再加校正，梓藏于天真，以惠后学何如？"予曰："诺。"遂捐俸金若干两，命同知唐尧臣董其事，以九月某日刻成。钱子谓予"宜有言"。予素不文，然慕先生之道久矣，何敢以不文辞。

予惟千圣一心，万古一道，惟心一，故道一；道一，故学亦一。昔尧之告舜，曰："允执厥中。"及舜命禹，又加以"人心惟危，道心惟微，惟精惟一"之三言。夫"道心"即"中"也，"精一"者"允执"之功，而"精"又"一"之功也。"惟精"故"一"，"惟一"故"中"，此万世心学之源，盖蔑以复加矣。其后孔门一贯博约之教，诚正格致之说，亦不过发明"精一"之旨。而"予欲无言"，夫子亦已自病其言之详矣。至孟轲氏又有知言养气尽心知性之说，而指出孝弟为良知良能，言虽益详，而于孔门之教实多发明。自孟氏没而斯道失其传。汉、晋诸儒皆以记诵词章为学，说愈繁而道愈晦，学愈博而道愈离。以及五季之衰，晦蚀甚矣。有宋大儒周、程、张、朱诸子者出，以斯道为己任，不得已而有言"精一"之旨，赖以复明，而学者流弊或不免堕落汉、晋，几失宗旨。至胡元之变而斯道且沦没矣。

明兴百有余年，文教虽盛而流弊亦浸以滋，先生亦不得已而揭"致良知"一语以示人，所以挽流弊而救正之，无非发明孔门致知之教，而羽翼斯道之传。要其指归，则"良知"即"道心"也，"致"即"精一"也，即周子之所谓"纯心"，程子之所谓"定性"也。夫岂外诸儒而别立一门户耶？是故良知皆实理，致知皆实学，固非堕于空灵，一与事物无干涉，如禅家者流也。然"明心见性"与先生"致良知"之说亦略相似，若认错本旨，则高者必以虚寂为务，而离形厌事；卑者则认知觉为性，而自信自便。此则所谓毫厘之差，千里之谬，非先生立教之本旨矣。

至哉，孔子之告哀公曰："天下之达道五，所以行之者三。君臣也，父子也，夫妇也，昆弟也，朋友之交也，五者天下之达道也。知、仁、勇三者，天下之达德也，所以行之者一也。"噫，尽之矣！夫为人臣者，无不知忠其君；为人子者，无不知孝其亲，此良知也。知此、体此、强此而一于诚。为臣尽忠，为子尽孝，此致良知也。尧、舜之道，孝弟而已矣。舍人伦日用之常，而曰吾得不传之秘，立门户以自高，非予所望于来学也。

钱子起而揖予曰："子言真有裨于先师之教也，夫吾党其共勖诸。"嘉靖丁巳仲冬吉旦，后学新安梅林胡宗宪顿首拜撰。

重刻阳明先生文集序
阎 东

《阳明先生文录》旧刻于姑苏，《传习录》刻于赣，继又有薛子者刻其《则言》，然相传不多得同志者，未得合并以观全书，每有余憾。东按西秦，历关、陇，见西土人士俊髦，群然皆忠信之质也，因相与论良知之学，尽取先生《文录》，附以《传习录》并《则言》，共若干卷刻之，愿与同志者共焉。

东曰：予于先生之学，尝窃闻其绪论于欧阳南野先生，云："先生指示良知为人心本体，自圣人之心以至愚夫愚妇，自一人之心以达之天下，自千万古之前以达之千万古之后，无有不同者，此心也，此良知也。"始而闻则疑之，乃南野先生教曰："子盖未始实见得此耳。人心本体浑然，天理即其灵昭不昧处，所谓良知也。全此谓之圣人，若众人则日用不知且蔽焉耳。去其蔽以复其全，将不同欤？然立志，其本也，志不立始异矣，所谓性近习远者也，子又

190

何疑乎？"东惕然以思，惺然以悔，因责此志之未立也。是故立志无他焉，致良知焉已矣。何也？圣凡之判迷悟之间也。何云迷？曰欺则然也。何云悟？自慊则然也。脱迷就悟，非戒慎恐惧不可也，是故有求焉。圣人之志焉，致良知焉已矣。或曰："若是，先生之学诚不当于文字间求矣。乃今诵是集者或未能缘是以得其微，兹不几赘乎？"曰："先生嘉惠后学，其心无穷，且彰之文辞，著之问辩，树之政事，孰非精蕴之据，模范之昭乎？每一展卷，辄因省悟，此亦良知所不容已者，又兹刻意也。"爰命工锓于天水，天水盖包羲氏所自起地，因以溯心学渊源云。嘉靖庚戌秋八月。

刻阳明先生传习录序
孙应奎

学以尽性也。性者存发而无内外，故博文约礼，集义养气之训，孔、孟之所以教万世学之者。而或少异焉，是外性也，斯异端矣。应奎不敏，弱冠如知有所谓圣贤之学。时先生倡道东南，因获师事焉。忆是时先生独引之天泉楼口，授大学首章，至"致知格物"曰："知者，良知也，天然自有即至善也。物者，良知所知之事也。格者，格其不正以归于正也。格之，斯实致之矣。"及再见，又手授二书。其一《传习录》，且曰："是录吾之所为学者，尔勿徒深藏之可也。"

应奎请事于斯几三十年，每思讲授至意，恐卒为先生罪人，故有独苦心而莫敢以语人者。然间尝以其所见一斑参之孔、孟。夫心之纯粹以精森然而条理者，非礼乎？即此礼之见于日用而有度数之可纪，谓之"文"，然以其体事而无不在，故曰"博"。心之刚大，配天地而不御者，非"气"乎？即此气之流行当其可，谓之"义"，然以其无时无处而可失，故曰"集"。心之虚明灵觉洞然而不昧者，非"知"乎？即此知之应感而该乎人伦事变，谓之"物"，然以其有物有则而不可有过不及之差，故曰"格"。故致其知于格物也。养其气于"集义"也，约其礼于"博文"也，皆理其性之发者，而非外也。"博文"以约此礼也，"集义"以养此气也，"格物"以致此知也，皆体其性之存者，而非内也。盖自其敛于无，似存而常体未常息；自其章于有，似发而常体未常易。"存"、"发"无先后，"体"、"用"无内外，斯"性"之妙也。故先生之所自得，虽未敢辄拟其所至，而先生之学则断然信其为上接孔、孟，而以俟后圣于不惑者也。

兹应奎较艺衡水，涉洞庭，登祝融，访石鼓，歧乎濂溪之上，有余慨焉。

道不加闻而年则逮矣，固愿窃有豪杰者出，以翼吾之往也。同志蔡子子木守衡，则已群多士，而摩之以性命之学，亦浸浸乎有兴矣。应奎因乐与成之，乃出先生旧所手授《传习录》，俾刻置石鼓书院。

噫！性灵在人，得无有默契斯旨而成之德行者乎！则于先生之道亦庶几焉，又何憾矣！

嘉靖三十年夏五月壬寅，同邑门人孙应奎谨序。

叙传习录后
蔡汝楠

《传习录》者，阳明先生之门人录师传之指，图相与习之者也。先生曾以是录手授今文宗蒙泉孙公，公按部至衡，令汝楠刻置石鼓书院，而公为之序，概括学以尽性之一言。盖先生之学，"致知"而已矣。今发明之曰"学以尽性"，何也？曰：人之有心，"性"即吾心之体也；心之有"性"，知即吾性之灵也。自此知杂揉，或虑真妄决择之难，不知本然之体昭明灵觉，本无所昧，动于意而知能杂揉，亦即此体足以自知而决择之，著诚去伪，不容不力至于无有乎弗良，则无有乎弗诚。故"知"也者，"诚"之源也。自此知渺徼，或虑酬酢变化之难，不知本然之体圆莹洞彻，本无所遗，交乎物而客形变化，亦即此体足以尽物而精察之，博学切问，不容不至，至于无有乎弗格，则无有乎弗良。故"知"也者，"物"之则也。同此，"知"谓之"性"，致此知谓之学。周旋物则，充积诚意，发之肫肫然不可已，极于高高乎不可尚。合内外，一寂感，是谓天性之尽而至善之止也。以此而质于往圣：其曰"道心之微"，即"良知"之发也；其曰"惟精惟一"，一此道心"，即"致知"而诚也。"博文"，则知贯乎"物"而无有不"格"；"约礼"，则知皆天理而无有不诚。固质之而不谬。以此而证之前贤，"未发之中"，此知之中涵；"即发之和"，此知之贯彻。义而曰"集"，即物无不正；配义与道，即意无不诚。亦参之而不惑。故致知尽性之说，传而习之，及门之徒不能不录。而蒙泉孙公广先生手授之泽，亦自恶可已也。惟《录》名"传习"，则传习之指非曾子独得孔氏之宗者乎？尝观圣门之宗独归曾氏，而曾子称服吾友则惟颜子。二贤之在当时，颜子尝识圣道之高深变化矣，曾子尝亲受《大学》、《孝经》之指矣，然所谓"传习"者，岂在是哉？

颜子之学，博我之文，约我之礼，竭吾之才，然后卓见圣道至，虽欲从圣人而求之亦自无由。曾子之学，自察自欺，自求自慊，必慎独知，然后竟以鲁得之至，虽欲媲有若之似圣人，亦不可得传而习之，斯其至矣。然则斯录盛传海内，君子以能演先生"良知"之训为"传习"乎？抑自信自知，何者为良，先明乎善，益进于诚，凡功利之溺此"良知"，夸门之障此"良知"，意见之害此"良知"，皆如自治痛痒，自致其力，以自有之知，尽自有之性，以此尊其所闻为传习矣乎？

呜呼！先生之学，真孔氏秘传，而以先生之道，反身而自得之，如颜、曾之善习者谁也？敢告同志相最善习，庶无负先生传教之意云尔。

时嘉靖辛亥夏日，门下后学德清蔡汝楠谨书。

题传习录后
董沄

斯道之在天下，虽天命人心之固有，其盛衰显晦，实由气数。文、武之后，斯道与王迹俱降，渐远渐微，不绝如线，历数百年，至仲尼一唱而天下响应。仲尼之后，至孟子没有遂绝，历战国、秦、汉，如灭烛夜行。以及炎运之末，黄、郭、荀、陈诸豪杰，林然而起，要虽非中道，而其发于义理，根于天性，挽回人心，则不可诬也。东井先祥，德星后聚，岂偶然哉！自是而文废焉，至于隋而文中子振之，门人千余，泽虽不被于天下，而斯文赖以一延。自是而文又废焉，至于宋而濂、洛、关、闽诸大儒出而昌之，五星聚奎，斯道于是乎大明矣。然天下之士，见在上者之崇重乎此也，遂借之以为利禄之梯，讲之愈明，而失之愈远，大非先儒之初心矣。以至于今，而笃生阳明夫子，提天下之耳，易天下之辙，海内学者，复响应焉，而五星聚室，是岂人力所能为哉？盖自孔子以迄于兹，凡四废兴矣。

续刻传习录序
钱德洪

古人立教，皆为未悟者设法，故其言简易明白，人人可以与知而与能。而究极所止，虽圣人终身用之，有所未尽。盖其见道明彻，先知进学之难易，故其为教也循循善诱，使人悦其近而不觉其入，喜其易而各极所趋。

夫人之"良知"一也，而领悟不能以皆齐。有言下即能了悟者矣；有"良知"虽明，不能无间，必有待于修治之功者矣；有修治之功百倍于人，而后其知始彻者矣。善教者不语之以其所悟，而惟视其所入，如大匠之作室然，规矩虽一，而因物曲成；故中材上下，皆可与入道。若不顾其所安，而概欲强之以其所未及教者：曰："斯道之妙也如是。"学者亦曰："斯道之妙也如是。"彼以言授，此以言接；融释于声闻，悬解于测意，而遂谓道固如是矣，宁不几于狂且惑乎？

　　吾师阳明先生，平时论学未尝立一言，惟揭《大学》宗旨，以指示人心。谓大学之教，自帝尧明德睦族以降，至孔门而复明。其为道也，由一身以至家国天下，由初学以至圣人；彻上彻下，通物通我，无不具足。此性命之真，几圣学之规矩也。然规矩陈矣，而运用之妙，则由乎人。故及门之士，各得所趋，而莫知其所由入，吾师既没，不肖如洪，领悟未彻，又不肯加百倍之功。同志归散四方，各以所得引接来学，而四方学者渐觉头绪太多。执规矩者，滞于形器，而无言外之得；语妙悟者，又超于规矩之外，而不切事理之实；愿学者病焉。年来同志亟图为会，互相切劘，各极所诣，渐有合异同归之机。始思师门立教，良工苦心。盖其见道明彻之后，能不以其所悟示人，而为未悟者设法，故其高不至于凌虚，卑不至于执有，而人人善入。此师门之宗旨，所以未易与绎也。

　　洪在吴时，为先师哀刻《文录》。《传习录》所载下卷，皆先师书也。既以次入《文录》书类矣，乃摘录中问答语，仍书南大吉所录，以补下卷。复采陈惟浚诸同志所录，得二卷焉，附为续录，以合成书。适遭内艰，不克终事。去年秋，会同志于南畿，吉阳何子迁、初泉刘子起宗，相与商订旧学，谓师门之教，使学者趋专归一，莫善于《传习录》。于是刘子归宁国，谋诸泾尹丘时庸，相与捐俸，刻诸水西精舍。使学者各得所入，庶不疑其所行云。时嘉靖甲寅夏六月，门人钱德洪序。

增刻朱子晚年定论序
钱德洪

　　适道者如京师然。所入之路虽不能无迟速之殊，然能终期于必到者，定志于先也。苟无定志，中道气衰，怠且止矣，乌能望其必至耶？洪业举子时，从事晦翁先生之学，自谓入圣涂彻，必在是矣。及叩师门，恍若有悟，始知圣人之道，坦夷直截，人人易由。乃疑朱子之说契悟未尽，辄生忽易之心焉。二十余年，月既去，毛发更矣，而故吾如昨，始歉然知惧。遭历罪狱，动忍忧惕，始于师门指受，日见亲切。复取晦翁之书读之，乃知其平时所入不无意见之偏，但其以必造圣人为志，虽千回百折，不敢怠止。稽其实，其立朝也，以开悟君心为切；其莅政也，以民受实惠为功；其接引后学也，惟恐不得同跻圣域

194

为惧。及其晚年病目，静坐有得，则尽悔平时注述，误己误人，其门人，务求勇革，勿避讥笑，且使遍告同志，其中磊荦，真如日月之丽天，其过其更，人人得而仰睹。噫，若是而可以忽易观之哉。宜其推重于当时，传信于后世。是信之者，非徒信其言也，信其人之有徵也。世之信先生者，皆有求为圣人之志矣乎？其格物穷理之说，似有近吾词章记诵之习，而注疏章句之便，又足以安其进取利禄之心。遂执其中年未定之说，号于人曰：吾能忠于朱门也云云。若是而欲立朱子之门墙，麾斥且不暇矣，而况欲为其效忠耶？苟有出是者，亦不过孰其持敬力行之说，以为矜名竞节之规，亦未闻有终疑其所入而得其悔者，是亦未有必为圣人之志，安于一善止也，又乌足以为深信朱子耶？《朱子晚年定论》，吾师当有手录，传刻于世久矣。史生致詹读之，若有契焉，欲翻刻以广惠同学。洪为增刻，得二卷焉。盖吾师取其晚年之悔，以自徵其学不畔于朱说。洪则取其悟后之言，徵朱子之学不畔于圣人也。使吾党之疑朱子者，勿以意见所得，辄怀忽易之心；信朱子者，毋安于其所悔，以必求其所情，庶不畔于圣人，是谓真信朱子也已。嘉靖壬子夏五月。后学余姚钱德洪撰。

怀玉书院重刻朱子晚年定论引
钱德洪

嘉靖戊午冬，怀玉书院工告成。广信知府鉴塘周君傲建议伤工，延师瞻士，百虑同集故土，乐有宁宇，以安其学。既将入观，以其事属其僚黄君纹。已而考绩以最闻，擢云南按察副使。鉴塘寓书黄君曰："吾将远别，不得视诸生成，所赆俸余若干，为我置书于局,使院生日亲先哲，犹吾教也。"时中庵读《朱子晚年定论》有感，谋诸斤石吕子曰："书院复朱子草堂之旧，书生登朱子堂，瞻朱子稟饩，进之以朱子之学，可乎？"夫诸生所诵读朱子者，中年未定之说也，生登朱子堂，瞻朱子稟饩，进之以朱子之学，可乎？"夫诸生所诵读朱子者，中年未定之说也，而不知其晚年之悟之精且彻也。予昔闻知行之说，自谓入道次第，进无疑矣。今读《定论》，宁知致知者，致吾心本然之知。其与守书册、泥言语、讨论制度、较计权术，意趣工夫迥然不同也。昔闻存省之说，自谓动静交修，功无间矣。今读《定论》，宁知本然之知，随触发，无少停息，即寂之中感在寂，即感之中寂在感耶。夫学莫先于识性之真，而功莫切于顺性之动。知不求于口耳影响，而求诸吾心之本然，是得性之真矣。静而常觉，动而常止，譬之四时，日月流而不息，不见造化声臭之形，是显微无间，顺性之动而无违也。　斯朱子《定论》发吾道之微几，揭造圣之规范也。以是而进诸生，亦足以慰鉴塘之教乎。斥石子曰：富哉。善推鉴塘公之心也。朱予晚年病目静坐，洞悟性真，昔其门人无有受其意而昌共说者。今得阳明先生，而朱子之学复显明于天下。以是而授诸生，则鉴塘之心匪徒足以淑院生，将达之天下后世无穷矣，不亦善乎。于是黄君命上饶丞章子经，纠工锓梓，置板院局，以惠诸士，乞洪书其事。尝增刻《定论》于南畿，因兹请，乃复为引其端云。嘉靖己未夏仲端阳日，后学余姚钱德洪书。

重刻传习录序
聂　豹

《传习录》者，门人录阳明先生之所传者而习之，盖取孔门"传不习乎"之义也。匪师弗传，匪传弗觉，先生之所以觉天下者，其于孔门何以异哉？夫传不习，孔犹弗传也。

孔门之传，求"仁"而已矣。孟子曰："仁，人心也。"孟子之求心，即孔门之求心也。然"心"无形而有"知"也。知外无心，惟知为心；物外无知，何知非物？

予尝闻先生之教矣。学本"良知"，"致知"为学。"格物"者，"致知"之功也。学致良知，万物皆备，神而明之，广矣，大矣。故曰："知皆扩而充之，足以保四海，无他，达之天下也。"孟子之学孔子者，其在兹乎？

祖述孔、孟，宪章周、程，先生之所得亦深矣。而或者犹异之，云其殆于仁，心、知、物之义有未达欤！

盖仁即心也，心即知也，知即物也。外物以求知者，为虚寂；外知以求心者，为枯槁；外心以求仁者，为袭取；外仁以求学者，为泛滥灭裂，此二氏、五伯、百家之学所以毒天下。如以文辞而已者，今之陋也，去益远矣，毒滋甚焉。

良知者，通天地万物为一体也。忍其毒而弗之觉，犹弗知也。此先生之传，殆有不容已焉者耳。

是录也，答述异时，杂记于门人之手，故亦有屡见而复出者。间尝与陈友惟浚，重加校正，删复纂要，总为六卷，刻之于闽，以广先生之觉焉。

重刻大学古本序
聂　豹

《大学》古本之传久矣，而世之学士乃复致疑于格物之说，辨焉而不释，何也？予始受学于阳明先生，骇而疑之，犹夫人也。已而反求诸身心日用之间，参诸程、朱合一之训，涣然若有所觉，而纷纷之疑亡矣。

盖《大学》之道，惟在于止至善也。曾子曰："君子有大道，必忠信以得之。"朱子释"至善"云："盖有以尽天理之极，而无一毫人欲之私。"释"忠信"云："盖至此而天理存亡之几决矣。"是数言者，真有以契夫"精一"、"执中"之旨，而古之欲明明德于天下者，舍是无以用其力也。

是故知止之功，诚意而已矣。知者，意之体；意者，知之所发也；知之所发，莫非物也。如曰"好恶"，曰"忿懥、恐惧、好乐、忧患"；曰"亲爱、贱恶、畏敬、哀矜、傲惰"；曰"孝、弟、慈"；曰"老老、长长、恤孤"；曰"理财、用人，絜矩与不能絜矩"之类，是皆所谓"物"也。圣人不过于物，好恶之必自慊也，忿懥、恐惧、好乐、忧患之得其正也，亲爱、贱恶、畏敬、哀矜、傲惰之协于则也，孝、弟、慈之成教于国也，老老、长长、幼幼，推而至于理财、用人、絜矩以通天下之情也，夫是之谓"格物"也。

程子谓："格，至也；物，事也。事皆有理，至其理，乃格物也。"又曰："致知在格物，非由外铄我也，我固有之也。因物有迁，则天理灭矣。"故圣人欲格之，何其明白易简，一以贯之，而无遗也哉！而世之论格物者，必谓博极乎事物之理，信如是，则孔子之求仁，孟子之集义，《中庸》之慎独，顾皆不及乎格物矣。而《大学》于入门之初，乃先驱人外性以求知，其于天理存亡之几，疑若无所与焉者也。无乃厌圣学之明白简易，而欲率之以烦苦者之所为乎？

呜呼！阳明逝矣，其有功于圣学，古本之复其一也。予故重刻于闽，以存告朔之羊云。

传习录序
王宗沐

《传习录》，录阳明先生语也。四方之刻颇多，而江右实先生提戈讲道处，独缺焉。沐乃请于两台，合续本凡十一卷，刻置学官。诸生集而请曰："愿有以序之。"余愀然曰："来！二三子是尚有待于余言乎？夫言非先生得已也。自先生之殁，则学稍稍失其旨，繁言朋，兴门户、峙张规为儒名，而实衰焉。非不能言也，是用与二三子剪裁浮华，反归本实，以独得先生之意于旷世之下，而尚有待于言乎？孔子曰：'予欲无言。'而又曰：'无隐学而必待于言也。'则二者实背而驰。如其不待于言也，则所谓无隐者盖有在矣。且尔亦知先生始得之勤也，而其后之不能无忧乎？"

197

诸生曰："未之闻也。虽然，愿卒言之。"

曰："天命流行，物与无妄，在天为不已之命，而在人为不息之体。孔门之所谓仁者，先生之所谓知也。自程纯公之殁，而圣人之学不传，沉酣传注，留心名物，从其求于外者，以为领略贯解，而一实万分、主静立极之义微矣。夫天下莫大于心，心无对者也，博厚高明，配于天地，而弥纶参赞，际于六合，虽尧、舜之治与夫汤、武之烈，皆心之照也。从事于心者，愈敛而愈不足；从事于言者，愈赘而愈有余。不足者日益，而有余者日损。圣愚上下之歧，端在于是。此先生所以冒忌负谤，不恤其身而争之于几绝之余，而当时之士，亦遂投其本有，皆能脱骖解縶，翕然从先生于骤闻之日者也。争之不明而有言，言之稍聚而为录。今不据其录而求其所以为学也，乃复事于言，是其不得已者，反以误后人而贻之争耶？且先生之得，是亦不易矣。先生顾其始，亦尝词章而博物矣。展转抵触，多方讨究，妆缀于平时者，辨艺华藻，似复可恃。至于变故当前，流离生死，无复出路，旁视莫倚而向之有余者，茫然不可得力。于是知不息之体炯然在中，悟则实，谈则虚，譬之孤舟，颠沛于冲风骇浪之中，帆橹莫施，碇缆无庸，然后视柁力之强弱，以为存亡。叶尽根呈，水落石出，而始强立不返矣。故余尝谓："先生仅悟于百死一生之日，然后能咽余甘而臻实际，取而用之，已本不贰，而物亦莫能违，事功文词，固有照中之隙光也。先生之所以得者，岂尽于是耶？嗣后一传百讹，师心即圣，为虚无漭荡之论，不可穷诘。内以驰其玄莫之见，而外以逃其践履之失，于先生所道切近之处，未尝加功，则于先生所指精微之地，终无实见，投之事则窒，施之用则败。盖先生得而言之，言先生之心尔。而今袭先行之语以求人，即句句不爽，犹之无当于心，而况不能无失乎？心不息，则万古如一日；心不息，则万人如一人。先生能用是倡之于几绝，吾人不能缘是承之于已明，而方且较同异雌黄以为长。犹昔人所谓神尧能以一旅取天下，而子孙不能以天下取河北者。此予之所以谓先生始得之勤，而今之不能无忧也。夫从事于心，敏而犹有不及，则于言有所不暇；从事于心，精而后知所失，则于言有所不敢。默识深思，承担负荷，此余与二三子今日之所承先生之后者也。"

诸生曰："然则兹刻可废乎？"

曰："若是泥哉！书之存不存，未害也。书不传，则先生之心不著。其颖者固无待乎是矣，而闻而兴者，犹之欲渡而弃航也。求之于心而得，则先生之言庸以相印；求之于心而不得，则由先生之言而思焉，而力焉，而本体固可见矣。昔者赵简子有二子，而莫知适立也，乃书戒教之词于简而授之，三年而问之，长伯鲁不能举其辞，求其简，已失之矣；次无恤育其辞甚习，求其简，出诸袖中，遂立之。夫志各有适，非简之罪也，二三子其识之矣。"

阳明先生图谱序
王宗沐

昔者孔子之没也，游、夏门人以有若貌似孔子，欲以所事孔子事之，而曾子独以为不可，曰："江汉以濯之，秋阳以暴之，皜皜乎不可尚已。"盖深言之也。本体之在人，流贯圆莹，昭明灵变，所谓建于天地而彻于古今者，一刻未尝息，一毫不可污，其斯以为皜皜也。孔子之所以为孔子，全是而已。如徒以其貌也，则涂之人有肖者焉。至语其心则不极于皜皜者，不可以语精，而况于形乎？心无似者也。曾子之称孔子也，不道其绥来动和之所为用，而指其光辉洁白之所以妙。盖自颜子而后惟曾子得其深，此曾子、游、夏之辩也。虽然，余尝思之矣，曾子盖亦有未尽者。三千笃信，沦浃肌髓，一旦泰山颓坏，众志孑然，如孺子之丧慈母，无所依归，其学不皆曾子。苟一有所存焉，亦足以收其将散之心，而值其未废之教。故余尝谓："项氏梁籍之强，用兵如神，业已破秦，乃从民间求收竖怀王立之，彼安所资哉？楚人思故主，从其心而立之。怀王不足以兴楚，而足以系楚，系则由以兴，游、夏之意，何以异此？"

阳明王先生，天挺间出，少志圣贤，出入二氏，晚悟正脉，的然以良知为入门，盖有见于皜皜者。故自髫年，以比白首，凡所作用，以其学取力焉。忠挠权嬖，志竖拂抑，崎岖甲兵，以及临民处变，染翰吐词，靡不精解融彻，而功业理学，盖宇宙百世师矣。当时及门之士，相与依据尊信，不啻三千之徒。今没才三十年，学亦稍稍失指趣。高弟安成东廓邹公辈，相与给图勒石，取先生平生经历之所及与功用之大，谱而载焉。嗟夫。皜皜之体，人人同具，先生悟而用之，则凡后之求先生者，于心足矣。而公犹为是非独思其师，亦以著教也，所谓系而待其兴焉者也。据其渐则觉其进，考其终则见其成，而其中之备尝辛苦艰难，仅得悟于百死一生之际者，学之道，良在于兹而独载其事耶。

余少慕先生，十四岁游会稽，而先生已没。两官先生旧游之地，凡事先生者，皆问而得概焉，然不若披图而遡之为尤详也。以余之尤有待于是，则后世可知，而邹公之意远矣。公遣金生应祥来请余序，为道曾子之未尽者，以明公旨焉。嘉靖丁巳冬十有一月，长至赐进士出身，中顺大夫江西按察司副使，奉敕再提督学政，临海后学王宗沐书。

199

刻阳明先生手柬小序
王宗沐

余舟行次湘江，于箧中检尝手录阳明先生与晋溪公柬一帙，秉烛读之，因废书而叹。嗟乎。古人建立功名，信不易哉。阳明先生以千古天挺之才，早膺阃寄，然犹藉晋溪公乃得就。观其往来札中所云，是先生恃有知己处中，言听计从，以故得安其身而毕其志。先生往见之疏中，览者亦以为叙奏之常格固当，而岂知其中诚然委曲如是也。事不能背时而独立，功不得违势而独彰。故鸿毛遇风而巨鱼纵壑者，顺也；登高传呼而建瓴下水者，据也。嗟乎。古之豪杰，率以不遇知己，不知而不用，或用之而未尽，或尽之而终谗。当其中轴见疑，孤远势隔，则书生竖子一言，而白黑立变，罪不可逭，其何功之图哉。是可叹也。余尝从缙绅后，见道晋溪公者，不及其实，过晋中，颇揽镜其平生行事奏疏，固已倾心焉。今观其虚心专己，用一人以安国家，可谓社稷之臣，即阳明先生亦称其有王佐之才。余惧其泯没，因寄友人王宗敬于婺州，使刻以传同好。后世其无有闻晋溪公而兴者耶？则是稿似微而不可忽也。王公名琼，晋之太原人。阳明先生名守仁，越之余姚人云。时嘉靖癸亥三月，临海王宗沐书于湘江舟中。

阳明文录跋
程文德

阳明先生文录，旧尝梓行，然多为缪，间编帙有错置者。欧阳子崇一厘正之，大学生兴与吴子堂盖慕先生而私淑焉者，欣然请复梓焉。既事，同志者以告某："其识末简。"某作而叹曰：夫世之读斯录者，以文焉而已乎？先生之不可传者，文弗与也。弗以文焉而已乎？先生之文也，以载道也，夫可载者存乎言，而不可传者存乎意，故曰"言不尽意"也。玩其辞、通其意焉，斯可矣。嗟乎。圣学久湮，良知不泯，支离蔽撤，易简功成，是先生之意也，而世以为疑于禅。明德亲民，无外无内，皇皇乎与人为善，忘毁誉齐得丧者，是先生之意也。而或以为诡于俗世未平治时，予之辜惟此学之故。将以上沃圣明，而登之熙皞皞焉，是先生之意也，而天弗假之以年。嗟乎。嗟乎。斯道之不明不行也，岂细故哉？先生往矣，道无存亡，吾党其共勖焉。若曰曹鼎而足，望洋而惧，矫俗以相矜，剿端而殖誉，殆非先生意矣。殆非先生意矣。虽然，先生之意，先生不能尽之，而吾能言之耶？故曰：读斯录者，通其意焉而已矣。

平寇录序

湛若水

都宪阳明王公莅赣，越明年丁丑，命部辖咸造于庭曰："惟兹横水、桶冈并寇，称窃名号，毒痛三省。惟予守仁，恭承天威，夹攻之命，实责在予，予敢弗虔（处）。惟兹横水、桶冈，实惟羽翼，势在腹背。先剪横水，乃可即戎。"遂会诸抚按备守，咸谓曰："然。"乃命都指挥许清，赣州知府邢珣，宁都知县王天与曰："尔其各以兵千余，分道入会于横水。"命守备指挥郏文、汀州知府唐淳、南安知府李斅、赣州指挥余思、南康县丞舒富曰："尔其各以兵千余分道入会于左溪。"命吉安知府伍文定、程乡知县张戬曰："尔其各以兵千余分道入，遏奔冲。十月十二日，予其亲率推官危寿、指挥谢超，兵如诸道之数，直捣横水，为诸军先。"乃缘崖而上，举炮火，如迅雷焱至。贼愕溃，遂夺其险，入破横水诸巢二十有三。王公曰："尔其少息，以养厥锐。"因得余贼遁穴，又以湖广夹攻之期，且逼督捕益严益力。守备副使杨君、分守参议黄君，且饷且击，各益急攻，连破旱坑诸巢二十有三，横水、左溪平。王公誓于众曰："惟尔多士，尔毋骄。惟兹桶冈天险，蓄积可守，徂兹夹攻，坐困而罢。尔慎之哉。"乃谕之降，乘其狐疑，珣、文定、淳、戬兵冒雨登锁匙龙，贼遁，据绝壁以拒。珣兵渡水前击，戬兵冲其右，文定兵自戬右绕出贼旁，诸兵乘之，贼奔十八磊。淳兵迎击败之。翌日，诸兵复合击，大败之。遂破桶冈、十八磊诸巢十有五。王公曰："尔其各以部兵，亟合湖兵悉追。尔毋有逸贼，国则有常刑。"于是诸兵益奋速，破新地诸巢一十有一，犹出其余力，急趋鸡湖诸路之险，截鱼王之奔，以应湖兵之冲突，贼乃尽平。斩俘魁从谢志山、蓝天凤等凡五千。初，王公始至，令于众曰："军毋哗，勿或不用予命，尔其毋窃人盗人。其有窃人盗人，哗不用命，其执以来，其实于杀。"于是得窃者，杖杀之，军之不用命而哗者斩之，父通于贼者斩之，军乃肃。人曰："可以用矣。"公曰："未也。"乃亲教习，衣食其饥寒，士皆乐死。公曰："可以用矣。"至是遂以成功。或曰："阳明子于兵也，其学而然与？"甘泉子曰："非然也。古之学者本乎一，今之学者出乎二。文武之道，一而已矣。故有苗之师，本乎精一，升陑之师，本乎一德。夫阳明子之兵，亦若是矣。否则为贪功、为黩武、为杀降、为用智，岂仁义之兵哉。"既凯还，王君天与曰："不可不传也。"遂来请序，甘泉子曰："虽然，不可不传也。而阳明子勿欲也。阳明子，精一之学也。虽然，予将俾天下之诮夫腐儒者，知圣学之无二，而文武一道也，乌能勿言？”

读先师再报海日翁吉安起兵书序
王　畿

伏读吾师吉安起兵再报海日翁手书，至情溢发，大义激昂，虽仓卒遇变，而虑患周悉，料敌从容，条画措注，终始不爽，逆数将来，历历若道，其已然者，所谓良工苦心，非天下之至神，何以与此？而世之忌者，犹若未免于纷纷之议，亦独何哉？

夫宸濠逆谋已成，内外协应，虐焰之炽，熏灼上下，人皆谓其大事已定，无复敢撄其锋者。师之回舟吉安，倡义起兵也，人皆以为愚，或疑其诈。时邹谦之在军中，见人情汹汹，入请于师。师正色曰：“此义无所逃于天地之间。使天下尽从宁王，我一人决亦如此做，人人有个良知，岂无一人相应而起者？若夫成败利钝，非所计也。”宸濠始事，张乐高会，诇探往来，且畏师之捣其虚，浃旬始出。人徒见其出城之迟，不知多方设疑用间，有以贰而挠之也。宸濠出攻安庆，师既破省城，以三策筹之：上策直趋北都，中策取南都，下策回兵返救。或问计将安出？师曰：“必出下策，驽马恋栈豆，知不能舍也。”及宸濠回兵，议者皆谓归师勿遏，须坚守以待援。师曰：“不然，宸濠气焰虽盛，徒恃焚劫之惨，未逢大敌，所以鼓动煽惑其下，亦全恃封爵之赏。今未出旬日辄返，众心沮丧，譬之卵鸟破巢，其气已堕。坚守待援，适以自困。若先出锐卒，乘其惰归而击之，一挫其锋，众将不战自溃矣。”已而果然。人徒知其成擒之易，不知谋定而动，先有以夺其心也。师既献俘，闭门待命。一日，召诸生入讲，曰：“我自用兵以来，致知格物之功愈觉精透。”众谓兵革浩穰，日给不暇，或以为迂。师曰：“致知在于格物，正是对境应感，实用力处。平时执持怠缓，无甚查考，及其军旅酬酢，呼吸存亡，宗社安危，所系全体精神，只从一念入微处，自照自察，一些著不得防检，一毫容不得放纵，勿欺勿忘，触机神应，乃是良知妙用，以顺万物之自然，而我无与焉。夫人心本神，本自变动周流，本能开物成务，所以蔽累之者，只是利害毁誉两端。世人利害，不过一家得丧尔已；毁誉，不过一身荣辱尔已。今之利害毁誉两端，乃是灭三族，助逆谋反，系天下安危。只如人疑我与宁王同谋，机少不密，若有一毫激作之心，此身已成齑粉，何待今日！动少不慎，若有一毫假借之心，万事已成瓦裂，何有今日！此等苦心，只好自知，譬之真金之遇烈焰，愈锻炼，愈发光辉，此处致得，方是真知；此处格得，方是真物；非见解意识所能及也。自经此大利害、大毁誉过来，一切得丧荣辱，真如飘风之过耳，奚足以动吾一念？今日虽成此事功，亦不过一时良知之应迹，过眼便为浮云，已忘之矣！"

夫死天下事易，成天下事难；成天下事易，能不有其功难；不有其功易，能忘其功难；此千古圣学真血脉路，吾师一生任道之苦心也。畿既读是书，并述所闻，缀诸卷端，归之嗣子正亿，服膺以为大训，是岂惟足以祛纷纷之义，千古经纶之实学，亦可以窥其微矣。继述之大，莫善于此，嗣子其图之！

重刻阳明先生文粹序
赵贞吉

初编《阳明文粹》而刊之者，都御史宋阳山氏也。今重刻于扶风者，佥事带川梁君也。梁君名许，昔为御史，请从祀王先生。今复刊其书，二君子皆以一日之长视予，宿知予之不能藏其狂言也。序曰：

是编多录与闽论意指异者，盖王先生学入理界最初之论，故能廓摧理路之碍，而晓然示人以行也。嗟乎！吾生有知，即知诵说先生之言。见世之儒生，始骇王先生之异而攻之，中喜王先生之为异而助之攻，终羡王先生之持异，乃欲驾其说。于是王氏之学又若自异矣。

有童子闻予言之，进曰："闻之天下无二道，圣人无两心，学奚贵异哉？"予曰："嘻！小子何知？夫学未至于圣人之地，而假名言以修心，其势不容于不异也。昔闽、洛之儒异唐、汉矣，唐、汉之儒异邹、鲁矣。三千、七十之流，各持其异入孔门，而欲争之；皆丧其名言，而如愚以归。故曰：'虽欲从之，末由也已。'然后异者合而道术一矣。此曷故耶？以得圣人为之依归也。是故圣人者，群言之宗而道之岸也。夫众车离丽驰于康庄，而前却之异者，策使之也；众舟沿溯于广津，而泂突之异者，枻使之也；众言淆乱于名言，而喧聒于是非之异者，见使之也。至若行者抵家，则并车释之矣，何有于策？渡者抵岸，则并舟释之矣，何有于枻？学者而至于圣人之门，则并其名言丧矣，何有于见？故知圣人者，以自度为家也，不令己与人异也；以度人为岸也，不令人与己异也。如使闽、浙二大儒遇孔子而事之，必有以塞其异之源，而不令其末之流也。"

童子曰："大人何以知之？"曰："予尝观夫子答问群弟子，而知道术之可一也。"噫！希矣！可易言哉！班固曰："仲尼没而微言绝，七十子逝而大义乖，于是百家之异论又竞起，遂至不可胜究矣。"孟子舆折以雄辩，而不能熄也；庄子休和以天籁，而不能齐也。使后生者不幸，而不睹古人之纯全，纷纷藉藉以至于今，悲夫！

阳明先生全录引
王春复

　　阳明先生承绝学之后，慨然发明良知之旨，以风示学者，四方从游之士所至以百数。其时武宗之末，开府赣州，狡兔跳梁，经营荡涤，师旅之兴，无日休息，然百姓按堵无患，士之相继行其发明者，于兹为独盛。今上方三十年，春复受命来守是邦，南野欧阳公受以全书，曰："赣无先生文集，缺非细故也。"且有意于愚之一言，而命胡生直、俞生献可来校，愚亦谋所以为梓木之费，董生聪者承而独任焉。未几，愚以尤去。又及而服除，再补董生之梓，然后告成，南野公又奄然没矣。嗟乎。先生之后，主盟斯文者公也，而尚加意于春复之不肖，既心许之矣。为之引曰：天下之言学者，知与理而已矣。知本乎心，理散于物，二者判然而内外不相干涉，学者之大患也。昔者孟子著"皆备"之训，程氏明"一体"之义，其言要约而易从，然学者尚不能反观而内省，学之难明也久矣。夫颜子叹高坚，子贡饮江河，使无夫子善诱之教，其亦终于高坚、江河焉已也。然则，学者之于高坚江河焉，无足怪也。先生良知之言，开示祥明，独立标准，所谓"皆备"与"一体"之意了然于其中，而无待于勉强附会，使天下学者皆在知而不在物，在内而不在外，在本而不在末，在致一而不在万殊，以入无纪。盖尝论之：乾道正性命，而物则之义著焉；蒸民立尔极，而秉彝之道昭焉。秉之为言，执也。言心为天地万物之主，皆能执之而不乱，此物则之大者也。故顺天地万物之理则心安，不顺天地万物之理则心有不安，安与不安之际，其名曰"知"，出之可以酬酢万变，与乾道同其变化而不穷，知其小乎哉？人之患在乎心役于物而非役乎物者也，故常谓物为大而心为小，故常有不安之心。夫以其常役于物，而致其常有不安之心，不能反其不安之故，而求诸物以自济，此知之所以常困，而用之所以有穷。愚则曰：心以主宰为则，能自为主而已矣。能自为主者不役于物者也，不役于物故能理万物，如君者不役于民故能理万民，此理之自然，无足多者。孟子所以先立乎其大，程氏所以独戒用智而自私也。不明乎此，愈劳愈远，故曰学者之于高坚江河焉，无足怪也。先生立言立功，皆得于凝定致一之余，况乎赣之人思其业而家祀之，书又可以无传也。信乎。然董生欲梓是书，初不量其有余力，可谓好者。呜呼。好如董生者少矣。嘉靖三十五年正月朔，赣州府知府，晋江后学王春复书。

阳明先生全录序
谈　恺

予筮仕印知有阳明先生，同年戚南玄数过予，述先生之言所谓致良知者，予闻而疑之；复言其徒相与立会讲学，促予同事。予谓先生之学具在圣经，今之学者不患不能言，患不能行尔。予不敏，请以先生之言见之于行，因谢不往。既而得先生文录读之，有曰："为名与为利虽清浊不同，然其利心则一。"又曰："心体本自弘毅，不弘者蔽之也，不毅者累之也，故烛理明则私欲自不能蔽累，私欲不能蔽累则自无不弘毅矣。"至哉斯言。真可师法。于是私淑之心油然而生。时在民曹有为先生之言者，议论高明，多自文录中来，夷考其行，则先生之所不齿者，予固而益疑。先生有言："世之讲学有二，有讲之以口耳者，有讲之以身心者。"噫。此所谓讲之以口耳者非耶？予仕至虔台，瞻先生遗像肃然起敬，检诸故牍，得乡约诸法，下有司行之，岁余四境宁谧，翕然向风，真先生之遗教也。既迁两广，亦先生旧游之地，素称弗靖，予师先生之意，以文告晓之，以恩德怀之，不得已而加之以兵。功甫成，得致仕归养。过虔州，董生聪梓先生全集成，请予为序，予虽未及先生之门，知先生久矣，能无言乎？夫人之当大任者，蕴之为道德，笔之为文章，措之为事业，人皆能言之，而全者寡矣，先生真践实履，循道据德，其发于文章，如《安边务疏》，如《与安宣慰书》，如江西、两广诸疏，经济之略于是乎见，岂特文词艺焉而已哉？其举业之学，如《山东甲子试录》，宇宙间可多得耶？其在虔州，有闽广之捷，有横水、桶冈之捷，有浰头之捷，其大者擒宸濠、定江西；其在两广，平田州，平思恩，征断藤峡，征八寨，经行之地，家祀而人祝之，先生事业旷世所希见者。世之为先生之言者，徒以口耳相高，道德何如，文章何如，事业何如，甚有假此以务名利者。昔子夏之学流为庄周，程氏之学流为异端，吾惧其言之不止，为先生之罪人者众也。先大父中丞公与文僖公为同年，董生聪文僖公之曾孙也，于予有通家之谊，觇其梓先生全集，是知所向方者。其曰《正录》、曰《外录》、曰《别录》，钱子德洪所订正，盖专以讲学知先生者。以予鄙见，当如先生之言，但以年月为先后可也，海内同志或有知予言者。嘉靖丁巳六月庚子，锡山谈恺书于白沙舟中。

阳明先生集略序

陈九川

圣人之学，尽性而已矣。性也，孝道心也。其本体寂然而无倚也，谓之中；粹然而不二也，谓之一；炯然而不昧也，谓之知。故虞廷之执中，孔门之致知，一也。本体无纤毫之翳，则知几其神，知之至也，是谓允执厥中，是谓一以贯之。夫子自谓无不知而作，又非多学而识之，则致知之教，跃如也。颜氏有不善未尝不知，知之未尝复行。复其性也，此致知之传也。曾、思慎独知微之显其源，一也，而时固有倚闻见以为知者，孟子始发良知之训，指其发见于孩提者，为天下之达道，而曰大人者，不失其赤子之心者也。孔门之统，其不在兹乎？及其没，而斯学不传，道术遂为天下裂。千有余年，濂溪、明道始明无欲大公之学，庶几致中之绪矣。象山、慈湖寻继其微而未粹，其后日以支离横溃，以义外之裔，篡一贯之宗，遂涂天下之耳目而人丧其心矣。间有稍觉其非者，而力莫之能挽也。垂四百年，而先师阳明先生出，始慨然有兴起之志。披群言，历二氏，炼于艰险，而后反之洞然，直悟致知之宗，乃表章之而不作。天下之毒于积习，盖已沦肌肤而洽骨髓。方群怪而力攻之，而先生开物善世之诚，谆谆不容已者，固忘其身之危而莫之救也。于是浸以党蒸，鼓动有志之士，稍稍云集而河饮，若鼓镛钟于百仞之阁，而群悟方警也，若脱其桁杨接楛，而得周还揖让于其庭也。其于诐邪之习，盖未尝深辟而自不能为祟。圣门良知之学，久而灿然复著于天下，而人始知有其心若长风卷阴曀而共睹天日也。昔人推尊孟子，以为功不在禹下，若先生汛扫廓清之功，岂直不下于孟子哉？非夫精神气魄迥盖千古，其孰能至于此。其文章勋业，皆从此出，辟之风雨霜露庶物露生，无非教也。全集近已行矣，学者从其所爱慕感触，皆可因而入焉。故先生虽往矣，闻而兴者未艾也，固益可念良知之玄同施诸后世而无朝夕，而先生之神，流行于天地之间者，岂非直与风霆同其鼓舞，有不可得而测者哉？邑侯应君象川，以意摘其要略，请梓之以传。谓川也尝亲炙于先生者，过而使序之。顾惟不类，未之有得也，曷足以发哉？惟及门以来，窃见先生之学，虽已凤悟天端，其精诣默成，盖有日新而岁盛者。读其书者，以其年考之，亦可以见其进德之迹矣。至于本体之莹彻圆融渊微精睿，所以通神明之德，官天地乏化，立生民之极，而会群圣之楷者，则浩浩乎莫得而窥其际也。世之君子，未尝灼见先生之道，乃欲以私智悬断其所至，不亦远乎？夫良知之无圣凡夫，人于孩提信之矣，而卒与圣悬隔者，岂有他哉？卑者昏于嗜欲，高

206

者蔽于见闻，而莫之致焉耳。先师夫既已开之矣，犹有疑良知不足以尽天下之变，而必外求以裨之者，是不信其目而自障之，伥伥然索险夷于杖也，是意见之重为蔽也，则集中指点，虽灿若日星，其能入乎？苟无先横意见，易气以观之，固宜不待更端而跃然开悟矣，则若兹摘刻者，不既多矣乎？应侯名云鸾，象山人。

南赣乡约后语
邹守益

此中丞阳明王公参酌蓝田乡约以协和南赣山谷之民也。呜呼。蓝田通都大邑、名卿世族也，公以世族失邑之法望于村童野叟，其仁矣乎。民之秉彝，好是懿德，不以村童野叟异于通都大邑、名卿世族也。凡吾民之受告谕者，仰体我公协和之仁，以厥身果于为善也，如饥之求食、渴之求饮；其不果于为不善也，如食之不可以鸟喙，而饮之不可以酖酒也；则于秉彝之德，尚其不爽，而三代之风可庶几乎。父兄子弟，曾有饥而弗食、渴而弗饮者乎？曾有充饥以野葛者乎？止渴以酖酒者乎？身之死则知重之，心之死则不知重，其亦弗思焉耳矣。易曰："善不积不足以成名，恶不积不足以灭身。"小人以小善为无益而弗为也，以小恶为无伤而弗去也，故恶积而不可掩，罪大而不可解。呜呼，吾民盍相与敬思之。

跋古本大学问
邹守益

圣学之明，其在《大学》乎。圣学之不明，其在《大学》乎。古者自小子至于成人，初无二教，故曰"蒙以养正，圣功也"；自天子至于庶人，初无二学，故曰"一是皆以修身为本"。后世歧小学、大学为二，而谓帝王经纶之业与韦布章句异。呜呼。圣人之教天下也，将望其为经纶乎？将望其为章句乎？古今学术之同异，执是可以稽矣。古者洒扫应封，造次颠沛，参前倚衡，无往非格物之功，故求诸吾身而自足；后世钻研于书策，摹拟于事为，考索于鸟兽草木，以一物不知为耻，故求诸万物而愈不足。求诸吾身而足者，执规矩以出方圆也；求诸万物而愈不足者，揣方圆以测规矩也。絜矩以平天下，天下之大道也，而其目曰：所恶于上，无以使下；所恶于下，无以事上。千变万化，只在自家好恶上理会。呜呼。修己以敬，可以安百姓；戒慎恐惧，可以位育；扩充四端，可以保四海；夫非守约施博之要乎。圣学之篇，要在一者无欲，无欲则静虚动直；定性之教，以大公顺应天地圣人之常，其于《大学》之功，同邪异邪？阳明先师恐《大学》之失其传也。

跋阳明先生与双江公书
罗洪先

阳明先生与双江公书，在嘉靖丙戌。又二年，先生遂有南康之变。是时公犹未执弟子礼，而先生尽以近日所独得者，切切语之，惟恐不尽吐露，斯其付讬责望之重可知矣。夫万物一体之义，自孔门仁字发之，至宋明道始为敷绎，其后西铭一篇，程门极其称羡。自是止以文义视之，微先生，则孔门一脉几于绝矣。故尝以为先生一体之说，虽谓之发千古之秘亦可也。公珍重是书，既勒诸石，乃以原稿付谢生经，以其责望，岂无意乎？

刻阳明先生与晋溪书后跋
王　祯

右书一十五首，乃我师敬所先生旧所手录。阳明先生在南赣时，上司马晋溪公而与之商确一方戎务，以共底厥绩者也。夫晋溪、阳明二公，均具王佐之才，古社稷之臣，当朝人物之选也。其德业闻望，炳人心目，奚止此书之所建白与所许可已哉？而我师所录惟是，诚以贤才难得，而为天下用才者尤难，功不易成，而重社稷之功，能终始成就者，尤不易也。阳明先生以千古豪杰之才，从事于南赣军戎之务者数载。向非晋溪公握本兵于内，重厥功而专委任，则未必不为疑忌者中阻，安能得竟其志以底于有成哉？是故阳明之功，大司马王公之功也。阳明先生之功，人皆知之。而晋溪公用贤不及宰辅休休之量，实人所未知者。我师秉烛湘舟，阅书读之，不能不有感于衷，而怀仰于二公相知相遇之殷也。是以惧其泯没，而命祯刻之，且以传之同好，兼之有闻晋溪公而典之望，以属后之人，吾师诚心二公之心，于此书有深契焉。而又以信天下之人之心无弗同也。然则兹刻也，岂直以彰二公之美盛而已邪？其意自有在也。祯不敏，幸夙承于吾师之教，敢厕数语而志之末简。嘉靖甲子夏，门人南昌王祯顿首书。

刻阳明先生与晋溪司马书序
宋仪望

予尝聆人论阳明王先生提师镇虔时，深为大司马晋溪王公所知，诸所题奏，辄为议覆，以是卒能剿平诸峒，四省赖以宁息。其后宸濠反，江西传檄两京，一时大臣多惶惧失色。司马王公独曰："王伯安据上游，濠何能为？"未几逆濠果就擒，如司马公言。世尝以此高两王公。顾今所刻阳明文集，其与晋溪司马书不少概见，何也？绵衣戴君伯常雅慕二先生之为人，乃购于司马公仲子，得所与书，凡十五篇，亟缮其本，仍以王公在虔题奏诸疏，问为论说，以究二公之用心，并刻以传，翌日出以示予，且以叙见属予。因叹：当正德末年，阉寺擅权，纲纪倒置，一时文武大臣，多偷安取容，濠、庶人虐焰搆搧，谋动肘腋。方其率师渡江，中外汹惧，朝廷仓卒下诏亲征。其所任信，皆比昵寺人。外有逆藩之举，内有肘腋之虞，谋国诸臣，忧疑莫定。于其时，藉我王公慷慨誓师，以数郡之兵，克复豫章，而逆濠卒以就擒，卒之江彬诸人，亦竟畏惧遥顾，不敢肆其无厌之心。后之议者，徒知先生擒逆濠之为功，至于保固乘舆，计安社稷，屹然措天下于泰山之安，其功或未能尽知也。今读公与晋溪书，率言虔镇事，其所措注设施，晋溪盖知公之心非特为虔镇计也。嗟乎。二公之谋国若此，岂非所谓不出俎豆而折冲千里者欤。予故乐为之述，俾后之知二公者，庶几得其用心一二焉。

刻阳明先生文粹序
宋仪望

　　阳明先生文粹若干卷，始刻于河东书院。盖余企诸人士相与讲先生之学，故集而编之云。或曰："先生之文灿如日星，流若江河，子既櫄刻其集布之矣，兹编之选则何居焉？"予曰："道有体要，学有先后。先生之学以致良知为要，而其所谓文章功业云云，是特其绪余耳，非学者所汲汲也。故余推本先生之学，取其序《大学古本》、《或问》等篇，他如门人所刻《传习录》、答诸君子论学等书，要皆直吐胸中所见，砭人膏肓，启人蔽锢，尽发千古圣贤不传之秘，窃以为士而有志于学圣人者，则舍此何适矣。""若是，则《传习录》乃门弟子所撰记，故集不载，今子亦类而编之，何也？"曰："先生之学，著为文辞，吐为述答，实则一而已，而又焉往而非先生之文也。"曰："先生录中所云致良知一语，则以为超然独悟，岂吾夫子之学，固犹有歉于此耶？"曰："善乎而之问之也。昔者闻之，上古之时，人舍淳朴，上下涵浸于斯道而不自知，是以宓羲氏始书八卦，而未有文字。自尧舜有'精一'、'执中'之训，而万世心学之传无有余蕴矣。乃成汤、文、武、周公数圣人者，其于斯道又各自有所至，书传所载可考而知也。及至周末，圣人之学大坏，学者各以所见为学，纷纷藉藉，流于异端而不自知者不可胜纪，于是吾夫子始与群弟子相与讲明正学。今考其指归，大抵一以求仁为至。夫仁者以天地万物为一体，欲立立人，欲达达人，心之本体固如此耳，外是即功业如伍伯，要不免于失其本心。然当时传夫子之学者，惟颜、曾氏与子思、孟子数人而已。是故曰'忠恕'，曰'慎独'，曰'集义养气'，是数子之学又各自有所得，要之莫非所以求仁也，是又数子之所以善学孔子也。呜呼。观乎此则可以论先生之学矣。先生之学求仁而已矣，求仁之要致良知而已矣。何者？心一而已，自其全体而言谓之仁，自其全体之明觉而言谓之知，是故舍致知则无学矣。孟子云：'智譬则巧，圣譬则力。'致良知以学圣，巧之至也。呜呼。此非达天德者其孰能知之。若是，则子于先生之学奚若？"曰："吾吉有三君子，皆先生门人，而予从而受学焉，学而未能，是则先生之罪人也。"

重刻传习录序
朱 衡

昔濂溪周子倡独悟之学于天下，当其时乃有疑其所自出者，至于久而后定。宋儒既远，经生牵制文义久矣。阳明先生揭良知之旨，力拯群迷，而四方之人始而骇，继而疑，至呶呶以相訾，先生处群猜众咻之中而不自恤，于是疑信者相半之。夫周子之学，后世所宗，奚独疑于当时之人哉？彼人之情，胶于故而又伐乎异也。无极之极自柳子言之，以其出自柳子而疑之也，固宜。乃若良知之学，根诸孟氏，而《大学》以致知为教，此不可以信哉？先生之学，简易直截，然非径造者所能至。其为教也，神机无方，然要其宗旨，则一言之垂于世者伙矣。而其剖析精明，读之而易入，触之而易从，自谓无意中得此一助者，即今所传传习录是已。晚年揭良知二字，直指本体，使学者自察自融，一切翳蔽之私，莫可遁焉，则《大学问》致知之说悉之。今去先生之世余二纪，读其书者，靡不悦而宗之，私淑之士多于及门之徒，则先生之学，人固翕然信矣。虽然，微言日湮，中行复鲜，士往往以资之所近，见之所及以为学。故有厌物情之纷挠，惩训述之支离，而遗境言心，任识作悟，恣意为率性者。而又或求先生于无不知不能之中，揣靡凑合，自以为道在是矣。嗟乎。心之本体，虚灵变化，至神至易，而范围曲成，通知之道寓乎其中。戒慎恐惧，全此本体，三千三百，悉自此而出之，初无寂感内外可言，而可歧而二之，袭而取之也乎。故昔之学者，古训是式，择准绳而蹈之，然犹有执古而行，行不越轨之士，其究也迂由而不遁，方今也或是之亡也。昔之人，其学未必是，而其人则可信；今之人，其学未必非，而问其人则不然矣。故日贤不肖者，道不明之端也。子夏□圣人之一体，乃流之为□□□师□而□□老佛者，非程氏之门人□圣贤之学，何尝弊哉？不由心得其流则然。□□□□有作圣之志，从心悟入，既□□□□□天则，取先生之言而显证焉，可□□□□□言而爽焉。失其故，毅然自任，行著习察，则不失为缘，闻入悟之士，是之曰"躬行心得之学"；而合异坚离，相应相求，使风俗莫不一于正，以助国家元气，则先生之学大明于世，其谁不信之哉？

　　侍御古林沈君，学先生之学者也。按闽之暇，取《传习录》、《大学问》、《朱子晚年定论》，手订付梓，播诸学宫弟子员。噫。君之嘉惠多士至矣哉。濂溪之学，扩大于程氏，乃有载之而南者，遂开八闽道学之盛，至方以邹、鲁。先生之学，今既南矣，古林□□明而振道之，豪杰林立，夫非昔之闽与。笃信力行，自成自道，引先生之绪，而遂濂洛之源，俾邹、鲁之盛复见于今日，兹非所望于多士者乎？某不敏，魄无以光之，敬书简末，用申告焉。

刻传习全录序
查铎

　　昔阳明先生倡明绝学，单提致良知以立教，一时学者狃于旧说，且信且疑，自《传习录》一出，信从者始众。先生自谓无意中得此一助。今读其书，因病用药，虽人人殊，然简易平寔，直指人心之同然。如布帛粟菽，不离日用，众人皆可以与能而求其至，虽圣人有不能尽者，真圣学正脉也。但世之学者多未知，"知"字下落，又未知"致"字工夫。故以闻见求知者失则浅，以了悟求知者失则难，随事照管者失则离根，缶内寻求者失则厌动。至其学之而不得力，遂疑其说之为虚，而先生之传始失其真矣。铎习闻师友之教有年矣，支离影响，竟无所得，仕楚以来，稍稍收敛精神，默识而体验之，始知所谓良知即此心之觉，所谓致知即此心之常觉也。随人各足，原无欠缺，有感即通，原无等待，虽当昏迷之时，此知自不能息，忽焉有觉，则本体洞然。故此一觉真如大梦之得醒也，如太阳一出魑魅潜消也，如出诸罟获陷阱而登之中庸之坦途也。此人心本然之良，天之所以与我者，本如是也。但不能常觉，则旋入于迷耳。迷觉之间虽微，而圣狂之分，生死之几，寔系于此不可以不慎也。苟能自此一觉而继续之，时时见得有过可改，有善可迁，彻底扫荡以收廓清之功，不徒旋觉而旋迷，是谓缉熙□□，是谓致知之实功也。间以是语诸同志，无不跃然而兴起者，以是益信良知之同然，而圣学之正脉在是也。醴陵曾学博，盖

211

尝实致其知而有得者，余奉委过星沙，得与尽论，又见一时从者，皆知所向□，盖真处感人自不同也。因共议□赀，刘《传习全录》于学，以为致知之一助。刻既成，索余言以叙诸首。

读传习录有言
唐尧臣

阳明先生之学，得徐曰仁而后同志之习始专，得钱洪甫、王汝中而后先生之传愈益不匮，格物致知之论，百世以俟圣人而不惑者也。补亡于误本，胶固于成心，功利于科目之资，门墙之内，且有疑而未信者，况其他乎？曰仁首编是录，开厥来人，于是朋至斯孚，而良知之说达之天下无间也。不然，管斑改睫，瓦缶盈聪，入闻而乐，出见而悦者，世岂无人哉？故曰："得徐曰仁而后同志之习始专。"先生没，距今三十年，有志之士闻风而兴起焉者相踵也。然岂无因歧泣路，舍辙寻途，索肖于言行气象之似者乎？而良知宗旨几谢前人矣。洪甫、汝中力赞而允，终之归守天真，瞻依俎豆，于是后进之士，日信日真，而贞明不眩。不然，河上谈玄，漆园说梦，起斯作用，陆、郑名家，不必求之异代也。故曰："得钱洪甫、王汝中而后先生之传愈益不匮。"虽然，先生之教，录可得而载也，其所以为教，录不可得而载也。信以不言，成之默契，传必求其可习，习不失其所传，存乎人焉耳。噫。微斯人，吾谁与归？嘉靖三十有七年戊午人日，门人南昌唐尧臣顿首百拜，谨书于天真书院之云泉楼。

重刻阳明王先生手柬后语
陈文烛

国朝文儒以功业显者，辄称新建王公云。方公抚南赣时，所上司马王公书，凡十五章。嗟乎。士为知己者用，又为知己者死。即新建公多才，赖司马公居中，知而用之，乃得尽其力以成厥功。不然，祷金滕而草宪令，昔之圣贤尚避居而难忧，况远臣乎？每观后世处功名之际，遭谗被废，有伤心流涕者。此太史公传管夷吾，不多其功而多鲍叔能知人也，其旨微矣。往季癸亥，中丞王公得前书读之，慨然有志于新建公之为人，梓于婺州。顷抚淮，命烛校而新之。主上以大计寄公，又公卿师师如也。则所称知己以建无穷之业，奚啻一司马公已邪？语曰：千金之裘，非一狐之腋也。三代之际，非一士之知也。窃于今日交有望焉。新建公名守仁，余姚人。司马公名琼，太原人。中丞公名宗沐，临海人。明隆庆壬申王正既望，汉阴后学陈文烛顿首拜撰。

212

跋客座私祝
张元忭

　　此阳明先生出山绝笔也。先生奉命赴两广，功成而身殒，车不复返矣。濒行书此，以诫子弟，告士友，唯谆谆于德业之相劝，过失之相规，则其平时所以修于身，教于家者，为何如也。且当西征勘勷之秋，而从容挥翰，遒劲庄严，所谓造次必于是者，先生之所养，亦从可窥矣。嗟乎。后之谈良知云者，其说愈玄，而其义愈晦。至于善之当迁，过之当改，辄以为浅近而忽之。行背其言，志役于气，才临小利害，便觉仓皇。视先生此刻，试自省焉，有不惕然警赧然愧者乎。忭佩服先生之训，如临左右常张之客座间，凡见者亡不瞻对徘徊，起高山之仰永。春季金部启东甫，请重刻之，以惠同好。忭敬书数语于后，以见先生之学，急于伦理，切于身心，非徒虚知虚见云尔。

重刻传习录引
陈九叙

　　《传习》有录附以《朱子晚年定论》，旧矣。重刻者何？广先生之教也。先生崛起于越，特揭"致良知"三字振铎于世，百年敝学再回，风先生之功，于是为钜。说者未谙先生之旨，乃谓"致知列于八目，良知载在七篇，道斯尽矣"，为用文之。讵知提宗负教，谊非一揆；千言万语，要于其当，舍吾性于自有之真觉，寻世间不必有之文辞，自掷玄珠，珍其敝帚。毋论律诸圣教，当坐操戈，即使证诸考亭，亦讥逐影。而举世贸贸，罔识所归，使非晓然建标，裨之就轨，中流胥溺，其孰为之一壶哉？良工之心所以独苦，亦在乎学者之自得之而已矣。得其旨即颜氏子之终日言不为多，不得其所以立言之旨，即子贡之无言不为少。究而论之，天何言哉？四时行焉、百物生焉，天何言哉？先生患后世言语文字之敝，而诏之趋学者。复以言语文字求先生之书，而失先生之所以教，则前刻已赘，兹刻奚为？故夫考衷于《传习》，以识其宗，参伍于《晚年定论》，以识其谬，而于是乎因考亭以得先生，因先生以得吾夫子一贯之旨也，亦在乎学者之自得之而已矣。论之定与不定，年之晚与不晚，未足深辨也。万历癸巳阳月既望漳平后学陈九叙撰。

213

初刻大学古本后跋
王时槐

大学古本刻成，有疑者曰："《大学》自平治逆推之至于致知，皆由末而反本也。学至于致知尽矣，而又云'在格物'，阳明先生谓格其事之不正以归于正，则是复求之于外矣，不亦支离琐屑而失其归一之旨乎？"时槐曰："此正见孔门大中至正之学所以异于二氏也。假令推本极于致知而不言格物，则其弊将有遗物而沦空者矣。夫物者何？即意、心、身、家、国、天下是也。格者何？即诚、正、修、齐、治、平是也。故曰：'物有本末，格物者格此本末之物，皆正其不正，以归于正也。'诚正以修身格其物之本也。自修身达之齐、治、平，格其物之末也。故曰：'修身为本，本乱末治者否，知本是谓知至言，致知在格物者如此。'下文祥释诚、正、修、齐、治、平，正祥言格物之事也。夫舍诚、正、修、齐、治、平，则在无可致之实矣。舍致知，则诚、正、修、齐、治、平无从出之原矣。物无内外者也，格之之功无内外者也，知周万物亦无内外者也。举要言之，犹曰古之欲平、治、齐、修、正、诚者，先致其知，而致知即在于诚、正、修、齐、治、平云耳。此体用一原，显微无间之圣学，复何疑焉。"曰："然则阳明先生独重致知者何？"曰："《大学》言致知在格物，不言先格其物，则八条目之统于知也，甚明矣。夫知者吾性之真明，命物而不命于物者也。故以知格物则可，以物先知则不可；谓知不遗物则可，谓外知以格物则不可。物有本末，知者贯本末而一之者也。易称'乾知大始'，'乾以易知'。盖天之明命首出，庶物而能发育万物者。此孔门法天之学之本旨，宜阳明先生独重而专揭之也。彼二氏遗物而沦空，同不能达知之用；俗学昧本而逐末，又不能全知之体。惟致吾良知而实践于事物，是之谓圣学。"曰："近世儒者，深避宋儒在物为理之说，而曰'理在心不在物'，是果阳明先生之本旨欤？"曰："为此说者，既未悟阳明先生之旨，且不达宋儒之说矣。夫宋儒之所谓物者，非但指山川、草木、鸟兽而言，即吾人之意念、思备皆物也。物无内外，理无内外，则谓理在物可也。阳明先生之所谓心者，亦非专指方寸之情识而言，盖《虞廷》所谓道心，《大学》所谓天之明命此心弥宇宙，贯古今，通天地万物为一者也。心无内外，理无内外，则谓理在心亦可也。要之心体而物用，可言体用，不可言内外，而谓理在此，不在彼，过矣。惟阳明先生病宋学末流之弊，稍辨正之，而后学不悟，遂执内为心，外为物，理在内不在外，于是有弃伦物，苟言动毁名检，而自以为知道者。其或不然，则以内心应外物，终未免歧而二之，而圣门体用致一之学益晦。阳明先生发明格致，虑远说详，学者能深悟此理，始可以会大学心法于言语之外矣。"疑者退，因僭附其说于卷末，求正于四方有道者。

刻大学古本跋
王时槐

《大学》一书，本出于《戴记》，汉郑玄注，唐孔颖达疏，传之千百年，未有疑其缺误者也。至宋程明道先生，取诸《戴记》中而表章之，稍疑错误，乃移"淇澳"至"没世不忘"于"絜矩之道"之下。伊川先生因之，犹以为未尽也，复以"此谓知本"为衍文，移"听讼"一条于"未之有也"之下，而结以"此谓知之至也"一语，继之以《康诰》"克明德"至"止于信"，以加于《诚意章》之上。朱子又以为未定也，乃分经文十传更置之，且疑其缺文，复补缀之，则今儒生所诵习之章句是也。格物之说，郑玄训"格"为"来"，"物"为"事"。明道先生云："物来则知起，物各付物，不役其知，则意诚不动。"伊川先生以"格"为"穷至"，"物"为"物理"。司马温公云："扞御外物，而知至道。"孔周翰云："扞去外诱，而本然之善自明。"江德功以"格"为"执法度以齐物"。宋深之以"格"为"及己及人"。李孝述以"格"为"擦磨此心而出其明"。朱子独宗伊川之说，则今章句之所注者是也。阳明先生云："古本未尝缺误也，当依其旧，格之训正，物之训事，本非隐语也，不必他释。然世之学者蔽于诵习之久，信今文而疑古文，信以物为理，而疑以物为事，无亦为先入之言，坚主于中者之遇也。夫文义固不暇论，且身、家、国、天下之本，有不在于吾心者乎？谓之曰心，有何形状，非以其虚灵之知乎？此知之良，根诸秉彝，万古不能易，即千经万典皆从此知流出，家国天下皆从此知运用。纵使先儒以大学之文先后更置不一，乃吾心之良知决不因文字之更置而有改异。凡为学者，安得舍吾心之良知以为学乎？世儒执议论之异而不自信，此心之必不容异者，则尤惑之甚者矣。"阳明先生《大学古本》有自序，有傍注，近世刻者，附以先生《大学问》，及邹文庄公后语跋二篇。庐陵钱侯欲重刊，以惠诸生，属时槐校阅，乃复摘先生集中数条，及邹文庄、罗文恭二公集中语，有足发明者，并刻入之。读者诚毋泥于先入，惟切己反求虚心，以绎其旨，当自信其秉彝之良，而契孔、曾心法于千载之上矣。

215

王文成公文选序

钟 惺

经云："敷奏以言。"盖谓人之所性所学，无以自见，故托言而敷奏焉。然有言之则是，而考其行事则非者，岂其言不足以尽其人耶？非然也，殆听言者之观察未审耳。夫人之立言，莫不假辞仁义，抗声道德，以窃附于君子之高，而苟非所有，则虽同一理，同一解，而精神词气，已流为其人之所至。何也？盖言者，性命之流露，而学问之精华也。学问杂则议论不纯，性命乖则言词多戾，有非袭取者之能相掩也。古之立言者不一家，相如之词赋，班、史之著述，固文人也，而文人之无论，即如申、韩之刑名，管、晏之经国，以及老、庄之寓言，岂不以圣人贤者自视，而或流为惨刻，推王佐得乎？等而上之，子舆氏愿学孔子者也，亦步亦趋，直承道统，而一间之未达，终属圭角之不融，宁可强哉？子舆氏犹不可强，况其下焉者乎？近之立言者，稍陟韩、欧之境，辄号才人，略窥朱、程之绪，便称儒者，而试求其言之合道否也，不矫为气节之偏，则溺于闻见之陋，不遁入玄虚之域，则陷于邪僻之私，曾得以浮词改听哉？独阳明先生之为言也，学继千秋之大，识开自性之真，辞旨蔼粹，气象光昭，出之简易而具足精微，博极才华而不离本体，自奏议而序、记、诗、赋，以及公移、批答，无精粗大小，皆有一段圣贤义理于其中，使人读之而想见其忠孝焉，仁恕焉，才能与道德焉，此岂有他术而侥幸致此哉？盖学问真，性命正，故发之言为真文章，见之用为真经济，垂之训为真名理，可以维风，可以持世，而无愧乎君子之言焉耳。使实有未至，而徒以盗袭为工，亦安能不矫不溺，不遁不陷，而醇正精详，有如是哉？李温陵平生崛强，至此亦帖然服膺，良有以也。世之论文者，动则曰某宋文也何如，某汉文也何如，某战国之文也又何如，不知文何时代之可争，亦惟所性所学者何如耳。予僭评此文，非谓先生之言待予言而明，盖欲使听言者读先生之言，而知立言者之言可饰，而所性所学不可饰也。一人之所性所学可饰，而千圣之所性所学不可饰也，斯不失圣经"敷奏"意矣。竟陵后学钟惺书。

书阳明先生语略后

邹元标

予尝读《传习录》，以先生之学在是书，近而知先生之自得不尽在是书也。盖当时格物之说浸淫宇宙，先生力排其说，约之于内，其后末学遂以心为

216

内者纷纷矣，与逐外者何先后间耶？且当时先生随人立教，因病设方，此为中下人说法，而所接引上根人，则本"天泉证道"一语尽之，学者当直言无疑可也。嗟乎！先生当时所造就者济济，今吾吉豪杰岳立，然未有作人如先生者，予于先生不无遐思。

阳明先生道学钞序

李 贽

温陵李贽曰：余旧录有先生《年谱》，以先生书多不便携持，故取谱之繁者删之，而录其节要，庶可挟之以行游也。虽知其未妥，要以见先生之书而已。今岁庚子元日，余约方时化、汪本钶、马逢旸及山西刘用相，暂辍《易》，过吴明贡，拟定此日共适吾适，决不开口言《易》。而明贡书屋有《王先生全书》，既已开卷，如何释手？况彼已均一旅人，主者爱我，焚香煮茶，寂无人声，余不起于坐，遂尽读之。于是乃敢断以先生之书为足继夫子之后，盖逆知其从读《易》来也。故余于《易》因之稿甫就，即令汪本钶校录先生《全书》，而余专一手钞《年谱》。以谱先生者，须得长康点睛手，他人不能代也。钞未三十叶，工部尚书晋川刘公以漕务巡河，直抵江际，遣使迎余。余暂搁笔，起随使者冒雨登舟，促膝未谈，顺风扬帆，已到金山之下矣。嗟嗟！余久不见公，见公固甚喜，然使余辍案上之纸墨，废欲竟之全钞，亦终不欢耳！于是遣人为我取书。今书与谱抵济上，亦遂成矣。大参公黄与参、念东公于尚宝见其书与其谱，喜曰："阳明先生真足继夫子之后，大有功来学也。"况是钞仅八卷，百十有余篇乎，可以朝夕不离，行坐与参矣。参究是钞者，事可立辨，心无不竭于艰难祸患也。何有是处上、处下、处常、处变之寂，上乘好手，宜共序而梓行之，以嘉惠后世之君子乃可。晋川公曰：然余于江陵首内阁日，承乏督两浙学政，特存其书院祠宇，不敢毁矣。

阳明先生年谱后语

李 贽

余自幼倔强难化，不信道，不信仙、释，故见道人则恶，见僧则恶，见道学先生则尤恶。惟不得不假升斗之禄以为养，不容不与世俗相接而已。然拜揖公堂之外，固闭户自若也。不幸年逾四十，为友人李逢阳、徐用检所诱，告我龙溪先生语，示我阳明先生书，乃知得道真人不死，实与真佛、真仙同，虽倔强，不得不信之矣。李逢阳，号翰峰，白门人。徐用检，号鲁源，兰溪人。此两公何如人哉？世人俗眼相视，安能一一中款？今可勿论。即其能委委曲曲以全活我一个既死之人，则亦真佛真仙等矣。今翰峰之仙去久矣，而鲁源固无恙也。是春，予在济上刘晋川公署，手编《阳明年谱》自适，黄与参见而好之，即命梓行以示同好，故予因复推本而并论之耳。要以见余今者果能读先生之书，果能次先生之谱，皆徐、李二先生之力也。若知阳明先生不死，则龙溪先生不死，鲁源、翰峰二先生之群公与余也皆不死矣。谱其可以年数计耶？同是不死，同是不死真人，虽欲勿梓，焉得而勿梓！

阳明先生批武经序
徐光启

武书之不讲也久矣，释樽俎而谈折冲，不已迂乎？然天下有握边算、佐庙筹者，其人则又如蟋蟀鸣堂除，才振响，已为儿童子物色，而卒不及一，何者？夏虫难语坚冰，斥鹦奚知南冥也。

明兴二百五十余年，定鼎有青田策勋，中兴称阳明靖乱。二公伟绩，竹帛炳然。乃其揣摩夫《正合》、《奇胜》、《险依》、《阻截》诸书，白日一毡，青宵一炬，人间莫得而窥也。嘉靖中，有梅林胡公筮仕姚邑，而得《武经》一编，故阳明先生手批遗泽也。丹铅尚新，语多妙悟，辄小加研寻。后胡公总制浙、直，会值倭警，逐出曩时所射覆者为应变计，往往奇中，小丑遂戢。则先生之于胡公，殆仿佛黄石与子房，而独惜是书之未见也。

时余被命练兵，有门人初阳孙子携一编来谒，且曰："此吴兴鹿门茅先生参梅林公幕谋，获此帐中秘，贻诸后昆，兹固其家藏也。缘其世孙生生氏欲授剞劂，属请序于先生。"余视阳明先生之手泽宛然，而惭碌碌靡所树奇，分不当先生功臣。第窃喜《正合》、《奇胜》、《险依》、《阻截》诸书实用固彰彰不诬也。然则今日果有握边算、佐庙筹，如鹿门先生之于胡公者乎？余又请以新建余烈，拭目俟之，是书或可借筹辽者之一箸云。是为序。

时天启元年岁辛酉重阳前一日，赐进士出身奉议大夫奉敕训练新兵詹事府少詹事兼河南道监察御史徐光启撰。

阳明先生批武经序
孙元化

余非知武者，然能读武书。少好奇，已而捐却一切嗜好，独于武事犹时思简练，以为揣摩，不以后于举子业也。顷者将图北上，辞友人于苕水，偶从通家弟生生氏案头，见《武经》一编，不觉踊跃神动，辄展而阅之，则王文成公所手批而胡襄懋公参阅者也。大都以我说书，不以书绳我；借书揣事，亦不就书泥书；提纲挈要，洞玄悉微，真可衙官孙、吴而奴隶司马诸人者矣。因思文成当年，讨逆藩，平剧寇，功名盖天地，智略冠三军，不过出此编之绪余而小试之耳。即厥后襄懋公诛徐海、擒汪直，几与文成争烈者，亦安知不从此编得力哉？

余遂欲请而读之，生生不许，曰："先大夫鹿门先生与襄懋公同榜，相友善，入其帐中赞谋画而得此，传至今四世矣，相诫秘不示人。"予曰："否！否！方今辽事未息，川祸又遍，当局者恨不能起文成、襄懋两公于九泉而用之，然两公不可得，犹幸之两公秘授在，则广传之，未必无读其书即继其人者，而文成不死于昔，襄懋再见于今也。"因请以付剞劂，龙飞天启元年□□之冬。

武经评小引
茅震东

余不佞，方雍雍俎豆之不遑，奚暇谈军旅事？庖人而尸祝之，闻者掩口耳，顾亦有说焉。窃以丈夫生世，如处子然，十年乃字。以前此身，未知何属？而要其蘋蘩箕帚，宜家具之，讵待学而后嫁者哉？说者谓江左之乱，肇自清谈；梁国之变，由于佞佛。则何以故？课虚无而薄经济，正坡老所诋赋诗却敌者也。

先高祖宪副鹿门以明经起。其于公车举业之外，上自《典》、《坟》，下逮稗史，靡所不窥，而旁尤究心于韬略等编，谓夫修文事不废讲武，亦聊为盛世未雨之桑土也。厥后世宗末年，滨海州郡悉罹倭患，而吾浙特甚。时有梅林胡公统戎讨贼，约先高祖为幕谋，抵掌运筹，如画地印沙，不崇朝而丑夷殄灭，斥其所出奇运智，往往与孙、吴合辙，而妙解其神。读书至此，乃真经济。已而携一《武经评》归，又梅林公所得于阳明先生之门者也。

渊源既遥，什袭亦久，方今东隅弗靖，九边诸臣旦夕蒿目，即山林草泽间罔不思效一得，以系单于颈。为今日计，莫若多读武书，可操胜算。昔季子相六国，而《阴符》蚤精；留侯师汉高，而《素书》先受；古未有揣摩无成而能佐霸王不拔之业者也。以藏书具在，不欲秘为家珍，敢畀梓匠，自付当事者之前筹，嵇叔夜有云："野人有快炙背而美芹子者，欲献之至尊，虽有区区之意，亦已疏矣。"余大类之，庖人耶？处子耶？亦何暇计当世之掩口也！防风茅震东生生甫书。

刻传习录序
焦　竑

国朝理学开于阳明先生。当时法席盛行海内，谈学者无不禀为模楷，至今称有闻者，皆其支裔也。然先生既没，传者浸失其真，或以知解自多而实际未诣；或以放旷自恣而检柙不修；或以良知为未尽，而言寂言修，画蛇添足。呜呼，未实致其力，而藉为争名挟胜之资者比比皆是。今《传习录》具在，学者试虚心读之，于今之学者为异为同，居可见矣。此不独征之庶民难于信从，而反于良知必有不自安者。

杨侯为冀州夺，修政之暇，思进厥士民于学，而刻是编以嘉惠之。语云："君子学道则爱人，小人学道则易使也。"自是四方之观者，以爱人验侯，而又以易使验州人，令先生之道大光于信都，而一洗承学者之谬，余之愿也。乃不揆而序以贻之。

王文成公年谱序
高攀龙

呜呼！道之不明也，支离于汉儒之训诂；道之明也，剖裂于朱、陆之分门。程子之表章《大学》也，为初学入德之门。今之人人自为《大学》也，遂为聚讼之府，何天下之多故也！

国朝自弘、正以前，天下之学出于一，自嘉靖以来，天下之学出于二。出于一，宗朱子也；出于二，王文成公之学行也。朱子之说《大学》，多本于二程；文成学所得力，盖深契于子静，所由以二矣。

夫圣贤有外心以为学者乎？又有遗物以为心者乎？心非内也，万物皆备于我矣；物非外也，糟糠煨烬无非教也。夫然，则物即理，理即心，而谓心理可析、格物为外乎？

天下之道贞于一，而所以害道者二。高之则虚无寂灭，卑之则功利词章。朱子所谓"其功倍于《小学》而无用，其高过于《大学》而无实"者也。盖戒之严矣，而谓朱子之学为词章乎？善乎庄渠魏氏曰："阳明有激而言也。彼其见天下之弊于词章记诵，而遂以为言之太详、析之太精之过也，而不知其弊也，则未尝反而求之朱子之说矣。"

当文成之身，学者则已有流入空虚，为脱落新奇之论，而文成亦悔之矣。

至于今，乃益以虚见为实悟，任情为率性，易简之途误认，而义利之界渐夷，其弊也滋甚，则亦未尝反而求之文成之说也。良知乎，夫乃文成所谓"玩弄"以负其知也乎？

高攀龙曰："吾读《谱》，而知文成之学有所从以入也。其于象山，旷世而相感也，岂偶然之故哉？"时攀龙添注，揭阳典史庄大夫致庵公以兹谱示而命攀龙为之言。攀龙不敢，而谓公之文章事业，蔑以尚矣，学士所相与研究公之学也，故谨附其说如此焉。

阳明先生集要序
林　钎

性命者，务华之所逃，胆壮于攃玄，而气怯于担荷，将但使劳士鼓行，偾辕败辙，则又数数也。正心诚意之谈，未即便与宋祚，然濂、洛、关、闽，后世宗之勿替，岂非根本之地不宜少主人翁哉？夫孟子所谓尽心，知性，知天，立命，实与《中庸》之"至诚尽人物性"，"参赞化育"之语互相发明，则又何疑？王文成先生之直指良知，不可以印合圣真，开引来学乎？是镜是灯，即光即照，拭之燃之，完其固有，得一万毕，信非虚也。而先生以是出之经济，其所条画区处，种种合宜，节节奏效，人视以为震世奇勋。若以灵光一点，澹然周应，左右逢源，则固寻常穿衣喫饭事耳。更何需播弄其精魂，雕琢其章句，以吾心之日星江河，役之于涓流爝焰也者。余幸得先生全编焚香山寺中，敬阅返照，恍见先生之所以示人，即人人所自有而知，何以非良，良知何以不致？孟子不言失其本心耶？《中庸》不言不诚无物耶？诚之至，心之尽，人世应为之事业，不可从穿衣吃饭做耶？因书数言，以质之四明施公祖。盖四明公莅闽漳八年，其冰心石书，福庇于兹土者，意学问渊源有所从出宛肖，而是编即四明公转别时取以示余者，乃今知之矣。性无歧分，身有前后，且得不重美姚江哉。

闽九皋居士后学林钎盥书于退思精舍。

阳明先生文集跋
俞　嶙

开辟以来，有物孳乳，字之曰道。道之自传者曰大极，四圣人奉为易祖以志不祧。道之以人传者曰心性、曰仁义、曰礼乐、曰文章，建杓不一，总为定世符焉。人之以道传者曰见知、曰闻知，其正统闰位，如帝王师相之叶，应有主有辅，顾知从何来，又从何往。司兵刑者可进，司礼教者可疑，非廓目缒心，光射蝛轮，勇贯石羽，谁与卜千秋之定案哉？自玄虬发祥，而帝命敬敷，天锡桓枢，发乡虞廷下，而兴日跻恭默，金声玉振，相应教铎，总萃一门，天纵大成，如太极之不可祧，非二氏所得剿。窃困源，固亶厚，已造尼山，高弟三千七十，而后世明君察相，乃能跻子与氏于端木、颛孙之上，配之为四。若奠方，若定时，仰钻不拔，嗣是而五之六之，岂遂无人从祀两庑足矣。左持圣灯，右操王鈇，严统以杜窜，其在斯欤？吾姚阳明先生出，而高弟若龙溪先生独昌言曰："颜渊死而圣人之道亡。"是果亡欤？否欤？端木氏以天不可阶赞先圣，岂曾孟有阶？颜虽瞠乎后于绝尘，而实无阶欤？阳明先生直提孩始，禀承子与，昌明良知，是镜是灯，即光即照，扫尽阶梯，得一万、毕乃世，卒未闻以位置子与氏者位置吾阳明子，烟海悠悠，将谁与正之？且功在社稷，震主惊人，智侔阴符，出天入地，而皆出自触之不动之中，不难其唾手以奏肤功，而难其弱龄之时，出居庸以商备御，聚果核以列阵图，功成之后，忠、泰无所用其□罗，续纶无所施其附会，灵光一点，固不待龙场石榔时，豁然而终身用之不穷，虽欲指为伪为异，而无声无臭，天良具足，四海晏如，彼凫短鹤长，何足以云。先儒有言，后人当志颜子之志，学伊尹之学。尹于绝无师承时，而卓然有任，曰予天民之先觉，提先觉后人自知觉，但一觉之惟从觉来，故却幣受幣，放桀放储，如龙蛇五化，不可方物。然则志颜学伊，惟阳明先生足兼之。世人不知体用合一之学，而曰世尚虚玄，考亭救之以实，世矜帖括，先生救之以虚，夫良知而恶得云救哉？良知而云救，则曰太极、曰心性，皆不足以生两仪，而悬日月矣。余谓考亭学曾，其格物自省也，其定论一贯也。世无孔子，而止以程先生学颜其致知卓尔也，其易地禹、稷也，宛然一伊而进于孟。然则道以知传，知以道印胎于良，孩于觉，壮于见孳子闻，虽子与氏一则曰无有，再则曰无有，正闰之绪，概可观已。今天下南面称师，自名理学者，如适沧溟而不望斗杓与。波上下东西，易而曾不知返，能无生心害政之忧。余姪仲高与余蠡测圣谛嚅哜义蕴者，盖自其童试以至今，筮仕百粤垂二十余稔，无不时出所得，抵掌快心，每能以身著理，以理著才，其于先生直见为性无歧。分身有先复，故甫莅政而即有兹集之刻，问序于余。余何能知阳明先生，而纵心活泼泼之地，仰面斯昭昭之天，稍有称说，总不敢启榛途而投锦阱，因以告千百世之知阳明先生者，庶几于雍容樽俎之间，庚桑檀社之会，更思所以位置之，或于余姪是编有厚望焉。姚江后学俞长民谨跋。

222

王文成公文集序
潘之彪

自古贤人君子，秉川凝岳崎之资，以其文章事业，卓然树重立于当时者，代不数人，顾其人既往，而其精神历久而长存者，惟恃此简编，以附不朽，而莫为之后，虽美弗章，则甚矣作者难，述者亦不易也。吾于王天钧年兄之重修《阳明先生集》，不能无感焉。夫余姚名胜甲两浙，于山有秘图、四明之巃嵸，于水有舜江之潏荡，故其人物多淳泓卓荦，如严子陵、嵇叔夜、虞仲翔诸君子，后先相望，或以节气，或以博赡，显名当代，求其以文章而归之理学，事功而出之性天者，惟阳明先生一人而已。先生天资绝伦，弱冠谒娄一齐，知圣学宗旨。其立朝也，以刑部主政，历官都御史，累建奇勋，如平茶寮，征岑猛党，夷其八寨，后录平宸濠功，袭封伯爵，载在青史，斑斑可考已。先生少喜任侠，工词章，中年体验圣学，卓然以斯道为己任。其教人也，以致良知为主。平生著述甚富，如《传习录》及《文录》，皆盛行于世。万历十二年与陈白沙先生同从祀孔庙，岂非一代伟人哉。顾久而弥光者，人也；远而易湮者，言也。先生文集流传将二百年，非有贤后人以似续其间，焉知其不流于漫灭？天钧为先生五代孙，任胜县，恺悌有声，于退食之暇，亟亟蒐先生《文集》，考订而重梓之。夫滕以冲疲之地，簿书鞅掌，方补苴罅漏之不暇，而天钧独留心斯事，先德之弗坠，表章之力也。方今圣天子购求遗书，博徵海内先贤名迹。斯编成，上之中秘，颁之天下，天下学士大夫读先生书，想见先生之为人，藏之名山，传诸其人，此物此志也夫。云阳后学潘之彪撰。

阳明文集纪略
王贻乐

先文成阳明公《全集》，旧有《传习录》、《文录》、《别录》、《外集》、《续编》、《附录》、《世德纪》，共三十八卷，嗣值兵燹之余，原板散轶，仅存李卓吾先生手评《道学钞》，及大司马峨云先伯续刻论学诸篇而已。迨历年既久，藏板又失其半。嗟嗟。先人之事功理学文章著述岂可使之日沦湮没乎。乐志切缵承，亟欲购辑其全，其如闻见未广，蒐罗未获，何及？庚申岁，乐来牧滕阳，得晤旧尹书湖马君，历叙世谊，追念先徽，每以是集未全为憾，书湖遂出所藏一集以示。乐乘政余，即互为参考，正讹补阙，分别类序，合成一部，共计一十六卷，付之剞劂，载余告竣。虽论诸《全书》尚多阙略，而较诸所存，稍称裒益，倘后之人更能采辑而补全之，是又乐之所深望也。五世孙贻乐敬识。

重刻传习录后叙
钱启忠

  阳明先生良知之学，一时诸贤相与唱和，而天泉证悟，直指人生未发以前本旨，随揭四语作宗门口诀，先生因言此最上一路。到此天机漏泄，千百年即颜、思未曾道及，固知先生非从万死一生中不能到，我辈非从万死一生中亦不能悟也，而议者浸生异同。夫同此之谓同德，异此之谓异端，毫发千里。昔朱晦翁与陆象山先生讲学，反覆数千言，亦似格格不相入，晚而象山读晦翁"中流自在"及"万紫千红"诗，喜见眉宇，曰："晦翁悟矣！悟矣！"两人卒成莫逆，迄无异同，造主鹿洞，剖析义利。时晦翁于义利关头岂尚未透？"独通身汗下，至冷月挥扇。"嘻，此孔门真滴血，又是格物物格良知透体真面目也。吾夫子不云无知乎？正谓良知上加不得些子，此意却为子舆氏觑著，故特举此二字示人，后来亦只就寻常语言读过，先生又拓出作提唱，且欲自渡渡人，而大旨载在《传习录》。

  大凡学者传则有习，至于习倏而惘然自疑，既而划然自解，旋而确然始信安身立命有下落处。我辈惟不能习，故不能疑，不能疑，故不能信。传有之，信。信也疑，疑亦信也，而先儒亦言此道要信得及。余不敏，窃谓即信不及，幸且习而安之。诚时时提念，时时猛省，时时觉热汗淋漓，令无声无臭独知时，乾坤万有总摄，光明藏中，一旦贫儿暴富，当不学沿门持钵，向他人吃残羹剩饭也。因以金正希所手订者请之学宪云怡陈公付诸梓，以公同志，而赞数语于末简。崇祯三年上元日明山后学钱启忠识于问天阁。

阳明先生要书序
陈龙正

  余沉潜绅绎于文成之书者累年，恍乎登其堂而聆其謦欬也。惜其书乱而少次，繁而反晦，剖类多而滋混，欲使人人读而取益焉，乃纂为《要书》。既成，为之言曰：孟子而后，圣贤负大经济者少矣，惟濂溪、明道有致太平之才。诸葛孔明而后，豪杰之识大本原者少矣，惟阳明先生终身在事功中，终身以修德讲学为事。奏成功者，学助之也；居成功者，学为之也。观圣贤者观其用，曾谓用如先生，而尚非豁然闻道者耶？致良知之宗，其言本于不虑，其旨本于诲由，非直以不虑为良，以不虑而有别为良，至矣。莫可訾矣。贻訾者独在无善无恶，然先生实有所见而云，盖曰善本无善也，犹元公曰太极本无极也，欲人不倚善也，岂顾令不为善哉？承无极者，以体贴天理，以主敬，故百世而弥光；承无善者，以玩光景，轻行谊，资文过，则不再传而裂尔。因其徒之失真，使后人致憾于提宗之未慎，先生之灵其恫已夫。夫先生大悟者也，存诚者也，后人疑其教而因疑其学，疑其学而终慕其猷略与文章，至于慕其猷略文章而先生微矣。天下无不悟而能诚，无不诚而能神，观先生之身也，口也，手也，耳目也，兵革钱毂也，潜鱼栖鸟也，画堂貂冠也，炎风毒雾也，无不神也，皆心所为也，则驱策指引之间，先生亦恶乎往而不彰？儒者致用，无逾先生。然先生正君心者，念念苍生者，体仁也者，致天下之太平也者，非任智也者，非定方隅之祸乱也者，则犹是精才而粗用，大才而小用，全才而偏用，畴谓讲学封侯，遂惊为儒生不世之遭矣乎。故天下艳先生之才与功，而识者更致惜其遇；天下传先生之悟，而善学者以为不如法其身也。先生口谈无善，身则无须臾不为善，夫惟孳孳为善，庶可以谈无善矣。呜呼。三代而下，圣贤而奇才，豪杰而好学，微斯人吾谁与归？假以数年，未之或知也。彼且云，尧舜以上善无尽。崇祯壬申五月丁巳，后学嘉善陈龙正序。

阳明先生要书序例
陈龙正

一曰论世。先生口薄程朱，其行已也，则大节肃如，高风洒如也。其于《大学》，几凿其序矣，然实负《大学》同体之仁。盖其过，往往不在行事而在立言，不在制心而在设教，今心则乌乎可见，而行亦已往矣。教言独炳，故守正者往往触目而见瑕，若追遡其心之所存，与实按其行事，则固命世之真儒，不可议也。以是而尊先生，斯为能尊，以尊之之心，偶抉其寸瑕，则亦出于大公已矣，视浮慕犹胜焉，而况曰排诋者乎？今有人于此，于人伦笃也，于用世则克有济也。于知人则不爽也，独宗阳明之教，遂可谓菲正学乎？今有人于此，多欲以薄五伦，无实心以荷世事，无虚衷以鉴君子小人，独排阳明而崇程朱之说，遂可谓正士乎？则是听其言，不必观其行矣。故愚于阳明，无论其世以读其书，毋敢苟同，毋敢妄议。尊阳明者，我其罪人与？排阳明者，我其党人与？惟心是安，惟后世是辅，不他顾矣。

二曰统类。钱氏定《传习录》外，则有《文录》，有《外集》，有《别录》，有《续编》，名目纷纠，义例杂出。据云：纯于讲学明道者为《正录》，悔前之遗为《外集》。及观其正，皆书也，其外，皆诗与传誌也。岂书皆悟后之秘，而诗、传、志皆未透之说哉？且所悔悟者，惟为论学前后有醇驳。若诗与书，总属酬应之文，与人事相发，虽大悟之后，岂得过事而遗事？专以心性为说，随事而指之，触境而点之，不离人情物变，道在其中，此则悟后之不同耳。必以酬应为外，岂先生学无内外之意耶？又论学之书，虽在初年，列入《正录》；诗与传志，虽在晚年，亦入《外集》；是不论悟与未悟，醇与不醇，始终以体类分正外也，尤自失其初旨矣。至曰《别录》以究其施，似以抚世经纶，又居酬应词章之下，果何说焉？今悉汇而採之，统之以类，就类则编以年，无年者阙之，庶几脉络分明，首尾融贯，读者不为多歧所眩，不为翻阅所困，而先生之全体大用，可以入目而秩如，徐思而自得焉尔。

三曰除繁。词寡而理达，语约而味长，此学人之笔也，《论语》而后，不多见矣。句节而气弥邕，字减而意益明，左马以来，惟弇州近之。凡书疏一经剪裁，辄成古雅，此文人之笔也。余读阳明书序传记等文，大抵以明悉为主，不假锻炼。而奏疏文移等作，更为时体所拘，或一篇而前后重复，或一事而再四述陈，想在当日，不得不然。其徒之编集，则未可谓能继师志矣。愚尝谓凡书一概混传，与不传无异，何则？众厌而罕观，则世不被是书之泽，而作者之神没也。先生尝曰："圣人删述，惟欲减除，后人惟欲添上。"又尝欲删并所作，汇成一书，悉焚其余。且曰："得诸贤有笔力者，商议任之。"又因黄勉之刻王信伯遗言，谓之曰："凡刻古人文字，要在发明此学，其问有执著处，去之为佳。"先生雅志盖如此，余虽不敢删汇其篇次，遇一二烦复者，各以鄙意，与之节文，要使集无复篇，篇无复语，苟非切要，不复爱惜文辞，庶几体先生之心于既逝。若夫传习二录，亦去复，亦去缓，顾不芟其所非，正欲瑕瑜并留，见哲人入道之有渐，息足之无期尔。

四曰表微。起圣人者，子夏、子贡之寿，而独颜氏子为非助。先生解之曰："得他人一难，圣人倍发精神，故问诘者真能助圣人者也。"今观先生之门，助者少，悦者多，惟或者有静中穷搜色利名根一问，而先生严诛至再，盖此乃克己之要，实践之微，而其人阴挠坏之，欲不严诛，不可得也，岂顾拒其助哉？倘于时有穷奥探真，即言中以得言外，即意中以发意外，则先生之悦乐，必有油然其生者矣。期躬行，不期口说，期心得，不期面从，志果出于大同，见何嫌于小异。余去先生百有余岁，直见其微于数世之上，乃敢效起助于数世之下，或同或异，总以阐之，不敢强同于先生也，则知先生必不以异斥我矣。和而不同，事亦然，学亦然，同堂亦然，异世亦然。

钟伯敬评王文成公文选叙
陶珽稦

古文人之宦游其地也，风波所不免，而往往留一段风雅之事，令人思慕焉。予官武昌九阅月而劳人被逐，宜矣。第念君臣政事之外，无一风雅事可述，几为黄鹤白云所笑，独于竟陵得吾友锺伯敬所评《公穀》、《国策》、《国语》、《前后汉》、《三国史》暨《通鉴纂》、《衍义纂》、《昌黎选》、《东坡选》、《宋名家选》、《明文选》与夫《王文成选》诸遗书一十八种，归途展玩，差为快耳。古今之书不知凡几，而古今之评又不知凡几，独沾沾于是，无乃陋乎？不知天下之事岂客拣择而尽取之，亦随所遇、随所感，而偶托之以为名可耳。不然，则古今之白云黄鹤亦不知凡几矣。因谋之梓，聊以见予斯役也，虽不得于君，未始不得于友，虽不得于政事，未始不得于文章，或亦可解嘲于古文人也已。兹阳明之刻成，故述其意于首。崇祯癸酉春二月，黄岩陶珽稦专文题。

阳明先生集要序
施邦曜

自古称不朽之业有三，曰：立德、立功、立言。然果如是之画为三等，如玄黄黑白之殊类乎？非也。盖人未尝生而有功，生而有言，惟此德命于天，率于性，明此者谓之精，诚此者谓之一。惟明故诚，惟精故一，是谓圣贤之学。学至于诚，则有以立天下之本；一，则有以尽天下之变。德也者，功从此讬根，言从此受响者也。惟学之入德未至，即身奏一匡之绩，只成杂霸之勋名；即文起八代之衰，终属词章之小乘。故上下古今，伊、周之后无功，《六经》之外无言。非无功与言也，德之未至，即功与言不足称也。先生从学绝道丧之日，独悟良知之妙蕴，上接"精一"之心传，就不睹不闻之中，裕经纶参赞之用，举世所谓殊猷伟烈，微言奥论，不必分役其心而已。实有其理，将见富有日新，自然应时而发。战乱定变，人所视为非常之原者，先生唾手立办，使世食其功，而绝不见抢攘之迹，斯名世之大业也。创义竖词，人所称独擅制作之林者，先生未尝遇而问焉，不外日用之雅言，而备悉夫继往开来之绪，斯羽翼之真传也。德立而功与言一以贯之，此先生之独成其不朽哉。世于先生之学，未能窥其蕴奥，故慕先生之功，若赫然可喜；诵先生之言，若淡然无奇。譬适沧茫者，不望斗杓为准，与波上下，东西南北，揣摩向往，无一或是，而先生之为先生自若。人惟学先生之学，试升其堂焉，入其室焉，而后知先生之不可及也。后知不可及者，之其则不远也。性命之中，人人具有一先生焉。人人具有一先生，而竟无一人能为先生，先生于是乎独成其不朽矣。余以蚵蚾之质，仰羡蟾蜍之宫，每读先生之书，不啻饥以当食，渴以当饮，出王与俱。然行役不常，苦其帙之繁而难携也，因纂其切要者，分为三帙。首理学，次经济，又次文章。便储之行笈，时佩服不离，亦以见先生不朽之业有所独重云。同邑后学施邦曜顿首撰。

重刻王阳明先生传习录序
刘宗周

良知之教，如日中天。昔人谓："天不生仲尼，万古如长夜。"然使三千年而后，不复生先生，又谁与取日虞渊，洗光咸池乎？

盖人皆有是心也，天之所以与我者，本如是。其虚灵不昧，以具众理而应万事，而不能不蔽于物欲之私，学则所以去蔽而已矣。故《大学》首揭"明明德"为复性之本，而其功要之"知止"。又曰："致知在格物。""致知"之"知"，不离本明；"格物"之"至"，衹是知止。即本体即工夫。故孟子遂言"良知"云。

孔、孟既殁，心学不传，浸淫而为佛、老、荀、杨之说；虽经程、朱诸大儒讲明救正，不遗余力，而其后复束于训诂，转入支离，往往析心与理而二之；求道愈难，而去道愈远，圣学遂为绝德。于是先生特本程、朱之说，而求之以直接孔、孟之传，曰"致良知"，可谓良工苦心。自此人皆知吾之心即圣人之心，吾心之知则圣人之无不知，而作圣之功初非有加于此心、此知之毫末也。则先生恢复本心之功，岂在孟子道性善后欤？

《传习录》一书，得于门人之所睹记语。语三字，符也。学者亦既家传而户诵之。以迄于今，百有余年，宗风渐替。宗周妄不自揣，窃尝掇拾绪言，日与乡之学先生之道者，群居而讲求之，亦既有年所矣。

裔孙士美，锐志绳武，爰取旧本，稍为订正，而以亲经先生裁定者四卷为《正录》。先生没后，钱洪甫增入一卷为《附录》，重梓之，以惠吾党，且以请于余曰："良知之说，以救宋人之训诂，亦因病立方耳。及其弊也，往往看良知太见成，用良知太活变；高者玄虚，卑者诞妄。其病反甚于训诂，则前辈已开此逗漏。《附录》一卷，儹有删削，如苏、张得良知妙用等语，讵可重令后人见乎？总之，不执方而善用药，期于中病而止，惟吾子有赐言。"余闻其

228

说而韪之，果若所云，即请药之以先生之教。

盖先生所病于宋人者，以其求理于心之外也。故先生言"理"曰"天理"，一则曰"天理"，再则曰"存天理"而"遏人欲"，且累言之而不足，实为此篇真骨脉。而后之言"良知"者，或指理为障，几欲求心于理之外矣。夫既求心于理之外，则见成活变之弊，亦将何所不至乎！夫"良知"本是见成，而先生自谓"从万死中得来"，何也？亦本是变动不居，而先生云"能戒慎恐惧者"，是又何也？先生盖曰"吾学以'存天理而遏人欲'"云尔，故又曰"良知即天理"。其于学者直下顶门处，可为深切著明。程伯子曰："吾学虽有所受，然'天理'二字却是自家体认出来。"至朱子解"至善"亦云："尽乎天理之极，而无一毫人欲之私者。"先生于此亟首肯。则先生之言，固孔、孟之言，程、朱之言也。而一时株守旧闻者，骤诋之曰"禅"。后人因其禅也，而禅之转借先生立帜。自此大道中分门别户，反成燕越。而至于人禽之几，辄喜混作一团，不容分疏，以为"良知"中本无一切对待。由其说，将不率天下而禽兽，食人不已。甚矣！先生之不幸也！

斯编出，而吾党之学先生者，当不难晓然自得其心，以求进于圣人之道。果非异端曲学之可几，则道术亦终归于一，而先生之教所谓亘万古而尝新也。遂书之简末，并以告之同志。愧斤斤不脱训诂之见，有负先生苦心，姑藉手为就正有道地云。

阳明传信录小引
刘宗周

暇日读《阳明先生集》，摘其要语，得三卷。首《语录》，录先生与门弟子论学诸书，存学则也；次《文录》，录先生赠遗杂著，存教法也；又次《传习录》，录诸门弟子所口授于先生之为言学、言教者，存宗旨也。

先生之学，始出词章，继逃佛、老，终乃求之《六经》，而一变至道。世未有善学如先生者也，是谓学则。先生教人吃紧在去人欲而存天理，进之以知行合一之说，其要归于致良知，虽累千百言，不出此三言为转注，凡以使学者截去之，绕寻向上去而已，世未有善教如先生者也，是谓教法。而先生之言良知也，近本之孔、孟之说，远溯之精一之传，盖自程、朱一线中绝，而后补偏救弊，契圣归宗，未有若先生之深切著明者也，是谓宗旨。则后之学先生者，从可知已：不学其所悟而学其所悔，舍天理而求良知，阴以叛孔、孟之道而不顾，又其弊也。说知说行，先后两截，言悟言参，转增学虑，吾不知于先生之

229

道为何如！间尝求其故而不得，意者先生因病立方，时时权实互用，后人不得其解，未免转增离歧乎？

宗周因于手抄之余，有可以发明先生之蕴者，僭存一二管窥，以质所疑，冀得藉手以就正于有道，庶几有善学先生者出，而先生之道传之久而无弊也，因题之曰"传信"云。时崇祯岁在己卯秋七月望后二日，后学刘宗周书于朱氏山房之解吟轩。

阳明先生集抄序
李腾芳

予观先生之始学也，当有志于辞章矣，与何景明、徐昌国辈相先驰骤。尝有志于事功矣，因石英、王勇之乱间出居庸关逐蕃人骑射，又每于宾宴布果核列障势为戏。尝有志于养生矣，在洪都入铁柱宫与道士趺坐，又游九华山参蔡蓬头及筑室阳明洞中行道引术。尝有志于节义矣，抗疏救戴铣等忤逆瑾，几杖杀之。夫是数者，在他人有其一己足以名于天下、列于后世，况兼之乎？不知此正道之障，而先生结习之累也。天启先生，居龙场万山中，忧患内煎，瘴毒外攻，从者尽死，先生亦自分必死，叹曰："吾他念已空，独生死未忘耳。"镵石椁以自誓而俟命焉。当是时，平生之所覃思竭能，以为贤于人而足以垂于世，若文章、事功、节义者，都如画水印空，无一有用。而日前先生迫切烧眉剐心，不足为喻，以是逼拶之极，不觉中夜画然开悟，洞见此心，如暗室得烛，一切藏物皆可探数，又如贫者得珠，此珠原在衣里。乃唱格致之说，唱知行合一之说，最后指出良知二字，益简益明。其言有曰："此理沉埋数百年，只为宋儒从知解上入，认识神为性体，故闻见日侈，翳道益深，辟之有人冒别姓坟墓为祖墓者，何以为辨，只得开圹，将子孙滴血，真伪无可逃矣。我此良知二字，实千古圣贤相传一点滴骨血也。"又尝语人曰："此学更无有他，只是这些子。"又曰："连这些子亦无放处，今经变后，始有良知之说。"又曰："这些子看得彻，随他千言万语，是非真假，到此便明。合得的便是，合不得的便非，如佛家说心印相似，真是试金石、指南针。"观此，则先生之悟可知矣。而俗儒不识，阒然只以为禅。夫先生所谓良知者，谓自心光明本体。此心之光明，是知；此知之湛寂，是心。心体湛寂，非知非不知，知不足以言之也，故谓之良知。若有知，则有不知矣。非善非不善，善不足以言之也，故谓之至善。若有善，则有不善矣。非静非动，静不足以言之也，故谓静亦定动亦定。若有静，则有动矣。无体无用，体即是用，用即是体。无终无始，终既不灭，始亦不生。无凡无圣，吾儒圣贤诸佛菩萨皆同此心，皆同此知，凡夫盗贼禽兽亦同此心，亦同此知。其有凡有圣，有知有不知，有善有不善，以至于起灭动静者，皆意也，非心也。三代以下，儒者多错认意以为心，自意以上一层思量忖度所不及，则以为空虚寂灭，不复研究，一语及之，则斥以为外道。故先生曰："譬之厅堂，三间共为一室，儒者见佛氏则割左边一间与之，见老氏则割右边一间与之，而己则自处中间。"究竟所谓中间者，亦非真正圣人之中间也。呜呼。岂不可悲也哉。然先生在当时，未常讳言二氏。有曰："二氏与吾儒毫厘之差。"又曰："二氏自私自利，推其意，盖亦有所不得已耳。"以今观先生与人讲格物一条，其说甚祥，抑亦多就中下人说，盖恐人锢于旧见，说愈高则愈不解。故王汝中云："心无善无恶，意亦无善无恶，知亦无善无恶，物亦无善无恶。"先生以为此但可接上根人，我之宗旨，毕竟是无善无恶心之体，有善有恶意之用，知善知恶是良知，为善去恶是格物。杨慈湖曰：诚正格物，孔子无此语，颜曾孟子亦无此语。孟子曰："仁，人心也，未尝于心之外起，故作意也。"孟子曰："而勿正心，岂于心之外又欲诚意，诚意之外又欲致知，致知之外又欲格物哉？"先生曰："慈湖不为无见，但只在无声无臭上见也。"先生之意盖如此，所以只言心外无理，将物理归到心上。比时学者尚信不及，以至于今日，亦不过腾口说耳。夫千古圣学，只是一心，先生良知之说，只是说此一心。但先生能与人说，不能剖此心以与人。而人各有心，即先生剖其心以与之，于人何与？故人必自见其心，然后可以见先生之心与吾无二，见先生之心与吾无二，而后知先生之说质诸圣人而不惑。不然，则一部四书，如大学之心之身，中庸之性之中，论语之仁，孟子之义，何者不可拈出以为讲说之题目？而先生良知之语，亦只讲家门而招牌而已矣。就使一一依先生，说得吻合，发得精彩，又何益哉？若果能自见其心，自证自信，自说自行，则亦直无借于先生之残膏剩馥矣。予抄先生之书，既以分为内外二篇，而其实先生之学，则一以贯之。故自南赣以后，日在兵间料敌制变，彷佛古之名将。然于人，则兵为诡道，而于先生，则良知自然之用也。故郡邑簿书之吏皆可假以逮麾先驱；而脱鍪陷阵，即与儓厮隶之肩肩者焉。韩信所谓驱市人口战，惟先生有之。先生常言用兵胜负，不必卜之，临阵只在此心动与不动耳。有人自谓能制心不动者，先生笑曰："此心当对敌时且要制动，又谁与发谋出虑？"其与宁王战于湖上，前军失利，先生正讲学时，出见谍者，退而就坐，神色自若，徐论诸军以火攻之具。申告三四，听者皆如不闻。彼其人皆有大名于时者，而皆忙失乃尔，因是盖有以见先生之不同于孟子，而神明化裁，百虑

231

一致，直接夫孔子一贯之传。且可以验此心之妙，只一真，无内外二三，只一常，无造次颠沛。虽寂然不动，然感而遂通，虽感而遂通，然寂然不动耳。若曰：人之材智实有不同，有此心不能不动，亦可以临事当难者，则孟子所谓北宫黝、孟施舍之不如耳，岂可以语于圣贤？若又曰：虽能不动心，亦未必可以临事当难，则柳子所谓捧土揭木，坐之堂上，蒙以绂冕，翼以徒隶，岂有补于万民之劳苦者哉？包仪甫大夫捐俸锓先生书，命题其端。予实蒙然无知，弟以此本抄自予，故不得辞。

王文成公集序
黄道周

有圣人之才者，未必当圣人之任；当圣人之任者，未必成圣人之功。伊尹殁而知觉之任衰；逃清者入和，逃和者入愿，至于愿而荒矣！周公救之以才，仲尼救之以学。其时犹未有佛、老禅悟之事，辞章训诂之习，推源致澜，实易为功。而二圣人者竭力为之，或与鸟兽争胜于一时，或与乱贼明辟于百世。其为之若是其难也！

明兴而有王文成者出。文成出而明绝学，排俗说，平乱贼，驱鸟兽；大者岁月，小者顷刻，笔致手脱，天地廓然！若仁者之无敌，自伊尹以来，乘昌运，奏显绩，未有盛于文成者也。

孟轲崎岖战国之间，祖述周、孔，旁及夷、惠，至于伊尹。只诵其言曰："天之生斯民也，使先知觉后知，使先觉觉后觉。予，天民之先觉者也，予将以斯道觉斯民也。"变学为觉，实从此始，而元圣之称，亦当世烂焉！仲尼独且退然，让不敢居。一则曰："先觉者，是贤乎？"再则曰："我非生而知之也。"夫使仲尼以觉知自任，辙弊途穷，亦不能辍弦歌，蹑赤舄，以成纳沟之务，必不得已，自附于斯文，仰托于后死。曰："吾之志事，在斯而已。"今其文章俱在，性道已著，删定大业，无所复施；虽以孟轲之才，不过推明其说，稍为宣畅，无复发挥，裨益其下，则天下古今著述之故，概可知也。

孟轲而后可二千年，有陆文安。文安原本孟子，别白义利，震悚一时。其立教以易简觉悟为主，亦有耕莘遗意。然当其时，南宗盛行，单传直授，遍于岩谷；当世所藉，意非为此也。

善哉！施四明先生之言曰："天下病虚，救之以实；天下病实，救之以虚。"晦庵当五季之后，禅喜繁兴，豪杰皆溺于异说，故宗程氏之学，穷理居敬，以使人知所持循。文成当宋人之后，辞章训诂，汨没人心，虽贤者犹安于帖括，故明陆氏之学，易简觉悟，以使人知所返本。虽然，晦庵学孔，才不及孔，以止于程；故其文章经济，亦不能逾程以至于孔。文成学孟，才与孟等，而进于伊；故其德业事功，皆近于伊，而进于孟。

夫自孔、颜授受，至宋明道之间，主臣明圣，人才辈生，盖二千年矣。又五百年而文成始出。陆文安不值其时，虽修伊尹之志，负孟氏之学，而树建邈然，无复足称。今读四明先生所为《集要》三部，反覆于理学经济文章之际，喟然兴叹于伊、孟、朱、陆相距之远也。子曰才难，不其然乎？崇祯乙亥岁秋七月，漳海治民黄道周书。

阳明先生要书序
叶绍颙

夫揖让而却莱夷，此洙泗经济之为兆也。自汉、唐、宋而降，学术事功歧而为两，故李、郭有再造之勋，而不传其闻道，周、程绍既绝之学，而疑托于空谈。若夫开拓万古之心胸、推倒一世之豪杰，发千里未发之秘，以显真儒之作用，至阳明先生亦宇宙一开辟也。余自束发时，即沉潜先生之书，考正较异，匪朝伊夕。一日，京邸与陈几亭訏衡时事，感慨于斯人之不作，几亭出其枕中鸿宝，则丹铅先生之集，大约同者什九，异者什一，不觉狂呼剧欢，遂参互而合并之，命曰《阳明要书》。凡事渊学邃识，潜心经世，吾党畏友，所谓登先生之堂而入先生之室者，余自幸或不至门外汉。未几，余有省方粤东之命，遄辔豫章，吊览于樟树沉子间，想见先生集义誓师，一战歼逆，至于功成陧陧杌，龃龉忠、泰辈，几身不能保，为之慷慨流涕。再循历于章贡、岭西，访先生歌吟习礼之堂，征剿防守之略，目识心维，庶几与先生身亲遇之。夫诵其诗、读其书，不如论其世也，古人岂欺我哉？先生之集，南昌、赣州皆有刻，繁乱寡要，余因出所携，命梓之以公同志。因是以慨世之生圣贤也不易，而其知圣贤也实难。以先生勤王定乱之功，其显明较著者，当时诬蔑索衅，若门人冀元亨辈，至备受考掠，捐命狱底，何况良知实开千古极则之宗，寻测声响之儒，其惊惑也尤甚。夫犬有嘷雪者，以其非恒所见也，夫非恒所见而攻之，其于先生之学也不亦宜乎？崇祯乙亥上元日，后学吴江叶绍颙书于广城公署。

客座私祝跋
孙奇逢

人家子弟做坏了，多因无益之人日相导引。近墨近朱，面目原无一定；多暴多赖，习气易以移人。余不敢以概天下之贤子弟，就余儿时以迄今日，忽彼忽此，转徙难凭。日与饮者遇，而余之嗜饮也转甚；日与博弈戏谑者习，而种种之好，余亦不肯后于他人也。或时而对贤士大夫语夙昔之事、隐微之念，唯恐其革除之不尽，而洗刷之未到。迨贤士远，而便佞亲，则悠悠忽忽，故态又作。噫！友虽五伦之一，实贯于君臣、父子、夫妇、兄弟之间而妙其用；少年未经世故，此义尤为吃紧。

《私祝》数语，严切简明，直令宵人辈立脚不住。其子弟贤，当益勉于善；即不贤，或亦不至大坏极裂，不可收拾。先生崛起正德，功定叛王，以一悟而师世学，以一胜而开封国，片言只字，无不足提世觉人。独取是篇而刻之，盖人未有不爱其子弟，而子弟之贤不肖，实于此判圣狂。敢以公之吾党士之共爱其子弟者。

阳明近溪语要序
钱谦益

自有宋之儒者高树坛宇，击排佛学，而李屏山之徒力相撑柱，耶律湛然张大其说，以谓可箴江左书生膏肓之病，而中原学士大夫有斯疾者，亦可以发药。于是聪明才辩之士，往往游意于别传，而所谓儒门淡泊收拾不住者，即于吾儒见之矣。

吾尝读柳子厚之书，其称浮图之说，推离还源，合于生而静者，以为不背于孔子。其称大鉴之道，始以性善，终以性善，不假耘锄者，以为不背于孟子。然后恍然有得于儒、释门庭之外。涉猎先儒之书，而夷考其行事，其持身之严，任道之笃，以毗尼按之，殆亦儒门之律师也。

周元公、朱文公皆扣击于禅人而有悟焉。朱子《斋居》之诗曰："了此无为法，身心同晏如。"彼其所得，固已超然于语言文字，亦岂落宗门之后？五花开后，狂禅澜倒，扫末流之尘迹，修儒行为箴砭阃奥之间，亦有时节因缘在焉，其微权固未可以语人也。本朝之谈学者，新会之主静，河津之藏密，固已别具手眼。

至于阳明、近溪，旷世而作，剖性命之微言，发儒先之秘密，如泉之涌地，如风之袭物，开遮纵夺，无地不可。人至是而始信儒者之所藏，固如是其富有日新，迨两公而始启其扃鐍，数其珍宝耳。李习之年廿九参药山，退而著《复性书》，或疑其以儒而盗佛，是所谓疑东邻之井，盗西邻之水者乎？疑阳明、近溪之盗佛也，亦若是已矣。滇南陶仲璞，撮两家语录之精要者，刻而传之，而使余叙其首。余为之序曰：

此非两家之书，而儒释参同之书，可以止屏山之诤，而息湛然之讥者也。若夫以佛合孔，以禅合孟，则非余之言，而柳子之言也。

崇祯壬午涂月，虞山钱谦益叙。

阳明别录选序
魏　禧

门人庠复请序《阳明别录》，禧告之曰："吾所以序《四此堂》尽矣，然犹可为子言者。文成公之成功也，虚己以集众人之议，谋之也豫以密，而发之曲以断，此人之所知也。其曲调人情之至，若惟恐有伤夫一人之私者，此则人之所难知也。夫文成位尊权重，其才智足以笼罩天下，天下事宜断然为之，无所瞻顾，迺其于君相，于僚友，下至属吏部民，莫不委曲周至，务有以先得其心，若退然不敢自行夫一事者。吾生平主断，朋友姻党之间，往往忠而获罪，而乃发愤无聊，慨然于世不我知。及读公《别录》，然后自悔其学之不足也。"庠曰："可得闻乎？"曰："吾试与子举其一二：崇义新立，公请授县丞，舒富知县，既历序其行谊与功，然犹曰或于例碍，则量授府州佐贰，令署新县事，数年之后，别行改选。公辞巡抚兼任，举能自代，意实主伍文定矣，复以梁材、汪鋐并进，盖公既不敢主断，而专举一人，朝廷或疑有所私属，又此一人，苟不合当轴意，则一请不遂，势将用其私人，今得其再其次者而用之，犹不失贤者也。桶冈之役，贼已荡灭，湖广兵尚在郴州，公欲止其来，则犒赐其统兵官曰：桶冈天险，一鼓而破，固将士用命，亦湖广兵威有以摄服其心，故巢破之日不敢四出。夫用兵之道，实有不战而功多者，不显其功，则摧锋夺级而外，谁复宣力。且兵非贼境，则无所掠，吾拒之而不赏，后有调发，孰肯用命哉？今二省夹剿，吾独成功，即湖广之督抚岂能无忌？尤不可不平其心也。"呜呼。此皆公所为曲调人情者，其所以成功不易知者也。若夫告论公移虽寻常事，必有深思切论为他人所不能言，则别录与四此堂稿皆有之。禧故当谓二书当全读为有益，选而去存之，非予志也。乙卯七月朔，魏禧敬序。

予作《别录序》之三月，彭躬庵示以丁明登所辑《古今长者录》，内载文成公初第时上安边八策，世称为迁谟，晚自省曰："语中多抗厉气，此气未除而欲任天下事，其何能济？"筮仕刑曹，言于大司寇，禁狱吏取饭囚之余粲豕，或以为美谈，晚自悔曰："当时善则归己，不识置堂官同僚于何地？此不

235

学之过。"或问宁藩事，曰："当时只合如此，觉来尚有挥霍，微动于气者，使今日处之更别。"躬庵曰："公语诚然，观《处两广事宜疏》，便自不同矣。"予论公三事与此意合，而序已成，不复可引证，附记于此。自记。

阳明先生要书后序
叶方蔼

古来道学之宗、功名之士、文苑之家各居其胜，欲从道学显功名，从功名著文苑，触处拈提，辄标上乘，非心光独湛、悟门特辟者，能几其万一乎？遡往哲于有明，若阳明王文成公，洵哉其兼擅矣。公以甲第起家，其歼逆定变，不动声色，而智略通神，功高蹈险，终酬上爵，且以良知启后学之阶梯，发儒先之秘奥，内圣外王之学，三百年来谁同屈指？吾世父度绳先生，才擅雕龙，艺林山斗，尝下帷武塘，一时英彦俱入金兰谱中，而几亭陈先生尤称切磋，同阐阳明之教，佩服沉酣，析理毫末。自释褐后，揽辔皇华，巡方东粤，秘之枕中。维时刘香蠢动，播乱兴戈，世父皂纛甫临，肤功遂奏，宁不于兹得力哉？爰梓其集，流传遐域，使九疑五岭之外，性学揭于中天，而熏习于寮寀士大夫者，靡不知有阳明矣。因追忆先文庄亦尝建牙两广，重镇岩关，懋昭丕绩，与世父先后符揆，流辉史册，此天也，非人也。世父历官司驭、司宰以及廷尉，清廉恭俭，有若次孙、子尼；周密知变，有若子雍、伯山；务宽无冤，有若仲孙、本德：随职称职，追配古人，益信鼓舞感化于阳明者，即称登堂入室，岂虚语耶？知几早退，乞休林泉，三径惟二仲高踪，训习惟膝前珠玉，出其慧锋智刃，探般若根源，翻玄要窠臼，能令经纶学术、法苑禅机镕成一片，具此无量鸿裁，非小子所能窥测其涯涘也。蔼谬以驽质滥厕木天，金匮石渠之藏不能搜读，而圣朝方崇正学，于先儒诸书参求恐后，乃从兄素旃远道以要书见贻，熏沐开卷，云雾顿披，庄诵数过，不啻冰鉴当前、钳锤在侧，便觉痛痒相关，鍼鍼透合。仰阳明之真实践履，即知世父之亲切循持。小子不敏，请随后尘，聊缀数言，质之海内云。顺治辛丑壮月，后学鹿城叶方蔼拜撰。

王阳明先生全集序
徐元文

苏子瞻作《韩文公庙碑》，谓其气浩然独存。朱子叙《王梅溪集》，亦谓其得阳德刚明之气。余尝推论其说，以为天地所以运化无穷者，阴阳二气而已。人生而禀乎阳者，为刚健，为光明，为君子；禀乎阴者，为柔暗，为邪

236

僻，为小人。此固若黑白之不容混，柄凿之不相人，体之为学术，发之为文章，措之为事功，亦各异趋，不可同也。孔子尝致慨于刚之未见矣。又孟子曰："吾善养我浩然之气。"盖刚者浩然之正气也。既有是气，又必养以充之。非是，则入于欲，入于欲，则学术、文章、事功之际虽或各有成就，然所谓客气而非正气也。考诸近代，若前明北地李献吉之才，始忤刘瑾，其后不能不屈于欲，与宁庶人交通，几陷大逆，其文章亦自崛强而不能进于古，殆亦客气使然也。是时姚江王文成公亦忤刘瑾，投荒万里之外，卒不自摧，挫后累任督抚，削平大寇。宁庶人之变，内通嬖幸，外结守臣，声生势张，动摇社稷。公经略措置，亲冒矢石，不逾时而芟夷底定。由是嫉媚横兴，谗口噂沓。又能屏营惕息，深自敛退；处九三惕若之时，而不失乎刚健中正之体，惟其养之有素，故能措之皆得当。或乃谓其权诡纵横，抑何诬也。公少好读书，沉酣泛滥，穿穴百家，其文章汪洋浑灏，与唐宋八家抗行，归安茅顺甫定为有明第一，宋金华而下不论也。与北地同时者，茶陵李文正、新安程文敏，倡明古学，招致海内人士翕然归之。公屹起东南，以学术事功显而文章稍为所掩。顺甫出而公之文始有定论，几几乎轶茶陵、新安而上之，虽北地余焰未息，而学者知所向往。韩子云："其皆醇也，而后肆焉。"公之文可谓醇而肆者矣。先在南荒时，究心《理窟》，一日忽省于格物致知之旨，此又孟子知言之学也，故能吐其所得，作为文辞。论者虽谓其杂于佛氏，然要不可谓无其本者也。公五世孙天钧重辑而刻之，属序于余，故谨论其大略如此。康熙乙丑春三月昆山徐元文谨撰。

王文成公文集原序
马士琼

古今称绝业者曰"三不朽"，谓能阐性命之精微，焕天下之大文，成天下之大功。举内圣外王之学，环而萃诸一身，匪异人任也。唐、宋以前无论已，明兴三百年，名公钜卿间代迭出，或以文德显，或以武功著，名勒旗常，固不乏人，然而经纬殊途，事功异用，俯仰上下，每多偏而不全之感。求其文起八代之衰，道济天下之溺，忠犯人主之怒，勇夺三军之气，所云参天地，关盛衰，浩然而独存者，惟我文成夫子一人而已。夫子上承世德家学渊源，少而慧齐，长而敦敏，诸如子史百家、《阴符》韬略，年甫弱冠，博览无遗。又能兼总条贯，置身于金声玉振之林。自释褐成进士，即以讲学为己任，日与甘泉、龙溪诸公反覆究论，苦心提撕，如《传习录》、《大学或问》诸篇，惟以正心诚意立其纲，知行合一明其旨，一时执经问业者几遍天下。虽在迁谪流离、决胜樽俎之际，依然坐拥皋比，讲学不辍，俾理学一灯，灿然复明，上接尧、舜、周、孔之心传，近续濂、洛、关、闽之道统，继往开来，直欲起一世之聋聩而知觉之。迄今读夫子《语录》，有云"破山中贼易，破心中贼难"，其望道未见之心，振铎发蒙之念，虽历千古而如见也，非天下之至德，其孰能与于此？武宗嗣统，年在冲龄，貂珰擅柄，流毒缙绅。端揆如刘、谢二公，及费、傅、方、胡诸君子，或罢归，或远戍，正气销沮，实繁有徒。而公以新进儒生，不避斧钺，申救言官，批鳞极谏。伊时逆阉丧志，誓不甘心，纵为鬼为蜮，一任鸱张；朝餐九子之烟霞，夕泛钱塘之雪棹，优游自得，何坦如也。即至播迁绝域，无不履险如夷，殆曰天意，夫岂人谋。未几，安化狂逞于始，宸濠继叛于后；破南康，陷九江，围皖城，欲顺流而捣金陵；江之西，江之南，裂焰横飞，人心风鹤，此乾坤何等时也。向非夫子捧抚闽之命，便宜行事，驻节吉安，勤王首倡，则宗社颠危，总不可问。卒赖以牵制之机，行间谍之计，进攻南昌，狐兔失穴，鄱湖一战，鲸鲵授首；早已握胜算于一心，真足砥中流而击楫者矣。后此南赣之役，顽民向化；两粤之役，苗峒格心；所与运筹调度者，不过文士属吏。初不专恃兵威，总以昭宣德化，金戈所指，告厥成功，非天下之神武，其孰能与于此？至若摛辞运藻，含英咀华，固曰抒写性情，亦以阐扬义蕴。夫子笔具扛鼎，阃中肆外，诸如牌文符檄类，皆以至诚之念发为文章。置腹推心，贤愚洞见；中孚所格，信及豚鱼；即尾大如安宣慰，桀骜如卢受诸人，莫不回心革面，伏藁军门。语云："文之不宣，行之不远"，益于此而征之。区区登高作赋，遇物能鸣，又属公之绪余所不屑与春华秋实逐艳争绮者也，非天下之至文，其孰能与于此？虽然，琼窃因之而有感矣。言夫子之功，功在社稷；言夫子之德，德在觉民。即锡以茅土，隆以师保，谁曰不宜！然能褫逆瑾之奸魂，而不能销比匪之猜忌；能宣力于屏翰之中，而不能立身于庙堂之上；终使鞠躬尽瘁，殁而后已，此忠臣志士之所以兴悲而后之凭吊者，不能无遗憾焉。卒之穆庙登极，进谥复爵，神宗继统，配享庙廷，正气以伸，公论以定。彼若彬若宁及新都、永嘉辈，久矣与草木同朽腐耳。视夫子之屈在一时，伸在万世者，其得失又当何如也！小子琼六世祖大宗伯紫岩公与太夫子大冢宰龙山公共直讲幄，同官南都，节义文章，谊存胶漆，家传九老一图，手泽依然，音容宛在，而先高祖越藩汝砺公、大参汝翼公，又与文成夫子同举制科，两世《年谱》，一时称盛。琼不肖，不能仰承先志，滥竽滕邑，败绩辕下。庚申岁，而公五世嫡孙天翁，继琼来宰是邦，云雷奕叶，敛合延津，回忆先宗伯图卷后序有云："同僚之谊，交承之雅，有兄弟之情焉。"不图巧合百八十年以后，符契若此，亦足异也。所有夫子《集要三编》一书，先君子丹铅点阅，垂为世宝，而天翁亦以兵燹后旧板残缺，遍购不得，琼即以原本应之，并取卓吾先生《年谱》，合为全书，缺者补之，讹者正之，校对载余，始登剞劂。是役也，琳琅钟簴，仍复故观，云汉日星，载瞻遗范，不特天翁继述之孝思得以展尽，即小子琼私淑先型，益切羹墙之愿。从此正心诚意之学，良知良能之念，施于一家，扩之四海，则大地皆红炉，而人心无歧路，谓为王氏之球图也，可谓为天下万世之振铎也。可敢备述渊源而并及之，谨序。时康熙乙丑岁蜀果晋城后学马士琼敬书。

王文成公文钞序
朱彝尊

　　由孔子而前为之君师者，圣人继起，由孔子而后逾千载，无有焉，岂千载之人无一可入圣人之域者哉？则儒者之遇也。夫伯夷之隘，柳下惠之不恭，孟氏以为君子不由，至论圣人，则以百之师归之。盖生民以来未有盛于孔子，其余为清、为任、为和，道之至者，统谓之圣。后世儒者之论，务求其全。世无孔子，千载无一圣人焉，宜也。荀卿、扬雄，吾无论矣。唐之韩愈，明圣人之学于举世不讲之时，儒者犹訾之不已，以为守道不笃，致有大颠往来之书。自昔言虚无清净者，宗老氏，言神仙者，首苌弘。而孔子或问以礼，或问以乐，彼潮州之书果足为韩子玷与？呜呼。大道之不明，释、老之言充塞乎天下。幸而有讲圣贤之学者，其门人弟子同异之辨，复纷呶不置，举同室之人，日事争斗，我道无全人，无惑乎异学之日盛矣。文成王先生揭良知之学，投荒裔，御大敌，平大难，文章卓然成一家之言，传所称三不朽者，盖兼有之。世儒讲学率寓之空言，先生则见诸行事者也。议者或肆诋諆，谓近于禅学。夫弃去人伦事物之常而谓之学者，禅也，使禅之学能发于事业，又何病乎禅也邪？因辑其文之尤者若干篇，以示同好。

跋王阳明先生家书
朱彝尊

　　王子逸仲，出阳明先生平涧贼后家书见示，定乱之顷，不矜不伐，意在气休，足以见先生之学力未尝与人争功能也。故世儒言性理，以先生学术未纯，动加诋毁。然微先生，则宁藩之变，危及社稷，靖难前事，可为寒心，乃吴入伍袁萃倡邪说，诬先生潜通叛藩，曲学阿世之士，从而传会之，其亦不仁甚矣。嗟嗟悲夫。今之从政者患得患失，克如先生功成不居，第思乞休，几人哉？览先生家书，可兴感也。

四库全书王文成全书总目提要
纪　昀

臣等谨案：《王文成全书》三十八卷，明兵部尚书、新建伯余姚王守仁撰。守仁事迹具《明史》本传。其书首编《语录》三卷，为《传习录》，附以《朱子晚年定论》，乃守仁在时，其门人徐爱所辑而钱德洪删订之者；次《文录》五卷，皆杂文；《别录》十卷，为奏疏、公移之类；《外集》七卷，为诗及杂文；《续编》六卷，则《文录》所遗，搜辑续刊者：皆守仁殁后德洪所编辑。后附以《年谱》五卷、《世德纪》二卷，亦德洪与王畿等所纂集也。其初本各自为书，单行于世。隆庆壬申，御史新建谢廷杰巡按浙江，始合梓以传。仿《朱子全书》之例以名之。盖当时以学术宗守仁，故其推尊之如此。

守仁勋业气节，卓然见诸施行，而为文博大昌达，诗亦秀逸有致，不独事功可称，其文章自足传世也。

此书明末版佚，多有选辑别本以行者，然皆缺略，不及是编之详备云。

乾隆四十三年五月恭校上。

总纂官臣纪昀臣陆锡熊臣孙士毅

重刻王阳明先生全集序
郭申甫

前明《王阳明先生全集》行世已久，盖以其发明性命之理，实为有功世教之书也。自异端者流妄斥其学术不端，而先生之心迹几不尽白于天下。后世浏邑陶春田孝廉名浔霍者，笃志力行，品端学粹，读先生集，想见先生之为人，细加批注，手录成书，未及刊刻而殁。乡名宿柳坦田名廷方者，余庚申同年友也，性耽经史，学究天人，教学三十年，不厌不倦，晚年旁搜博采，尤无虚日。见春田是书，谓先生当日所为，主良知、敦气节者，春田独有以探其微、抉其蕴也。爰属及门，醵金付梓，工未竣而坦田亦殁。时余以读礼家居，其门人萧子明哲、汪子蒂、文子德厚，出其书请序于余。余维先生学术，粹然一出于正。数百年后，得春田之识解独超，坦田之笃信不已，使妄事诋诽者，无从置喙，而先生扶世翼教之深心，后世犹如见之。若萧子诸人，踵承师志，俾读

王阳明先生书疏证序
胡　泉

　　昔朱子改订《大学》，补《格物传》，以"格物"为下手功夫。王阳明先生复《古本大学》，议朱子《补传》为多事，以"致良知"为下手功夫。于是理家咸谓阳明之学出自象山。其所谓"致良知"，犹之象山主"尊德性"而不尽然。观其讲学书中谓"象山学问思辨，致知格物之说，未免沿袭之累"，且申言知行原是一个之义。其词云："知行原是两个字说一个功夫。这一个功夫须著此两个字，方说得完全无弊病。若头脑处见得分明原是一个头脑，则虽把知行分作两个说，毕竟将来做那一个功夫则始或未便融会，终所谓百虑而一致矣。若头脑见得不分明，原看做两个了，则虽把知行合作一个说，亦恐终未有凑泊处。况又分作两截去做，则是从头至尾更没讨下落处也。"反覆详明，见象山之学有讲明，有践履，既以致知格物为讲明之事，即非知行原是一个义，与良知之旨有差。要之以阳明之学拟诸象山，尚属影响。以阳明之学准诸朱子，确有依凭。盖阳明讲学，删不尽《格物传》义在外，而朱子注经，包得尽良知宗旨在内。惟朱子精微之语，自阳明体察之以成其良知之学；惟朱子广博之语，自阳明会通之以归于致良知之效。然则《朱子全书》具在，他人读之而失其宗旨，不善读朱子之书者也。阳明读之而得其宗旨，善读朱子之书者也。抑又思之，设非朱子剖析知行，剖析尊德性道问学，剖析致中致和，剖析博文约礼，编为章句，勒为遗书，而订良知之诀者，竟曰知行合一，竟曰道问学即是尊德行，竟曰致和即是致中功夫，竟曰博文即是约礼功夫，为之解释，著于后世，使后之读者无先后之可寻，无体用之可辨，其遗误岂浅鲜哉？是阳明之学亦必附于朱子之学而并传，综而计之，拟而议之，则直以为阳明良知之学非出自象山而出自朱子云尔。

　　泉也不敏，于朱子、阳明之学从事有年，虽茫乎其未有得，而中心窃向往之。间尝即阳明之《古本大学》以参考朱子之《改本大学》，爰辑《古本大学汇参》一卷，又取阳明讲学之书，以证明朱子讲学之书，爰辑《王阳明书疏证》四卷，又录阳明所撰杂文依经立义者，仿前人《程子经说》之例，辑《王阳明经学拾余》一卷，又采阳明弟子所记语录《传习录》中说经各条，仿前人《朱子五经语类》之例，辑《王阳明经说弟子记》四卷。管窥之见，未敢自谓有当也。宝应乔石林侍读尝记陆平湖论阳明之言曰："其人则是，其学则非。"泉拟改其言曰："其学则是，其词则非。"故凡阳明书中所谓"本来面目"，"正法眼藏"，"无所住而生其心"等语，旁涉佛书，借以发明者概不引证附和，俾后之愿学阳明之学者知所择焉。咸丰癸丑五月甲寅高邮胡泉自序。

王阳明集要三种序
严　复

　　丙午长夏，方君苣南、魏君蕃实重刊《阳明集要三种》成，诿复为之序。自念如复不肖，何足以序阳明之书？故虽勉应之，未有以报也。冬日邂逅江上，魏君又以为言，且曰："非得序，无以出书。"既辞不获，则曰："嗟乎！阳明之书，不待序也！"

　　夫阳明之学，主致良知。而以知行合一、必有事焉为其功夫之节目。其言既详尽矣，又因缘际会以功业显。终明之世，驯至于昭代，常为学者宗师。近世异学争鸣，一知半解之士，方怀鄙薄程、朱氏之意；甚或谓吾国之积弱，以洛、闽学术为之因。独阳明之学，简径捷易，高明往往喜之。又谓日本维新数巨公，皆以王学为向导，则于是相与偃尔加崇拜焉。然则阳明之学，世固考之详而信之笃矣，何假不肖更序其书也哉！

　　虽然，吾于是书，因亦有心知其意，而不随众人为议论者，可为天下正告也。盖吾国所谓学，自晚周、秦、汉以来，大经不离言词文字而已。求其仰观俯察，近取诸身，远取诸物，如西人所谓学于自然者，不多遘也。夫言词文学者，古人之言词文字也，乃专以是为学，故极其弊，为支离，为逐末，既拘于墟而束于教矣。而课其所得，或求诸吾心而不必安，或放诸四海而不必准。如是者，转不若屏除耳目之用，收视返听，归而求诸方寸之中，辄恍然而有遇。此达摩所以有廓然无圣之言，朱子晚年所以恨盲废之不早，而阳明居夷之后，亦专以先立乎其大者教人也。

　　惟善为学者不然。学于言词文字，以收前人之所以得者矣，乃学于自然。自然何？内之身心，外之事变，精察微验，而所得或超于向者言词文字外也。则思想日精，而人群相为生养之乐利，乃由吾之新知而益备焉。此天演之所以进化，而世所以无退转之文明也。知者，人心之所同具也；理者，必物对待而后形焉者也。是故吾心之所觉，必证诸物之见象而后得其符。火之必然，理欤？顾使王子生于燧人氏之前，将焦燔烹饪之宜，未必求诸其一心而遂得也。

王子尝谓："吾心即理，而天下无心外之物矣。"又喻之曰："若事父，非于父而得孝之理也；如事君，非于君而得忠之理也。"是言也，盖用孟子万物皆备之说而过，不自知其言之有蔽也。今夫水湍石碛，而砰訇作焉，求其声于水与石者，皆无当也；观于二者之冲击，而声之所以然，得矣。故伦理者，以对待而后形者也。使六合旷然，无一物以接于吾心。当此之时，心且不可见，安得所谓理者哉？是则不佞所窃愿为阳明诤友者矣。虽然，王子悲天悯人之意，所见于答聂某之第一书者，真不佞所低徊流连，翕然无间言者也。世安得如斯人者出，以当今日之世变乎！

魏君待吾言亟，则拉杂率臆，书以邮之。

王阳明先生传习录集评序
孙　锵

古之立德、立功、立言于天下者，是谓三不朽，然求其能兼是三者，其惟我姚江王先生乎。先生经济文章，震铄今古，无不本学问而出，故其言学之书，莫粹于《传习录》。是录刻于其门人徐爱、钱德洪、南大吉辈，今皆无传本单行。近世湖南有《全集》本，浙江有《全书》本，若江南制造局本，同由黔本翻出，而上海明明学社、成都文伦书局，又从制造局本翻印，皆所谓《集要三种》本也。顾《集要》本，选自余姚施忠愍公邦曜，其中王嘉秀、梁日孚、冀惟乾三条，皆错简相沿，久未更正。成都国学研究会刻有单行《传习录》，虽前三条不误，而讹别尚多。近于申江购得江汉书院旧刻本，尚称完善。鄞县张咏霓君，以《集要》

本可以此正误也，遂怂恿付印。余又将余姚施公邦曜、山阴刘公宗周、容城孙公奇逢、余姚黄公宗羲、浏阳陶公浔霍，以及近人新会梁启超君等各家总评散评，汇录书内，虽详略不同，其足为是书启发一也。

昔孟子有曰："上无礼，下无学；贼民兴，丧无日矣。"夫礼乐由政府出，非人民所敢议；若学也者，固古之人所谓化民成俗，其必由是焉者也。然以下之无学，故而即有贼民之兴，即有丧亡之惨，则可见救亡之必以学也明矣。窃维古来言学之书，其为深切著明、易知易从者，循其本，惟《大学》、《中庸》；救其末，则王子《传习录》其尤要也。《录》之言"致良知"也，言"知行合一"也，言"必有事而勿忘勿助"也，亦惟曰"慎独"，曰"戒慎恐惧"而已矣。自维桑海余生，分当蜷伏牖下，独念顾亭林氏有"天下兴亡，匹夫与责"之语，用是昕夕冰兢，不自暇逸，亲与抄纂，校付手民，亦欲俾天下学子，分科学之力，致力于此，他日处为纯儒，出为循吏，其于世人所希冀愿望于国利民福者，不将有大慰之一日矣乎。中华民国三年甲寅夏至日，后学奉化孙锵玉叟甫识于甬上君子营之旅遁轩。

再版传习录集评序
孙 锵

去年余校印王阳明先生《传习采集评》，其本文惟据武昌江汉书院藏版，刷印未久，颇已风行海内矣。旋由日本留学界寄来云井龙雄氏之《传习录》手抄本，观所采用，有井上氏、吉村氏、三轮氏、高濑氏诸说，始知日本王学之盛胜我中华远甚。至今年岁初，有事东渡，得游其京都图书馆，检阅存目，有《日本阳明学派之哲学》，则井上哲次郎著也；《阳明学真髓》，则春日升一郎也；《王阳明人物养成谈》，则木村鹰次郎也；《精神教育阳明学阶梯》，则高濑武次郎也；《阳明学一种》，则吉本襄也；《王学提纲》，则吉村晋也；《传习录写本》，则三轮执斋也。余于是就图书馆之目，求之其书肆，除井上、春日、高濑诸书各有购获外，又购有三轮希贤之《传习录标注》、佐藤坦之《传习录栏外书》、东敬治之《传习录讲义》与《阳明学要义》，又有三宅雄二郎与亘理章三郎之《王阳明书》，又宫内默藏之《王学指南》、高濑武次郎之《阳明学新论》与《日本之阳明学》，凡一十二种，其所谓《养成谈》、《王学阶梯》及《王阳明活眼》等目，则未见者尚多也。六月暑假，余第三子河环归自神户商校，又购有高濑氏新著之《王阳明详传》。呜呼美哉。何日本王学之盛有如此欤。人徒见海东三岛敷十年来，骤跻于欧美诸大国之列，以为其富且强焉若是，而不知其得力于阳明学者，乃直认而不讳，且《祥传》初版在今岁大正四年六月，则日本之王学固方兴而未艾也。

夫阳明先生，吾浙之先儒也，其所提倡学说，吾国孔孟以来相传之学说也，非如各种新科学，必移译东西洋各国新书，始能输进文明者。比而中国顾积弱不振，况而愈下，未见有崇拜阳明，如日本西乡隆盛者，抑又何也？盖自有明亡国，归狱东林，清初诸儒兢以排斥王学为正派，遂使通国举子讳言王学，甚可惜也。中国通使日本已四五十年，唐宋古本多所采辑，加古逸丛书诸刻，而于日本之王学，未见有归饷国人，以为国家根本之计者，则爱国心之薄弱亦可见矣。虽新会梁氏著有《节本明儒学案》及《德育鉴》一书，亦日因其为国事逋亡，而惧购其书，则清国之亡也忽焉，亦固其宜耳。吾观日本所出之《传习录》，前后卷帙，大都循用旧本次第，且多所考证以征其实。故今亦不用江汉书院之本，仍分上中下三卷，而末卷之附录亦各择要采辑年谱，今并补入，则《明儒学案》之略传亦不复赘焉。世有维持国运、保存国粹之君子，将无于此而加之意耶？中华民国四年腊八前五日，后学奉化孙锵书于杭垣南屏重建两浙节孝总祠事务所中。

阳明先生传及阳明先生弟子录序
梁启超

阳明先生，百世之师，去今未远，而谱传存世者，殊不足以餍吾侪望。集中所附《年谱》，诸本虽有异同，率皆以李卓吾所编次为蓝本。卓吾之杂驳诞诡，天下共见。故《谱》中神话盈幅，尊先生而适以诬之。若乃事为之荦荦大者，则泰半以为粗迹而不屑意也。梨洲《明儒学案》，千古绝作。其书固以发明王学为职志，然详于言论，略于行事，盖体例然也。其王门著籍弟子，搜采虽勤，湮没者亦且不少。余姚邵念鲁廷采，尝作《阳明王子传》、《王门弟子传》，号称博洽，未得见，不识视梨洲何如？且不知其书今尚存焉否也？

居恒服膺孟子知人论世之义，以谓欲治一家之学，必先审知其人身世之所经历，盖百家皆然，况于阳明先生者，以知行合一为教，其表见于事为者，正其学术精诣所醇化也。综其出处进退之节，观其临大事所以因应者之条理本末，然后其人格之全部，乃跃如与吾侪相接，此必非徒记载语录之所能尽也。

铁山斯传，网罗至博，而别裁至严。其最难能者，于赣、闽治盗及宸濠、思、田诸役。情节至繁赜纷乱者，一一钩稽爬梳，而行以极廉锐极飞荡之文，使读者如与先生相对，释然见大儒之精义入神以致用者如是也。其弟子传，则掇拾丛残于佚集方志。用力之艰，什伯梨洲，而发潜之效过之。盖二书成，而姚江坠绪复续于今日矣。

抑吾尤有望于铁山者。吾生平最喜王白田《朱子年谱》，以谓欲治朱学，此其梯航。彼盖于言论及行事两致重焉。铁山斯传，正史中传体也，不得不务谨严，于先生之问学与年俱进者，虽见其概而未之尽也。更依白田例重定一《年谱》，以论学语之精要者入焉。弟子著籍、岁月有可考者，皆从而次之，得彼与斯传并行，则诵法姚江者，执卷以求，如历阶而升也。铁山倘有意乎？民国十二年三月新会梁启超。

王文成公全书题辞

章炳麟

　　至人无常教，故孔子为大方之家。心斋克己，诲颜氏也，则能使坐忘不改其乐。次如冉、闵，视颜氏稍逡巡矣。及夫由、赐、商、偃，才虽不逮，亦以其所闻自厉，内可以修身，外则足以经国。故所教不同，而各以其才有所至，如河海之水然，随所挹饮，皆以满其腹也。宋世道学诸子，刻意欲上希孔、颜弗能至。及明姚江王文成出，以豪杰抗志为学。初在京师，尝与湛原明游，以得江门陈文恭之绪言。文恭犹以心理为二，欲其泯合，而文成言心即理，由是徽国格物之论瓦解无余，举世震而愕之。

　　余观其学，欲人勇改过而促为善，犹自孔门大儒出也。昔者子路人告之以有过则喜，闻斯行之，终身无宿诺，其奋厉兼人如此。文成以内过非人所证，故付之于良知，以发于事业者或为时位阻，故言"行之明觉精察处即知，知之真切笃实处即行"，于是有知行合一之说。此乃以子路之术转进者，要其恶文过，戒转念，则二家如合符。是故行己则无忮求，用世则使民有勇，可以行三军。盖自子路奋乎百世之上，体兼儒侠，为曾参所畏。自颜、闵、二冉以外，未有过子路者。晚世顾以嗻蔑之，至文成然后能兴其界，邈若山河，金镜坠而复悬。

　　余论文成之徒，以罗达夫、王子植、万思默、邹汝海为其师。达夫言："当极静时，觉此心中虚无物，旁通无穷，如长空云气，流行无所止极；如大海鱼龙，变化无有间隔，无内外可指，无动静可分，所谓无在无不在，吾之一身乃其发窍，固非形质所能限也。"子植言："澄然无念，是谓一念，非无念也，乃念之至微；至微者，此所谓生生之真机，所谓动之微，吉之先见者也。"二公所见，则释氏所谓"藏识恒转如暴流"者。宋、明诸儒，独二公洞然烛察焉，然不知"藏识"当舍，而反以为当知我在，以为生生非幻妄。思默言《易》之坤者意也："乾贵无首，而坤恶坚冰，资生之后，不能顺乾为用，而以坤之意凝之，是为坚冰，是为有首，所谓先迷失道者也。"此更知"藏识"非我，由意根执之以为我。然又言"夭寿不贰，修身以俟，命自我立，自为主宰"，是固未能断意根者。所谓儒、释疆界邈若山河者，亦唯此三家为较然，顾适以见儒之不如释尔。孔子绝四，无意、无必、无固、无我，教颜渊克己，称"生生之谓易"，而又言"易无体"，易尝以我为当在，生为真体耶？自宋儒已旁皇于是，文成之徒三高材，欲从之末由，以是言优入圣域，岂容易哉？岂容易哉？唯汝海谓：“天理不容思想，颜渊称‘如有所立，卓尔’，言‘如有’，非真有一物在前，本无方体，何可以方体求得？今不读书人止有欲障，而读书更增理障，一心念天理，便受缠缚。尔只静坐放下念头，如青天然，无点云作障，方有会悟。”又言：“仁者人也，识仁者识吾本有之仁，不假想像而自见，毋求其有相，唯求其无相。”此与孔子无知，文王望道而未之见，老子“上德不德，是以有德；下德不失德，是以无德”，及释氏所谓“智无所得，为住唯识”者，义皆相应。然汝海本由自悟，不尽依文成师法，今谓文成优入圣域，则亦过矣。

降及清世，诋文成之学者，谓之昌狂妄行，不悟文成远于孔、颜，其去子路无几也。小人有勇而无义，为盗。自文成三传至何心隐，以劫质略财自枭，藉令子路生于后代，为之师长，焉知其末流之不为盗也？凤之力不与雕鹗殊，以不击杀谓之德，不幸而失德，则变与雕鹗等，要之不肯为鸡鹜，审矣。且夫儒行十五家者，皆偶俶有志之士也。孔子之道至大，其对哀公，则独取十五儒为主。汉世奇材卓行若卢子幹、王彦方、管幼安者，未尝谈道，而岸然与十五儒方，盖子路之风犹有存者。宋以降，儒者或不屑是，道学虽修，降臣贱士亦相属，此与为盗者奚若？不有文成起而振之，儒者之不与倡优为伍亦幸矣。当今之士，所谓捐廉耻负然诺以求苟得者也。辨儒释之同异，与夫优入圣域以否，于今为不亟，亟者乃使人远于禽兽，必求孔、颜以为之师，固不得。或欲拯以佛法，则又多义解，少行证，与清谈无异。且佛法不与儒附，以为百姓居士于野则安，以从政处都市涉患难则志节堕。彼王维之不自振，而杨亿、赵抃之能确然，弃儒法与循儒法异也。徒佛也，曷足以起废哉？径行而易入，使人勇改过促为善者，则远莫如子路，近莫如文成之言，非以其术为上方孔、颜，下拟程伯淳、杨敬仲，又非谓儒术之局于是也。起贱儒为志士，屏唇舌之论以归躬行，斯于今日为当务矣。

虽然，宋儒程、杨诸师，其言行或超过文成，末流卒无以昌狂败者，则宋儒视礼教重，而明儒视礼教轻，是文成之阙也。文成诸弟子，以江西为得其宗，泰州末流亦极昌狂，以犯有司之禁令耳。然大礼议起，文成未殁也，门下唯邹谦之以抵论下诏狱谪官，而下材如席书、方献夫、霍韬、黄绾争以其术为佞，其是非勿论，要之谗诐面谀，道其君以专，快意刑诛，肆为契薄。且制礼之化，流为斋醮，縻财于营造，决策于鬼神，而国威愈挫。明之亡，世宗兆之，而议礼诸臣导之，则比于昌狂者愈下，学术虽美，不能无为佞臣资，此亦文成之蔽也。文成《传习录》称仲尼之门无道桓、文事者，世儒只讲伯学，求知阴谋，与圣人作经意相反。今勿论文成行事视伯者何若，其遣冀元亨为间谍，以知宸濠反状，安在其不尚阴谋也？及平田州，土酋欲诣车门降，窃议曰："王公素多诈，恐绐我。"正使子路要之，将无盟而自至，何窃议之有？以知子路可以责人阴谋，文成犹不任是也。夫善学者，当取其至醇，弃其小漓，必若黄太冲之持门户，与东人之不稽史事者，唯欲为一先生卫，惧后人之苛责于文成者，甚乎畴昔之苛责于宋贤矣。中华民国十三年孟秋，余杭章炳麟。